公共哲学
Public Philosophy

1

公と私の思想史
Public and Private in Comparative Intellectual Histories

佐々木毅 金泰昌 編

東京大学出版会

Public and Private in Comparative Intellectual Histories
(Public Philosophy 1)
Ed. by SASAKI Takeshi and KIM Tae-Chang
University of Tokyo Press, 2001
ISBN 978-4-13-003411-1

はじめに

佐々木　毅

　ここで公共哲学について改めて議論を喚起し，知的遺産の可能性について探索の試みを行なうに至った契機は，われわれを取り巻く歴史的環境に求められる．端的にいえば，過去2世紀乃至1世紀余にわたる巨大な社会的変化とその経験，そして将来に対するある種の予兆がわれわれをこの試みに駆り立てたのである．言うまでもなく，それは世界規模での伝統社会の崩壊と経済的・社会的流動化の高まり，社会的変化が更にその変化を加速するという科学技術に代表される人間的能力の肥大化など，この変化を象徴する概念は幾ら積み重ねてもなお満足が得られないほどである．そして21世紀を迎えるに当たって一層切実に実感されるに至った一つの現実は，われわれの抱える諸課題の「最終的」解決策とでもいうべきものが決定的に説得性を失ったことである．今からほぼ1世紀前のように国家建設が「最終的」解決策であるように思われていた時代，あるいは，特定のイデオロギーが諸課題の「最終的」解決策を提供できるかのように思われ，強い共感を呼んだ時代，そういう時代にわれわれは生きていないのである．そして今や「最終的」解決策が不信の対象になるだけでなく，「暫定的」解決策すら，あるいは，そうしたものの担い手すら，見当たらないという不安に直面している．現に日本は経済問題で苦悩・苦闘しているが，それは古い問題について解決能力が失われた証左であって，新しい問題との取り組みは更に一層前途多難を思わせるといえよう．

　この十年余り，イデオロギー政治からの解放に快哉を叫ぶ一瞬の輝きに続いて立ち現れたのは，こうした不安をかき立て続ける重い人間的現実であったといえよう．「最終的」解決策の欺瞞性を指摘し破壊することは，直ちにそれに代わるそれなりの解決策の誕生や発見を意味するものではなかった．こうした不安はアイデンティティ・ポリティックスの再活性化を招く要因であった．何

よりもそれは過去へのノスタルジアや逃避を招き，そこに擬似的・心理的満足を求めようとする傾向を生み出した．ナショナリズムの問題にはこうした傾向が滲んでいる．しかし，そうした試み自身が歴史的現実からの逃避であり，自己閉塞を加速するものであることは余りにも明白である．こうした中でわれわれの眼前に横たわっている課題を非常に単純化して言うならば，国家のような機構やイデオロギーによって公共世界を代替させることなく，いかにして公共世界を新たに構想し，現実のものとするかという課題に他ならない．つまり，人間的現実そのものに直面することによってしか展望は開けてこないわけであるが，この人間的現実の一面を敢えて大写しするならばそれは「私」であり，そこから公共世界を改めて展望してみるという戦略は現代において必要であるとともに不可欠である．

　言うまでもなく，公共哲学の必要性やそれへの関心は長い歴史を持っており，人類は自らの歴史的・社会的経験を了解し，意味づける中で陰に陽に公共哲学乃至そうした発想を用いてきたのである．また，人類の歴史に大きな刻印を残した思想はそれ自身，一つの公共哲学という性格を事実上帯びていたということができよう．従って，個々の思想について語るということは何らかの意味で公共哲学について語るということを意味したのである．本巻が素材として取り上げた諸思想史には紛れもなくこうした性格が刻印されている．同時に注目していただきたいが，ここでは「○○イズム」式の思想史を素材としていない．これは「○○イズム」式の議論では「私」や「公」のとらえ方そのものがステレオタイプ化されており，歴史的射程距離が余りに短いこと，また，人間的現実に遡ってグローバルな視点から問題に接近するためには余りに地理的に限定されていることなどが根拠となっている．そして，人間が思考する場合には思想的な「場」の問題が重要であるということはここでの前提である．つまり，特権的な地位を占める思想や構想を単純に分析・記述することはここでの課題ではない．むしろ，思想における「場」の問題に不可避性と重要性を十分に周知した上で，本書に含まれている議論のように異なった思想的伝統の間での「対話」を重視するというのがここでの基本姿勢に他ならない．

　もちろん，それぞれの思想史は思想的伝統を踏まえた「対話」としての性格を持っている．そこから新しい展開が生じてくるわけで，本書に収録された西

欧思想史，中国思想史，イスラーム思想史，日本思想史，インド思想史それぞれに多くの内部的多様性が含まれていることは言うまでもない．しかし，ここでは思想史間の「対話」に重点を置くという観点から，それぞれの伝統に即して「公」「私」問題について思い切って議論を整理していただいた．そのことに関連して，本書がこの問題について網羅的な情報をそれぞれの思想史について提供できたかどうかについては議論があるかもしれない．しかし，敢えていえば，そうした網羅的な記述はここでの第一の課題ではなく，思想史間の「対話」にこそその本来の目的があったのである．こうした「対話」を重視したのは先に述べたような公共哲学の探訪という実践的課題設定があったからであり，従って，思想史のための思想史を展開することはここでの課題ではない．

　この作業を通じて明らかになったことは，日本の知的世界には実に多様で豊富なリソースがあるという現実である．こうしたリソースはとかくそれぞれに孤立し，その内部での再生産に自足してきた傾向があったが，本書は領域や専門を越えて「公」「私」の関わり論に参戦することを求め，その結果として相当に存在感のある議論が生み出されたことは意義深いものがある．日本の学問がその発足の歴史的条件のために過度の細分化と縦割り，専門化の様相を呈してきたことは周知の事実であるが，公共哲学問題がそうした伝統とはかけ離れた舞台を学問の世界に提供する可能性を持つことを本書は示している．ここでの議論の内容についての判断は読者の手に委ねたいが，世界標準といえるだけの充実した内容を備えていることだけは確かである．そして，同種の議論が国内において，あるいは国際的な形で行なわれることがわれわれの願望であり，本書がそのための刺激になることを祈念している．

今何故，公共哲学共同研究会なのか

金　泰　昌

　本将来世代総合研究所は将来世代国際財団（理事長：矢崎勝彦）からの財政的支援に基づいて「公共哲学共同研究会」を開催することになりました．ここに言う哲学とは，ものごとを根本から問うこと，問い直すことであります．大学で教授が研究したり講義したりする専門分野としての哲学（アカデミックな哲学）だけではなく，普通の人々が日常生活の中でぶつかる諸問題に対する思考・判断・意思決定および実践行動における基本姿勢やそれに対する反省・再考察でもあります．
　では，今何故，公共哲学共同研究会を開催するのか？
　先ず，今何故「公共哲学」を語るのか？　そこにどういう意味があり，また「公共哲学」とは何なのか？
　今回から関心のある方々が集まって一緒に考えていくことですから，事前に確定された概念規定はしない方が望ましいと思います．しかし一応議論を進めていくための叩き台という意味で，基本的な思いを次のように纏めてみました．

　I．公共哲学は，基本的に人間と国家との中間媒介領域を活性化・健全化・成熟化することを思考と実践の基本課題と捉え，そこから人間と国家との関係はどうあり，またどうあるべきかを多次元相互関連的にかつ根本的に問うことである．そしてどういう立場から問い直すのかと言うと，我々が考えたり行ったりすることが将来世代へ与える影響を念頭に入れ，世代間の公正や配慮と責任および世代継承生生性の問題に重点を置くということである．
　もう一点強調するべきことは，人間と国家との関係を具体的な生活世界の現場から考え始め，国家と世界への広がりを視界に入れるということです．国家を超える公共性の地平も念頭に入れて考えるということです．私どもはそれを

グローカル（グローバル＋ナショナル＋ローカルの相互関連的）な視点といいます．

（イ）国家と個人との中間領域の健全な構築・発展から人間と国家の関係がどうあるべきかを問うことは，人間のあり方（国民，皇民，臣民，公民，人民，市民，私民）や人間の活動領域（政治，経済，教育，文化，芸術，宗教，法律，等々）を通しての国家との関わり方，個人と国家，様々な団体・組織・運動・制度等々と国家との関係のあり方，そして国家と国家，地球や人類と国家との関係のあり方を問うことである．

（ロ）その関係を善悪とか真偽という基軸に則って考えるというよりは「公」と「私」という観点から考えてみることに意味があるということである．この場合，「公」と「私」という問題を新しい公共性の問題として捉え，私秘性との相互関係を原点から見直す必要があるということである．

（ハ）国家と「公」が同一もしくはほとんで同一であり，「公共性」とは即ち「公」であるという見方を取るのであれば，「国家論・哲学」を語ればよいのであって，別に「公共哲学」を論じる必要は無い．個人としての人間の在り方を問うのが従来の哲学であり，国家のあり方を問うのが国家論・哲学であるとすると，国家と個人との間に広がる多様な生活活動時空間における公私媒介的な組織・運動・機能・作用の事実と当為を，多角度から多次元的に問うのが公共哲学である．

（ニ）今この時点でとりあえず考えられる公共哲学には三つの基本前提が想定される．そこから三つの基本視座が導出される．

その一つは，国家と公共性は同一かほとんど同一という前提に立ち，どうすれば国家という生活時空間の中に国家以外の存在を統合・同化・調整するかということを考察するようになる．それは公共性を共同性（共同体）の原理として捉えるものである．

二つ目は，公共性は個人の欲求と権利の確保と保護であるという前提に立ち，どうすれば国家権力の横暴や介入を制限・防止・縮小するかを考察するようになる．それは公共性を自由（化）の原理として捉えるものである．

そして三つ目は，国家と個人との媒介こそが公共性であるという前提に立ち，国家と個人の中間で（から）両方をむすび・つなぎ・活かす中間媒介領域とし

ての公共時空間の生成と機能をどうすればより健全なものにすることができるのかを探索するようになる．それは公共性を相互媒介（共媒）の原理として捉えるのである．

II．日本における公私論の議論には次のような基本的な問題群が存在する．

（イ）日本では普通「おおやけ」「わたくし」という言葉を使い「公」と「私」という漢字で同じ意味をあらわしている．本来的な意味は違うけれど同じかほとんど同じ意味で使っているというところに改めて考えてみるべき問題があるのではないか．（例えば，「おおやけ」「わたくし」にも「公」「私」にも二極対立的発想でその中間領域が原理的に不在という問題をどう考えるか，ということである．）

（ロ）昨今の日本での公私問題に関する議論を見る限り「公」が「おおやけ」とともに英語の「パブリック」，そして「私」が「わたくし」とともに英語の「プライベート」と同じ意味をあらわしているように思われている．そういうところに現代日本における公共哲学を改めて考えてみるべき根源的問題状況があるのではないのか．（例えば，「パブリック」「プライベート」の場合は，中間領域としての市民社会というのが念頭に置かれている．日本の場合，必ずしも市民社会という概念を基軸にした発想・議論に限定する必要はないけれど，何らかの中間媒介領域の多様な発展・成熟という問題に関する思考と探索が要請されるのではないか．)

（ハ）前記の二つの問題は別に言語学とか意味論の次元でおわるのではなく，より深くて大事な問題と絡み合うから一応考えてみる必要があるのである．それぞれの言葉は意味も脈絡も違うから，一緒に使って議論することは何の役にも立たないという見方がありうる．しかし，それらの言葉が同じかほとんど同じ意味で使われて議論されているという現実をどう見るべきなのか．

（ニ）従来の見方による限り，日本での「おおやけ」やそれを漢字であらわした「公」は国家や天皇もしくはその代表者，代理人，担当者としての官僚を意味し（同一視し），「わたくし」やその漢字表現としての「私」はもっぱら官僚や官職についていない人間一般をあらわすものである．

（ホ）国家あるいはその中に組み込まれる地域・血縁・文化などで結ばれた

共同体と「公」とが同一もしくはほとんど同一であるという見方に立てば，共同体化の原理による公共哲学以外は必要ないことになり，それは国家哲学（もしくはその下位概念としての共同体哲学）と言ったほうが分かりやすい．あえて公共哲学というものを持ち出す理由がないのではないか．

（ヘ）もしも国家の存在理由が個人の欲求と権利の確保と保護にあり自由化の原理に基づいた公共性によって国家権力の横暴や介入を制限・防止することにあるのであれば，敢えて公共哲学を別途に言い出す必要はない．従来の自由主義志向の（政治）哲学や（政治）思想で論じれば十分ではないのか．

（ト）日本は今や発展途上国の段階を超え最先進国の一員としての位相が主観的にも客観的にも認められているという現状から考えた場合，「公」「私」—「おおやけ」「わたくし」の二極対立的閉塞状態から，より開かれた国家社会としてのあり方が求められていると思うのである．それは，健全で成熟した中間領域の多様・多元・多数の価値共創的機能・作用・運動・組織の活性化を通して，未来開拓的な方向が生成されると思うのである．そういう問題意識と課題設定を前提にして，さまざまな専門分野の学者知識人の対話を展開し，そこから新しい時代の要請に適切な対応が可能になるような知識と徳性の共同産出を目指すということが，今の我々に必要なことではないのか．

III. 21世紀への転換期という時代認識と状況認識から言えば，日本と世界における公共哲学議論の基本方向は次のように設定されるのではないか．

（イ）個人をはじめとするいろんな存在と国家との関係は，どちらか一方が他方のために犠牲になるとか否定されることによって一方の側だけが成立・発展・繁栄するというようなことはあり得ない．滅私奉公や滅公奉私のスローガンは非現実的である．

（ロ）「おおやけ」「わたくし」や「公」「私」が，それぞれに元来どのような意味であって，それぞれの歴史的発展変化の中でどのような紆余曲折があったかということが明瞭になるとしても，今日の世界における先進国の一員としての日本において，「パブリック」「プライベート」との関連なしに公私問題を論じるということが出来るものだろうか．

（ハ）「おおやけ」「わたくし」や「公」「私」を「パブリック」「プライベー

ト」と関連づけて考えることは，相異なる文化・言語・思想・地域・宗教・伝統等々の境界を横断する視座も十分考慮する上での思考と探索をこころみるということの一つのあり方である．そして重要なポイントは，「上からの公」から排除され，あるいはそれに参加できない状態・身分・領域としての「下のほうの私」は，「下のほうから積み上げていく公」と「公と一緒に進んでいく私」というふうに，「公」「私」ということの中身（前提）を変えざるをえない．このパラダイム変換は，これから将来に向けて先進社会日本で必然的に起こるべき前進と言えるのではないか．

　上記のⅠ，Ⅱ，Ⅲで申し上げたような問題意識を基本前提にして開催される公共哲学共同研究会を通して，私たちはどのような議論をし，どのような結果を目指していくのか．
　私どもの基本課題は次のようなものです．
　(1) これからの日本にとって「公」と「私」の関係究明とその再構築の問題を見直すということには大きな意味がある．公私関係をどのように捉えるべきか？　諸外国における公私関係のあり方と比較する必要もある．
　(2) 現在日本で行われている公私問題に関する議論は「公」の問題に偏っている．そして従来の「公」を復活させるのが問題解決であるという発想に傾いている．公私問題に関する議論を「公」と「私」とのバランスの取れた関係に構築していくためにはどのように議論を進めるべきか？
　(3) 昨今の日本社会での公私論争は一部の戦闘的言論知識人の声高い主張が一般世論を一方的に左右しているように見える．物静かではあるが真摯な関心を持ちつづける学者知識人の思考と姿勢を整理しておくことも大事だ．20世紀末から21世紀の初期に至る重要な世紀転換期における，代表的な学者知識人の活発な議論の内容を記録しておくということは，時代の証言として現在世代の将来世代に対する責任をはたすことである，と言えないだろうか．
　(4) 見方や考え方が相互に異なる場合，冷静な議論よりは，イデオロギー対立的発想によくみられた，思考の放棄による決めつけや罵倒に戻る傾向があまりにも多すぎる．脱イデオロギー化された公私問題の議論をどのようにして開発するか？

(5)「公」と「私」という問題は 2 + 2 = 4 というように，正答が即座に出てくるような問題ではない．地道に議論を重ね，その成果を少しずつでも辛抱強く積み立てていかなくてはならない．そのためには対話に参加するということへの強い意欲が必要である．対話そのものを尊重する謙虚な姿勢と礼節こそが公共時空間を成立させる根本である．それをどのように定着させるか？

　(6) 現在からよりよい将来を目指して，共に手を携えて一歩でも前進するためには，これまでの経過を充分参考にしながらも新しい発想を探り，前向きにものごとを見直していく必要がある．では公私問題を前向きに見直すとは具体的にどういうことか？

　次に私たちの基本方針を申し上げます．
　(1) この「公共哲学共同研究会」は 1998 年 4 月の第 1 回目を出発点として 2001 年 12 月 31 日まで継続開催する四年計画の事業である．本共同研究会の実現においては，将来世代国際財団理事長兼株式会社フェリシモ代表取締役会長である矢崎勝彦氏の人間観・企業理念（グローカル公共性発達体験人の育成とそのネットワーク形成）に基づいた，財政的・精神的支援・協働によるところが多大である．
　(2) 共同研究会は事前に発題者が選別され，発題者の発題講演に基づいた質疑・討論を行い，その後に総合討論を経て最後に今後の課題と展望を語り合う発展協議をするというふうに構成する．
　(3) 発題者以外の参加者は指名討論者と自由討論者とし，基本的に主催者側が著書，活動等を通じて認知，推薦，選別，交渉して招待する．傍聴者もこれに準じる．
　(4) 発題とそれに基づいた質疑や討論，そして発展協議の内容はニュースレターを通して要約，公表されるか，その全容が出版物として公表される．
　(5) どのような形の公表であれ，その内容は本研究所の共有認識としてそれを高め深め広げていくこととする．しかし個別の意見や思考の内容は，必ずしも本研究所の意見や思考と同一であると考えるべきではない．

　ここで特に強調したいことは，本研究会は徹底的な対話精神に基づいた意味

生成的な対話空間にしたい，ということです．そこで私どもが考えている対話精神と，それに基づいた対話空間とはどういうものかということについて申し上げます．

(1) 認識の源泉は経典もしくは古典，あるいは一人の人間の頭脳の中にあるのではなく，多様な人間関係における対話的実践こそが認識生成過程である．

(2) 対話精神は独話精神との対照関係で理解するべきである．全ての物事を私という個我を中心にして開かれる世界の中に組み込み，その中での論理や基準や尺度で認識・判断・決定・実行するという生き方・考え方・見方を総合して独話精神という．それとの対照で言えば，対話精神とは，私の世界の中に組み込むということが原理的に不可能なもう一つの世界がそこから開かれる中心（原点）は，私という個我とは異なるもう一つの私（個我＝他我，それを我々はふつう他者という）として，その存在と意味を認め，受け入れ，尊重する精神である．

(3) 私という個我の世界が空間的には宇宙大に，時間的には過去・現在・未来という時間の枠を超えて無限に拡大されたとしても，所詮それは私の独話空間でしかないという感覚と認識が必要なのである．「対話」と言いながら他者の他者性を認めない言説空間が多い．それは言説空間の独話化あるいは第一人称化と言うしかないのである．そういう傾向を改めて，出来る限り望ましい対話空間に変えていきたい．

(4) 対話空間は独話と独話とのすれちがいの繰り返しではなく，参加者が事前に考えついていなかった成果や結果が，対話の中から生まれてくるというところにその特徴がある．誰かの思考や論理が圧倒して，それに同一化・統合化・一元化するということとは正反対の方向に動くということが大事だ．

(5) したがって一時的には言説空間の独話化が避けられないとしても，段階的な変化が期待される．例えば誰かの思考や論理や発想がこの研究会で再確認されるだけでは，それはまだ独話精神である．他者との対話や本当に開かれた真率なぶつかり合いを通して，自分と他者の相互が，自己同一性によって武装された固い境界を壊し，崩す交わり合いとなり，以前にはなかった何かが生み出されることを願望する．

(6) 専門分野のちがう学者と学者，生活手段や活動領域のちがう人間と人間，

そういう多様な参加者による対話空間では自分しか知らない専門用語や特殊論理を必要以上に固守しないということ，出来る限り誰にでも分かるような言葉に変えて話すように努力するということが大事である．それは決して専門分野の品格を落とすことでもないし，絶対不可能なことでもない．少なくとも対話空間を成り立たせるためには不可欠な基本条件である．

では今までに申し上げました基本主旨，問題意識，基本方針そして運用精神を基軸にして継続開催していく公共哲学共同研究会の第1回目の研究会を，何故「比較思想史的脈絡から見た公私問題」にしたのかということについて言及いたします．

(1) 公私問題は第一次的には，思想の問題として捉えた方が理解しやすいと思う．（現実が公私になっているというよりは，現実に対応する我々の認識と実践とが，その基準として公私というふうに見たり考えたり，それによって行動をしたりするからである．）

(2) 公私という問題意識と言っても，文化や歴史や言語がちがうとその見方，考え方がちがって来る．一つの文化・歴史・言語の世界のことだけでは日本と世界，もしくは世界の中の日本のことを考えるのに充分ではない．そこで最小限，西洋（欧米），中国，イスラーム，インド，日本における思想史的視座を相互に比較するという方法を取る必要がある．

(3) しかし具体的な手続きとしては日本での議論が中心になる．日本人が過去にどのような考え方をしてきたのか，そして現在はどのように変わっているのか，さらに将来はどのような考え方になっていくべきなのかということについて深く追求しなければならない．思想史的脈絡を明らかにすることはこの思想史的探索の一環である．

(4) 大事なことは，今我々が抱えている様々な問題を考えるに際して，公私問題という視点を念頭に入れて思想時空間を時代的・文化的制限の中に閉じる方向ではなく，今は存在しなくても将来に開かれていくいろいろな可能性を活かし発展させていく方向へ議論を展開することである．そのための整理作業の一端として，先ず比較思想史的脈絡の探索を始めたい．

上記したような願望や期待を込めて，公共哲学共同研究会の第1回研究会を開催するようになったわけでございます．何卒，皆様の御理解と御協力をお願い申し上げます．

目　次

はじめに …………………………………… 佐々木　毅　i
今何故，公共哲学共同研究会なのか ………… 金　　泰昌　iv

発題I　**西欧思想史における公と私** …………… 福田　歓一　1
　　はじめに　1
　　1. 古典古代：public-private の原義とその背景　2
　　2. 中世普遍世界　6
　　3. 国家の出現　9
　　4. 自由主義モデルの形成I：国家理論の組み替え　11
　　5. 自由主義モデルの形成II：立憲政治への収束　13
　　6. 自由主義モデルの修正　14
　　むすび：若干の提言　15
　　発題Iを受けての討論　17

発題II　**中国思想史における公と私** ………… 溝口　雄三　35
　　1. 中国の公の語源　35
　　2. 「平分」の由来　38
　　3. 天　の　公　40
　　4. 日本の公私問題に示唆するもの　49
　　発題IIを受けての討論　58

総合討論I ……………………… コーディネーター：金　泰昌　81
　　国際法と「パブリック」／生産システムと公私／ジョン・ロックと
　　公共性／比較の視点／公共性と公共空間

発題 III　イスラーム思想史における公と私 ……板垣　雄三　97

　課題設定　97
　1. アラビア語における〈公・私〉の概念　99
　2. ファラーイド（信者の義務）の特質　100
　3. イスラームにおける〈公・私の問題〉の周辺の偵察　106
　4. イスラーム的論理の検証　117
　5. 公共的問題解決に対するイスラーム的知恵の諸例　122
　6. 結　　論　123
　発題 III を受けての討論　126

発題 IV　「おほやけ」「わたくし」の語義 ………渡辺　浩　145
　「公」「私」，"Public" "Private" との比較において

　はじめに　145
　1. "Public" と "Private"　146
　2. 「公」と「私」　147
　3. 「おほやけ」と「わたくし」　150
　発題 IV を受けての討論　154

総合討論 II ……………………………コーディネーター：金　泰昌　175
　公共性と世俗化／イスラームにおける世俗化／日本における世俗化／日本人の自我意識／イスラームの多様性と原則性

発展協議 ………………………………コーディネーター：金　泰昌　193
　公と私の思想史／公共性と近代社会／公共性と国際法／公共性と政治理論／公共性と教育／「多」と「一」の統合／コンセンサスの形成／パブリシティ／公と私への視点／空間から時空間へ／儒学の視点／イスラームの視点／「もう一つの近代」／公共性への視点／人間形成と公共性／「活私開公」へ

特論 **インド思想史における公と私** .... 奈良　毅 251
　はじめに　251
　1. 不干渉共存主義に基づく多様性　252
　2. 現実妥協主義に基づく柔軟性　255
　3. 家族尊重主義に基づく公共性　259
　むすび　263

おわりに.. 金　泰昌 267

凡　　例

1. 本書は，将来世代国際財団・将来世代総合研究所共同主催による第1回公共哲学共同研究会「比較思想史的脈絡から見た公私問題」（1998年4月25-27日，リーガロイヤルホテル京都）に基づいている．
2. 将来世代国際財団・将来世代総合研究所共同主催による第2回新しい文明文化研究会「21世紀におけるインド古典の持つ意義」（2001年3月24-25日，パレスホテル）での発題である奈良毅「インド思想史における公と私」を特論として収録する．
3. 第1回公共哲学共同研究会の参加者一覧は巻末を参照されたい．
4. 発題および討論は，参加者の校閲を経ている．発題は，趣旨が変わらない範囲で新たに書き下ろされたものを含む．討論は，短縮あるいは省略している部分がある．

発題 I
西欧思想史における公と私

福田　歓一

はじめに

　「西洋」とは何であるかは，実は大変複雑だ．しかし，簡単にヨーロッパ，それも西ヨーロッパと言ってしまえば分かりやすい．例えばドーソンの『ヨーロッパの形成』はまさにそういう考え方の上で書かれた書物であり，ヘーゲルのカテゴリーを使えば，「キリスト教的ゲルマン世界」をヨーロッパと考えるからだ．

　ところが「西洋思想」ということになると，後に中世と呼ばれる時代以降に出来てきたものの最も大事な素材になり，思想としては明らかな連続性をもっているギリシア・ローマの世界を無視できない．イスラーム世界を経由したものについてもギリシア・ローマの用語が使われている．さらに「文化圏」ということを考えると，ローマ人の目から見れば，まだ文字を持たず，明らかに蛮族である人々の中に伝えていく上で大きなメディアになり，同時に自分たちの考え方の上でそれを伝えていったものがキリスト教なのだから，それを含めて古典古代というものを見ないで西洋の思想というものを見ることは，おそらくできないであろう．

　逆に言えば，「古典古代」という言葉がすでに示しているように，古代ギリシアあるいは帝政以前の古代ローマというのはゲルマン世界の文化にとってひとつのカノン（正典）としての意味を持ち続け，何か問題にぶち当たるごとに，いわば未来への模索の上での手掛かりとして生き返ってくる．そういう意味を，やはり現代においてすらもっている．言うまでもなく「公共」「公私」という主題，英語でいう「パブリック」「プライベート」という文字それ自体がローマに由来するということがある．その点で，背景に何があったかということは

避けて通れない．

1. 古典古代：public-private の原義とその背景

　古代ギリシアと古代ローマが発展してローマ帝国という世界になるが，その古代の国家は英語で 'city-state' と言っているように，「都市国家」と訳されてきた．しかし「都市」という点でも「国家」という点でも，我々の日常使っている言葉とは非常に違った内容を持っているので，これは正確な訳語ではない．「都市」と言っても農村に対する都市ではない．ドイツ語では 'city-state' とは言わずに「シュタットゲマインシャフト」（Stadtgemeinschaft）と言う．農業を中心にしていても，それはポリスであって集住はするが，域外の農地へ働きに出ていくということがあったわけだから，実は面倒な問題をかかえている．ローマはやがて帝政の下，世界帝国に発展するが，観念の上では古代の「都市国家」（city-state）時代のそれをずっとひきずっていく．そういう点で「古典古代」として，一括して語源の問題を含めた．

　いわゆる「都市国家」なるものは，人類の歴史の上で非常に珍しい政治社会であったと思われる．というのは，オリエントのバビロニアにしても，アッシリアあるいはエジプトにしても，古代の大帝国の終わりに，いわばその辺境に忽然と現れた，非常に規模の小さく，それ自体がゲマインシャフト，共同体としての性格を強く持った政治社会である．もちろん中世にも「共同体」はある．しかしポリスないしラテン語でいうキヴィタスの特色は，それが独立しており，上位の政治支配を受けない点にある．しかもその規模（アリストテレスが「村」とは区別して，いくつかの村が集まって「ポリス」をつくったとは言うが）として望ましいのは，そのメンバーがお互いに顔を知り合っていることである．面積から言えば一望の下に目の中に収めることができる．非常に規模が小さい．フェイス・トゥ・フェイス・ソサエティであるという意味では，いわゆる第一次集団と考えてもいいような村の連合体が独立して上位の権力の支配を受けないという点で，あまり他には類例のないひとつの政治社会を作っていた．

　ではその政治社会はどのようにして出来ていたか．ポリスというと，自由民

の共同体である．しかしこの場合の「自由」というのは「奴隷」に対する意味で言われるわけで，この共同体は奴隷制を前提する政治社会である．

ところで，奴隷制と言っても，モンテスキュー以来何遍も議論されてきたように，「公的」な奴隷制と「私的」な奴隷制がある．早くも「公」「私」の観念がここで出てくる．「公的な奴隷制」というのは，例えばピラミッドを作ったエジプトで使役された国家の奴隷，大帝国の奴隷であった．そういう観念は「オリエント」という言葉で漠然と拡大されて，中国についても言われた．日本については奴隷制はあったが，比較的弱かったというのが丸山眞男先生のお考えであった．

それに対して，古典古代の奴隷制の特色は「私的な奴隷制」である．オイコス（家計，一家の経済）を単位として，その下に奴隷がいる．いわば古典古代はポリスとオイコスとの二元的な構成を持っている．自由民（奴隷でない）の共同体であるポリスは，成人男子の共同作業によって成り立っている．

その理由の一つは戦争だ．戦争は一番大事な仕事で，マックス・ウェーバーが重武装歩兵のデモクラシーと言ったように，自弁で武装し，ポリスが戦う場合には進んで参加する．「青年を堕落させる」と言い掛かりをつけられて死刑に処せられたソクラテスは模範的な兵士であったと伝えられている．

彼らの公務は戦争だけではない．特に世論というものが大きな位置を占める場合に著しく見られるのは，アゴラという広場に集まって，そこで会議をしたり裁判をしたりする仕事に携わることだ．アゴラに入る時には，戦争に出る時とは違って，武器を持たない．その中では，どういうことがあっても物理的な力では訴えない．言論に訴える．その言論が常に正しいかどうかは別であって，ソクラテス裁判は，やがて民主政に対する不信の大きな根拠になる．

そういう平和的な義務の特色の第一は「公開の場」でなされていること．もう一つの特色は，その手段が「言葉」であること．そこでは広い意味での「対話」が公共の判断を形成していった．しかしそんなことばかりをして人間は食っていけるものではない．そこでいわば財貨による日常生活と人間の生命の生理的な再生産を担ったものが，家父長制の下におけるオイコスであった．オイコスにおける女性の地位はポリスによってずいぶん差異はあるが，一般に高いものではない．妻はオイコスの中に閉じ込められて家のマネージメントを見，

奴隷を使役し，経済的な生活の基礎を作っていくという仕事をする．

今日の「エコノミー」（経済）という言葉はまさにこの「オイコス」（家計）から出てきたが，近代の経済は，そういう「家庭」の範囲を遥かに超えた「市場のシステム」に組み込まれている．アダム・スミスの時代になると，財貨の再生産自体が法則性を持ったものとして自律的な域に達するので「ポリティカル・エコノミー」という言葉が生まれる．本来，オイコス，オイコノミアの学問（経済）は「家政」の学問である．しかしそれが一国の経済の学問となると，これはポリティカル（国家単位）の学問である．従って，今申したような言葉の原義から言うとほとんど形容矛盾だが，しかしそういうものが現れるというのがまさに西欧近代の特色である．

全てのポリスが同じような社会であったわけでは全然ない．ポリスは非常にダイナミックな社会であった．例えばアテナイの場合はとっくに農業社会を離れて貨幣経済を持ったばかりではなく，大通商圏を作るというようなこともあった．もともと独立してやっていくことが恐ろしく難しい条件の中で，彼らは誇り高き生活を送った．外から侵略されるというときには，そういうポリスが連合して対抗するしか仕方がない．ペルシャ戦争がまさにそれであった．サラミスの海戦にしてもマラトンの陸戦にしても，ポリスの連合によって，小さな共同体が自分の独立を守ることをやってきた．

考えてみるとこれは実に面白い．彼らは，「自分たちはギリシア人である」という共通の意識を持っている．ギリシア以外の帝国に属する世界はバルバロイ，つまり異邦人の世界だとしてその差異を認めているのに，ギリシア全部が共通のひとつの政治社会として統一するということは考えない．統一の代わりになるのが「同盟関係」だった．もっとも，ポリス間の同盟が，実は他のポリスに対する間接的な支配に使われることはあった．ポリス同士で喧嘩をして負けてしまうと，そのポリスは全部処分されて，それまでの自由民が奴隷になるということもあり得た．

ギリシアの奴隷制はその維持が非常に難しい制度であった．公的な奴隷とか万民奴隷制の場合を別にすると，奴隷は自分たちのオイコス（一家の経済）を持てない．家族を持てない．生理的な再生産が制度的に保証されているわけではない．奴隷の女が子供を産むことはあるが，その子供は初めから奴隷にされ

る．後に西洋の中世で出てくる農奴の場合は家族を持つので，それによって生理的な再生産は保証されるが，生理的な再生産の保証のない古典古代の奴隷制の下では，戦争で捕虜にした者を奴隷にするということをやる必要が出てくるという大変困難な問題を中に含んでいた．

　古代ローマの制度がギリシアのポリスと同じであったかどうかについてはいろんな説がある．200に余るギリシアのポリスのどれと一緒であったかなどというようなことになると，一般論として，何を言っても，あまり意味がない．しかし，その公私の観念においては，基本的に大きな違いがなかったと言っても，そう間違いではないと思う．

　帝政以前のローマはレプブリカ，レス・プブリカ（公共のもの）ということから共和制ローマを指す．今だと，リパブリックというと共和国ということに決まっているが，本来の意味はポリスやラテン語で言うキヴィタス，場合によってはポプルス，ピープルと同じように「自由人の共同体」という意味であって，後にこれが「インペリウム」（帝国）というものに発展していく．ローマ人はある意味で政治的に非常に利口で，近くのキヴィタス，他の都市国家を次々と征服していくが，征服された都市国家の自由民に対してローマの市民権を与えた．ローマ人としてこれを遇する，という形で拡大していき，やがて地中海沿岸全体を征服して，これをプロビンキア（属州）にしていく．最後には北はブリタニア（現在の英国），南はサハラの北にまで広がる大帝国をつくる．

　ローマ帝国での「公共のもの」「ププリックス」という観念は，もちろん「ポプルス」「ピープル」という人的な共同体の観念からきている．そしてポプルスに属する資格が成年男子と定められていたことはポリスの場合と違いはない．また「ププリックス」という言葉は「公開性」をもっていることを意味した．従って衆人環視のうちに，自由民の目の届く範囲の中で審査をされていること，そしてしばしばそれが転用されて屋外や街頭で行われることが"in publico"と呼ばれることとなる．

　これに対して「プリバティス」というのは今日のプライベート，プリバシーである．（米国の発音が日本語の「プライバシー」になってしまったが，英国では「プリバシー」という発音を今でもしている．）これは，他人の目から隠されている，他人の目に触れない領域を意味する．従って"in privato"と言え

ば「屋内で行われている」「街頭で行われているわけではない」「他人による見聞から引き離されている」というところから起こった言葉であると言われている．やがてローマはインペリウムというそれまでになかった異民族支配を含む大帝国へと発展していき，かつて自由民の共同体の持っていた遺産は次第に失われていくが，ローマ法が最後までユス・キビレ，キヴィタスの法と呼ばれていたように，その遺産は非常に強く後にのこる．

　これに対してローマが征服した他民族の法は，よく知られているようにユス・ゲンティム，ゲヌスの法である．本来の意味は，ローマ法との折り合いをどうつけるかという点では今日の国際私法に近い．これが近代では「国際法」という意味に転釈されていて，ドイツ語で現在でも国際法のことを 'Völkerrecht' というのはそこからきている．

　一つ非常に面白いのは，西ローマ帝国の最後のアナーキーな状態の中で，秩序を維持しながらゲルマン世界につないでいく担い手になったのが，精神的にローマ帝国を支配したイエスの福音であったという点だ．「エクレーシア」という言葉は「教会」という意味で今日でも使われているが，このエクレーシアは本来，例えばアテナイでは「民衆すべてが集まる集会」を意味したことを考えると，まさにポリスのもっていた公共性というものが（キリスト教の）「教会」に転移されている．そして，西ヨーロッパというものをつくった「ローマ教会」が「エクレーシア・カトリカ」すなわち「普遍的な教会」という意味を持つというのは，一つの象徴的なケースであろうかと思う．

2. 中世普遍世界

　ところで中世ヨーロッパはカトリック教のもとにつくられた．このキリスト教的ゲルマン世界は，もとは文字もなかった蛮族であったものが政治的統一を成し遂げ，ポリス，キヴィタスの古代の世界とは全く違う大きな普遍的な政治社会を造りあげた．「キリスト教的」という表現は，カトリック教会がどれだけ大きな力を持ったかということを示す．蛮族がカロリング朝のカール大帝のもとでいったんは（例えばブリタニアの入らない非常に狭い範囲の統一だが）統一をして，初めてローマ帝国の遺産を受け継ぎ，後に神聖ローマ帝国となる

西ヨーロッパの統一を，少なくとも政治的には作り上げる．

その戴冠式がローマ教皇によってなされたように，その統一がローマ的な帝国の権威によって行われたので，（中世ヨーロッパの）普遍社会は（古典古代の都市国家以来の流れを汲むローマ帝国と）政治社会としてのある共通性は持っていたかもしれないが，本当にそれを支えていたのは，「レプブリカ・クリスチアーナ」（キリスト教的世界）と呼ばれたように，むしろ「教会」であった．

西ヨーロッパの出発点において，それは統一性と多元性を持っていた．キリスト教のもとにカトリック教会のローマの遺産を受け継いだ組織性をひとつの梃子として，「信仰」という意味において普遍世界と呼ばれるだけの実質的な統一性をもっていたことは争えないが，実際にはその中はやはり腕ずくの世界である．限りない多元性を持たざるを得ない．結局，ローマの遺産の上に造られた帝国は長持ちせず，制度としての「封建制」によって安定することとなる．封建制とは本来，私的な領有権の集積が秩序となったものである．そこでは公的な秩序は消えてしまって，私的な領有権が集積し，しかもそれが一つの秩序を作るという制度だ．

財貨あるいは生活，そして生理的な生命をも再生産していくものとして，封建制の底辺に共同体がある．これは農奴の作っている共同体である．農奴は奴隷と違って家族を持つという点で再生産をしていくわけで，彼らは生活の単位としての共同体を持つ．ここに，「公共」のひとつの性格である「共有」というものの姿があった．「共有地」があり，多くの場合は共同に使う井戸があり，しばしば市場，マーケットが存在した．

一番底辺に共有の物をもったこの共同体を単位として，その上に，まさに古典古代における重武装歩兵に代わる重武装騎兵が封建領主の軍事力を支え，しばしば騎士と呼ばれる人々による私的な土地の領有が行われた．底辺の共同体を単位とした領有の上に，私的な領有権を持つ者同士が互いに契約を結びあって，勢力の大きいものが勢力の小さいものを保護するかわりに，勢力の小さい領主は大領主に奉仕をする．これが集積して秩序がつくられてきた．

中世では，「土地の支配」が同時にその上に住んでいる「人間の支配」を意味した．これは近代国家につながっていく地域的，領土的な観念だが，古典古

代の世界では必ずしもそうではなかった．つまりアテナイとはアテナイ人の「人的な集合」であって，土地を単位にして考えたわけではない．こういうテリトリアルな性格は，中世から更に近代が受け継いだ一つの重要な遺産だ．

その場合（私的な領有権が集積した秩序）に公共的なものは一体どこにあったのか．それは，「土地の所有」と言う場合にはインムニタスと言って，ある領主の支配する中へは，その上位の，領主の奉仕を受ける大領主といえども勝手に入ることはできない．そういうことに準じて，都市の場合は「自由都市」となり，自由都市を構成する商工業者のギルドになる．そのような中で支配の格付けがなされる．上は王様，少し下がれば大公，公爵があり，さらに伯爵というふうに，所領による格付けがなされた．現在でも，ルクセンブルグが，「大公国」であって「王国」ではないという形で残っている．

そういう政治社会の頂点にあるものとしての「国王」が，どこに「公共性」の役割を持っていたかというと，それは何よりも「教会の保護をする」ことである．教会は武力を持たない大組織で，大きな財産を持っている．教会の財産をひとつふんだくってやろうという者がいても，国王がそれをさせない．その上に，封建制の秩序を一つの法共同体として安定させていく．そういう意味の公的な性格を担う者として，国王の存在それ自体が目に見える形での秩序の保障となっている．

だから国王はこの共通の法である封建法を前提にして，民の上にあるが，「法」の下にある．国王が頂点にいるからといっても，その秩序を勝手に破ることは出来ないという観念が，後の抵抗権の観念と連なっていく．しかもその国王の物質的な基礎は，基本的に直領地だ．国王というのも領主中の大領主に過ぎない．王国にいったん緩急があるときには奉加帳を回して領主たちから献金を集めなければならない．

そういうことを制度化したのがいわゆる「身分制国家」（シュテンデシュタート）と呼ばれるものであり，これは法共同体の持っている国王の大権とすべての封建領主の特権とを場合によっては成文化する．その一番有名な例がイングランドのマグナカルタ（1215年）だ．身分制の議会（これは教会の高位の聖職者と封建貴族を別にして，そのほかに平民を入れれば三部会になる．聖職者と封建貴族を一緒にすれば，パーラメントのような両院制議会になる）を作っ

たことにより，そこで初めて「コモンズ」というものが現れる．このコモンズは平民である．平民と言ってもその中の上層にある有力な者である．その背景にはもちろん農奴が自己解放をして大きな力を持ち，都市やギルドが大きな力を持っていた時代に，平民が新しい統治の財源になるということがあるのだが，「議会」の作られたことの意味はやはり非常に大きい．

「議会」が作られたことによって単に直領地に代わる「徴税」ということが可能になったばかりでなく，ここに「代表」という観念が生まれた．平民の全部がハウス・オブ・コモンズに行くわけではなく，平民を代表する者が行く．しかしその代表が承認したことは全部が承認したことになるわけだから，公的なものがそこに生まれざるを得ない．

しかも「多数決」という考え方が現れる．それまでだと全員一致でないと意思は決められなかった．「多数決」は議会が出来て当然のこととして現れるわけではない．シエムというポーランドの議会は多数決を最後まで認めなかった．ポーランドがあれほど簡単に分割されてしまった悲劇は，多数決によって意思を決定し，共同して侵略に抵抗するという統一性を持てなかったことによる．一度にできたわけではないが，進んだ国では多数決の原理が出来ていったということが現実にある．

3. 国家の出現

長い間政治社会を表していたキヴィタスというラテン語のほかに，王国が発達していくようになってからは 'regnum'（王国）という用語が一つ加わる．しかし 15 世紀になると，それとは全く違った政治社会としての今日の 'state'（ステート，国家）という言葉が公然と現れる．この言葉はもちろん身分制の 'status'（ステータス）と関連して出てくる．それがはっきり政治の主体として出てきた時には，権力とか，権力をもっている人間，あるいは権力を自分の道具として使う支配のメカニズムを表すが，その当時は「被治者」を含まない．

それまでの長い間，政治社会は人的な団体であった．その伝統ともまったく切れてしまうと同時に，「被支配者を含まない」という形でのステートが現れて，アルプスの北ではこれが「絶対王政」になる（場合によっては英国のよう

に，身分制議会がついに滅びることなく続いたケースもあるが）．絶対王政を生んだ条件の一つは宗教改革だ．

　宗教改革によってカトリック教会の普遍的な権威が崩れる．そしてステートの支配者である君主が「主権」という観念を持つようになった．この「主権」は，それまでの身分制議会あるいはそれ以前の根本法の考え方を真っ向から否定して，君主が，自由に，制限無しに法を作ることが出来るという権力だ．しかし，そういう君主の優位は，「サルス・プブリカ」（公共の福祉）という新しい観念で自分を正当化しなければならなかった．

　それと同時に「常備軍」と「官僚制」が支配の機構として出現する．常備軍と官僚制があれば，封建領主の奉仕はいらない．封建領主が地方を支配しているのに対して，官僚が直接監督し，封建領主による支配を無力化するという過程が進行する．そのようにして今度は租税が財源となり，同時に，ポリツァイと呼ばれる内務行政が封建制を次第に解体していく．

　この絶対王政とは，基本的に言えば，最大領主であった王家が，国家を自分の家産として持っている．そのような性格であることを免れることはできない．しかしなんとか公共的な性格を持たせようとするのが，王室のための費用（宮廷費）と公共のための国庫とを分離しようとする努力だ．例えば絶対王政の最も有力な建設者であったリシュリューの『政治的遺書』には，王家の権力の公私を分ける，ということが大きな眼目になっている．

　オーストリア継承戦争やスペイン継承戦争など戦争がしばしば行われたが，この継承戦争（succession war）とは要するに相続争いだ．王国それ自体が，王家の一つの家産であるという前提なしには成り立たない．そして軍隊（常備軍）はまだ傭兵の時代だ．租税によって集めた金で傭兵を雇い，新しい武器を使って戦争をする．もちろん国内では武装の古い領主の抵抗や反乱を徹底的に排除した．

　そういう中で絶対王政の掲げるサルス・プブリカ（公共の福祉）に対して批判をする勢力が，新しいパブリックとして次第に出てくる．パブリックの前身になったものの一つは，ハバーマスが有名な『公共性の構造転換』の中で特に指摘したように，文芸的なものである．それには印刷術の発明ということがあずかった．今日でも読書人口のことをリーディング・パブリックという言葉を

使うように，本を読む人々の間でサロンが作られ，学者の集まるアカデミーが誕生し，やがて有力者，知名人の集まるクラブや新聞という，議論の「公共圏」が成立していく．

4. 自由主義モデルの形成 I：国家理論の組み替え

そこで自由主義モデルというものが現れ，その下地が出来る．自由主義モデルの形成は，簡単に言えば，ギリシア時代あるいはローマ時代の「パブリック」の観念を復活する理論的な操作により，地縁的なものにそれに置き換え，被治者を含まなくなった政治社会をもう一遍，人的な団体として再構成するという作業で，これは近代の革命運動と結びつく．

革命運動を理論的に担った「社会契約説」と呼ばれる考え方は，古典古代の言葉を使った．シビル・ソサエティ，あるいはレス・プブリカ（公共のもの，共和制ローマの呼称）の英語訳としてのコモンウェルス（共通の利益，王政復古までの共和制時代のイギリスの呼称）という言葉をステートの代わりに使う．ただしこれを構成する実体は古典古代とは全く転倒する．すなわち古典古代においては，有名な「アテナイ人がアテナイのためにあるのであって，アテナイがアテナイ人のためにあるわけではない」という言葉が示しているように，実体はポリス，共同体にあった．ところがそのターミノロジー（術語）を使った近代国家の理論では，実体は「個人」である．この「個人」は，ジョン・ロック（1632-1704）の場合に最も端的に示されているように，自分の労働で自分の生活と生命の再生産をやっていくことの出来る個人であって，コモンウェルスは擬制に過ぎない．そういう個人の共存が可能であるための条件として政治社会を作り出してくる．そこに「人権」の観念と，人権を保障するものとしての「政府」という新しい機関が出てくる．「any number（人数は何人でも）で出来る」と言っているが，実質においては，地域国家の封建制以来のテリトリアルな国家というものの組み替えである．その場合に，個人が，言わば論理的な一つの抽象物であったということに見合って，作り上げられた国家は，同質の人間の人的な団体という抽象物である．

ここではもはや物質と生命の再生産の場と，公共の場のかつての構造とは逆

転する．すなわち「個人」が，秩序を保障するものとしてのパブリック・ソード（公共の武力）を要請する．しかしその場合のパブリック・ソードは公共の暴力である．暴力も，公共の財も，結局組織されたメンバーが，新しいオーソリティの指示に従って，自分たちの持っているものを提供するという以外には求めようがない．どこからかそういうものが降ってくるわけでもなければ傭兵に頼るというわけでもないモデルが，ここに作られる．

　先程，これを構成する個人が同質であると言ったのは，血縁とか，身分とか，言語とか，地縁とか，そういうものから解放された抽象的な存在であるという意味だ．そこから出てくるのは，まったく抽象的な存在としての国家というもので，今日考えられている「公共の秩序」は，まさにここから出ている．つまり国家という，武力を持っているはずの大変恐ろしいものが，すべての人間の権利義務の関係として，イメージとしては映るようになってくる．

　こういう新しい機構（国家の誕生）も，「人間」も，抽象能力による．「公的」なものというのは，一人ひとりの抽象的な個人のパブリックについてのイメージ，公共表象をおいてはないという理論モデルが先行し，その上に18世紀になると，アメリカの独立革命が新大陸において成立する．ここでは独立宣言の中に "pursuit of happiness"（幸福の追求）が掲げられたように，まさに私的なものが抽象化され，政治社会の目的として掲げられるようになる．

　旧大陸においては遥かに事態は困難で，言わば権力の正当性が，神の授けた国王の権威から一挙に国民の人権の保障に代わるということが，フランス革命によって起こる．その場合に，これまでの古い支配と古い団体からの解放は，「理論の革命」なしには徹底することは出来ない．封建的な領有権は，「理論の革命」によって初めて否定される．「近代国家」とはまったく違うイメージを持っていたジャン・ジャック・ルソーの理論が，なぜあれだけ大きな働きをしたかは，このことを離れては考えられない．

　ここに私的な自治による財貨と生命の再生産というものが先行することとなり，これが「フランス民法典」という形で保障される．すなわち公的な領域は治安と防衛と司法，それに公共事業というものになり，徴税と徴兵，国民軍によってその必要性がまかなわれる．「公共性」というものは，個人の抽象性に見合う支配の抽象性として，言わば「公法の体系」の中に具象化され，政体の

変化にもかかわらず，'l'ordre'（秩序）という言葉で一つの連続性を持つようになった．

5. 自由主義モデルの形成 II：立憲政治への収束

私は敢えて自由主義モデルの形成の二つ目に「立憲政治への収束」を掲げた．その理由は，フランスのモデルで見ると，100年の間に政治形態が7回変わっている．絶対王政から制限王政，制限王政から共和政，共和政から今度は帝政に変わり，王政復古があり，そして革命が次々に起こり，パリ・コミューン（1871年）の樹立と壊滅に至る．そういう革命の繰り返しという変わり方に代えて，議会の中での政党の変化，政党政治の政権交代，一つの制度の中の政権交代を保障する補助線として，どうしても「立憲政治」というものを入れなければならない．立憲政治に収束することによって，王政復古になっても憲法を無視することはできず，それと同時に議会が機能する．

フランスでは，ル・シャプリエ法に典型的に示されているように，古い団体を弾圧することの延長として，新しく生まれる産業労働者の団結権をも奪うということが出てくる．一方，産業革命の進行により，ジョン・ロックモデルのような農業を基本とした私的な再生産は，まさにマーケットを目標にした資本主義的な生産に変わっていき，その中で，今度は労働者というものが生まれてくる．アダム・スミスは『国富論』の中で，生産の三要素として土地と資本と労働をあげているが，その三要素に見合うものとして人的には地主と資本家と労働者が出てくる．その労働者が団結することを，抽象的な法体系が抑圧してしまう時代が長く続く．

従って，労働者の権利を回復しようとする社会主義の大きな運動の中では，例えばフランスの場合も，絶対に政権に取り込まれないということをやる．それをやればやはり七月革命の次の二月革命，二月革命の後のパリ・コミューンという形（革命）でしか変えていくことができない．しかし第三共和制になり，1899年，ミルランが初めてワルデック・ルソーの内閣に入ってから，言わば議会内政党だけでなく「議会政党」になるという形で，多党制の中での政権獲得が革命を代用するという制度化が生まれてきた．これが立憲政治への収束と

いう意味である．

6. 自由主義モデルの修正

1870年のイタリアに続いてドイツの統一があり，フランスでは第二帝政の崩壊という事件のほかに，例えば「会社法」が成立した．巨大な私的自治の組織体が生まれると同時に，労働者の自己組織もまた強くなっていく．これを契機にして，ヨーロッパの多様な社会集団は一斉に姿を現し，反面では義務教育が制度化されることによって，新しい時代への大きな転換点になる．

19世紀はヘーゲル以後，政治哲学にはあまり出番がなかった．一つは基本的な政治理論が公法の理論や個人の権利義務の関係ということに吸収されてしまった．もう一つこの時代は，政治運動のイデオロギーが経済的背景をもった政治運動のイデオロギーに拡散されてしまう時代でもあった．そんな中で非常に面白い思想家は，どちらでもないところに目をつけている．例えばアメリカを取り上げたアレクシス・ド・トックヴィル，彼との関係ではジョン・スチュアート・ミル，あるいは権力の実体に目をつけたウォルター・バジョットといった人々が新しい時代に備えて出てくる．

近代国家を作った理論は古典古代の用語を使ったが，奴隷のいない自由民と公権力の関係ということについては，そう簡単にことが片づくはずがない．組織化，そして集団の噴出と言われる時代に入ると，その新しい現象に対応するために，公権力の作用領域が急激に拡大してしまう．公権力の作用は，政治社会のメンバーの行動様式を保障することが最重点であったものが，利害状況に権力が介入していくようになる．そこで初めて，階級対立を立憲政治に収束する上での政党というものの意味が成り立つのである．

「政党」の「公共性」は英国でさえなかなか認められなかった．「パーティ（政党）などというのはパートであって全体ではない．あれは公共と関係ない」と最初は言われ，18世紀にはエドマンド・バークが反論した．19世紀に労働者が問題になると，保守党のディズレリーが「英国に二つのネーション（国民）があってはならない」と言って，第二次選挙法改正で選挙権の拡張をする．一方フランスではすでに男子普通選挙が実現し，「政権獲得」を「革命」に置

き換えている．

　このように政党政治が一般化すると，その裏側として専門官僚制というものが現れる．官僚制は当初の家産官僚制から，フランス革命によって近代官僚制に変わったと言われる．官僚制は，ノースコート・トレヴェリアンの改革によって情実人事に代わりメリット・システムが成立し，専門化する．フランスのように非常に内閣の交代の激しいところで，秩序（l'ordre）の継続性を保障するものが実は官僚制であったという逆説がここに出てくる．両者には相補関係があるのである．

　しかし，選挙権はどんどん拡張されていく．普通選挙が実現するように動いていくと，エモーショナル（感情に訴える）な要素が非常に強くなっていく．そこに単にインタレスト（利益）だけでなくシンボルによって統合をする，シンボルにより「公共」を実現するという新しい問題が出てくる．帝国主義の問題，二つの世界大戦の問題，その間に起こった全体主義の問題は，まさにここに出てくるのである．

むすび：若干の提言

　現代においては，「公共」のイメージは依然としてネーション・ステート（国民国家）が基本的に独占しているが，その中で「公権力」というものの「権力性」が著しく退潮した．公権力は教育の面倒を見なければならない．福祉の面倒を見なければならない．それだけではなく経済運営に責任がある．これはパブリック・セクターからの支出が国民総支出の 30-40％，国によっては 50％ を超えるという高度資本主義を前提にして，余りにも当然なことだ．

　それで権力性はあたかも姿を消したように見えるが，実はその支出は租税によってまかなわれる．租税は言うまでもなく強制によって徴収されるという強い権力性をもっている．権力作用の範囲と限度．これは，今日，「公共」の問題を考える上で，非常に重要なポイントである．

　立憲政への収束のもとに，政党政治が実現した体制で，有権者としての国民の立場はどのように変わったのだろうか．たしかに男女の普通選挙は実現した．皮肉にもそれは，国民の一票の価値を小さくする一方だ．そこに噴出する集団の利益追求が目立つと，国民の間には投票によって政治を変えていく実感がも

てなくなり，投票の意味への信頼が減ってくる．もちろん，政党というものは，痩せても枯れても公権力を担っていくことを標榜して自分を売り込んでいるわけだが，目立ってくるのは，政治を決めている選挙の一票ではなく，利益団体，圧力団体の力だという姿である．

　これらの団体は自分で公共の権力を握ろうという売り込みもなければ，責任感もない．どの圧力団体も同じような影響力を持っているわけではない．実は特定の有力な圧力団体の思いのままに政治がなされていくと言われるようになり，労働組合を取り込めば，そこにネオ・コーポラティズムという現実が出てくるし，左翼の活路にさえなる．

　そうなると，政治過程というものは，集団間の取引によって行われるというイメージが非常に強くなる．この間におけるマスメディアの問題は，NHK が「公共放送」と称せられているわけだが，情報が重要になり社会の公器である新聞が「私企業」として経営されている一方で，政府の統制力の強い放送，テレビを含めてマスメディアが手の届かぬ「第四権力」になる．ここに出てくるのは非常に強い無力感であり，それと同時にネーション・ステートに対する信頼の低下にほかならない．

　特に先程のネオ・コーポラティズムの場合に典型的に出ているように，公共の公開性が著しく薄れるということが非常に悪い．この中で単に量的な一票としてではなく，一人ひとりの人間が公共意識というものをどういう形で持っていくか，質的に公共に参加する意欲をどこで目覚めさせ，自主性と連帯性を作り上げていくかということが，これからの一番大きな問題になる．その場合に，「公共性に与(あずか)る」という経験がなくてはそれはあり得ないということ，そういう経験をどこで人間が得ることが出来るかということは，決定的に重要な問題になろうかと思う．

　グローバリゼーションの時代に，反面として，小さいアイデンティティに対する要求がいかに強くなっているか．それに応えるために今国民国家がどういうところに来ているか．それについては私は二十数年間論じ続けてきたが，後の討論の時間に少し触れさせていただくことにしたい．

発題Ⅰを受けての討論

小林正弥 丸山眞男先生のような戦後啓蒙の思想や市民社会派に対して，公共性の問題をどのように考えていたかという点が，しばしば批判的に議論されています．この問題について，福田先生はどのように思われていますか．古典古代と近代の関係が問題になるわけですが，これについて，先生は今日のお話では自由主義モデルとの関連において扱われました．そこで，これに関連して，自由主義モデルと共和主義の関係についても，お話を伺えればと思います．また，現代における公共性の問題に最後に触れられましたが，その部分をもう少し拡張してお話いただければと思います．

福田歓一 私は市民社会派なのかなあ．私は契約説から勉強を始めた．その頃，日本の社会学においては「市民社会」という言葉が頻繁に使われていた．特に「市民革命」というとブルジョワ革命のことだったわけだ．

それより以前，例えばジャン・ジャック・ルソーは，古典古代のモデルのはっきりした人だから，一番鋭い批判をしている．すなわち『社会契約論』の1編6章の注の中で，「現在（＝近代）生きているヨーロッパ人は古典的な言葉を全く誤解している．ヴィーユのことをシテと言い，ブルジョワのことをシトワイヤンと言っているのだから」と．

そのモデルを完全にひっくり返したのはヘーゲルでしょう．つまり，ジョン・ロックまでだったらシビル・ソサエティというのは「政治社会」そのものであって，シティズンは，まさにこれを構成する一人ひとりの人間，政治社会の構成員だ．ところがヘーゲルのビルガリッヘ・ゲゼルシャフト（bürgerliche Gesellschaft）というのは，「個人の欲求の体系」である．その点では，古典的な自由主義理論のもっている抽象性に対する具象性ではあった．というのはヘーゲルはジェームズ・スチュアートを精読したばかりでなく，翻訳でアダム・スミスも読んでいる．だから，もう英国でイメージがどのくらい変わったかということは知っている．ただ英国の場合，スコットランド啓蒙から来るソサエティ，つまり経済の体系があり，ガバメントがある．ガバメントがそれを保障するものとしてある．

ヘーゲルの場合，一方ではビルガリッヘ・ゲゼルシャフトと呼んでいる．もう一つはそれまでの社団国家にあるありとあらゆる社団（コルポラチオン）がビルガリッヘ・ゲゼルシャフトの構成要素であり，その中には司法制度まで入っている．

それから階級対立も予測してポリツァイも入っている．しかしそれは部分的であって，そのジンテーゼ（合）として 'Staat' というものがなければならないと言う．
　マルクスはその後を受けているので，ビルガリッヘ・ゲーゼルシャフトというのはブルジョワ社会であると，非常にはっきり言っている．そういうマルクス主義の影響を受けて，市民革命はブルジョワ革命だという考え方がある．その中でも例えば内田義彦さんなどは講座派だから，「日本は市民社会ではない．一物一価の法則が行われるところが市民社会だ」と言う．そういう「市民社会」の使い方もあった．
　ただ私にとって一番我慢がならなかったのは，17-18世紀の政治社会そのものをシビル・ソサエティと呼んでいるのをルソーが批判しているのに，それを今言ったヘーゲル以後の解釈と同じものだとして，同じ用語で呼んで同じように類推しようとしている．これは政治思想としては致命的な間違いである．これは英国へ行って向こうの学者と少し話をし出したら，すぐにガンとぶち当たった．だから私は「市民社会」という言葉は使いたくない．この言葉がいかに多義的であるか．それをいちいち明晰にしなければ使いたくない．
　ハバーマスの『公共性の構造転換』の新しい版は，内容は変えずに，序文だけ加えている．ポーランドで「連帯」の運動が起こってからシビル・ソサエティというのがまさに流行りになってしまった．これは発題講演の最後に申し上げた意味で，私人が公的な関心をもって，そして連帯を作り上げるというモデルのリバイバル，リニューアルである．だからハバーマスは困ってしまい，ビルガリッヘ・ゲーゼルシャフトの代わりにツィヴィールゲゼルシャフトという新しい言葉を序文の中で使うようになった．
　私が勉強を始めた頃の日本はドイツ系の学問の影響が非常に強く，それからマルクスの影響も強かった．そういう中で，確かに留学する前に「市民社会」という言葉を使ったことがある．しかし，留学から帰って来てからは決して使わないということで一貫してきた．
　丸山先生の場合にも，少なくとも「市民社会」という使い方をされたことはないと思う．ただ先生の場合には，一貫してあったのは「デモクラシー」という逆説．つまり，多数者が支配するなどということは法則的にはあり得ないのに，その逆説を成立させるというのは，自分が権力をとるつもりはないが，公的なことについての意欲と関心を持ち続ける民衆の存在というものが不可欠の条件だということが一つ．あとは認識の上でのアリストクラシーが一貫してあったことは事実だが，この点は私も丸山先生と変わりません．ただ，専門が専門であるだけに，誤解されることに対する警戒度は私の方がきつかったと思う．

この問題にどういうふうに答えるかというのは，今のところ私の最大の関心事だ．実はこの間，英国へ行ってきたが，ケンブリッジでのクェンティン・スキナーやジョン・ダン，その他若干の今のコンセプチュアル・ヒストリーでいい仕事をしている連中と集中的に話をした時の話題の一つであったことも事実だ．ドイツ語のように「ビルガリッヘ」をやめて「ツィヴィール」にすると言えたらどんなに楽だろうなあと思っているというのが今の関心です．

ただ，公共性というものにもう一度意味を持たせようということになれば，政治社会というものをネーション・ステートに局限しているのをどう変えていくか．一方ではグローバルにこれだけの問題があり，一方ではアイデンティティに対するこれだけの心情的な追求がある．仮に重層化された「公共」であっても，例えば A. D. リンゼイは「教会は言わば公共のモデルだった」と言っている．あの17世紀における非国教徒の教会に対するコミットメントは，公共のことを考えるうえで，一つのモデルとして作用している．セクトによるが，婦人参政権の先駆だってある．役員を女性がやるということもあの革命の中で出てきているという．それはたとえば現代にボランティアの活動というのがどういう意味を持っているかということの中で，いつでも問われるというようには思う．

次にリパブリカニズム（共和主義）の問題だが，これはポーコック以後の一つの大きな主題だ．リパブリカニズムの一番中心的な意味が，いったいどこにあるのかということを，もう少し精密に確定していった方がいいのではないか．そうでないと，逆に（議論の焦点が）拡散することを少し気にしている．マキャヴェリの見直しから始まったということは言うまでもないが，そのこと自体が特に新しかったというわけではなく，ある意味ではコンテクスチュアルに表に出たということが言える．

それは例えばモナーキー（君主制）の否定というような，単に消極的な意味ではもちろんないわけだから，何を言いたいためにそれを持ち出すかということをはっきりさせる必要がある．逆に言うと，「公共」の実体性ということだけで考える場合に，無媒介になってしまうと，少し問題を生まないかという気がする．私が古典古代というのが非常に珍しい形態であったということに，少し時間を取られすぎたのは，若干そういう気持ちがあったからかもしれない．

金泰昌 福田先生には，西洋思想史という脈絡の中で「パブリック」と「プライベート」とがどのように理解され，またその理解がどのように変化してきたかについて詳しくお話いただきまして啓発されるところが大きかったということで感謝を申し上げる次第です．

さて，私は西洋思想史の大きな流れから「パブリック」と「プライベート」という問題を考えるときに，次のような三つのポイントをおさえておく必要を感じるのです．その第一点は，ポリスにおける場合とコスモポリスにおける場合との間に生じた変化です．基本的に同質の住民の中での公共性――それを仮に公共性Aと言うことにする――と異質の移住者を含めた生活空間における公共性――それを公共性Bと言うとする――は，いろんな側面で異ならざるをえないと思います．
　公共性Aはほとんど共同性と一緒で，共同体の土台・原理・志向になります．しかし公共性Bの場合は共同性への方向に統合して行くというかたちの公共性とそうでないかたちがあり得ると思います．現実問題として公共性Bにおける統合傾向が主導的でありましたし，その典型的なのがローマが征服した異民族に対する包容政策とそれを実行に移す過程で行ったローマ法上のプブリクムという概念であったと思うのです．しかしそれが必ずしも成功しなかったし，新しい考え方を必要としたのが近世におけるコスモポリスの発生という時代的状況で，国内的に共同体という枠の中に閉じ込めにくい商人階級の台頭とその勢力の拡大と同時に，大量の外国人移住者の流入によって統合化だけで公共性を語り得なくなったということが起こったと思うのです．
　それで公共性Bの統合志向に収束されない側面が認識論的・実践論的意味を大きくするようになって別途の見方の必要性をもたらしたと思うのです．私はそういう公共性を交流・対話としての公共性というふうに考えることが必要になったと思うのです．
　第二の点は「パブリック」と「プライベート」というものは，「プライベート」という基礎なしに「パブリック」を考えることが不可能だということです．ポリスにおける公共性が何らかの形で成り立つことが可能であったのは，オイコスという私秘空間の存在と機能を前提にしてのことです．それが「プライベート」における何らかの犠牲や自己否定によって成り立つあり方から，相互前提的でありながら相互補完的なあり方への転換がなされてきたのではないかということです．その流れがいろんな激動や逆流を経過しながら変化してきたということです．日本的な表現を使えば，一種の滅私奉公型から滅公奉私への変換と言いましょうか．そういうわけで西洋諸国でも改めて公共性の問題が見直されているのではないかという気がするのです．
　そして第三の点として，長い間パブリックは国家を中心として語られてきたのですが，「国家のため」ということが公共性の全部かということが問われ始めたということです．少なくとも西洋思想史の場合，特に近代以後そして現代における状況

を見ますと，公共性というのは国家に対抗するという側面が強いのです．少なくとも国家権力と個人の権利との中間領域としての公共空間という概念を基軸にして議論されているのです．こういう考え方・見方が形成されるまでにかなり激しい闘争や葛藤や対立や抗争があったわけですが，とにかく公共性を国家と一緒にくっつけて考えるというのは主流とは言えません．もちろん西洋と言っても欧米，それもアメリカ，イギリス，フランスそしてドイツを中心とした西洋という限界はありますが．

しかし私が今申し上げたことは，今後の討論を進めて行くうえでの論点を提起するという意味で敢えて私なりの問題意識をおおざっぱに羅列してみただけのことです．

それで一つだけ質問させていただきたいのですが，それは日本における公共性の意識と空間の形成におけるマスメディアの役割の問題です．特に近代的な意味での公共性との関連で明治の後半期における新聞の役割を重視しているのですが，その辺のことをお伺いしたいのです．

福田歓一 ひとつの新聞は何かの主張を持った一部にすぎない，という問題を遡ると政党の問題になる．先程言ったようにパートであって全部でもなんでもない．それにどうして公共的な意味があるんだろうというわけだ．

私が自由主義モデルの中で政党の意味を出すために「立憲主義」というのを出したのも，まさにそのためです．ケンブリッジでホントというハンガリーから亡命してきたよく出来る学者の話を聞いて大変面白かったのは，ハンガリーではポーランドの「連帯」のようなものは生まれなかった．それは，ハンガリーの共産党はあまりにも利口で，「連帯」のようなものが生まれないように，ちゃんと取り込むことをやってきたからだ．

「連帯」の一番の矛盾は，ワレサの運命が見せているように，国民全体が共産党と対決するという形での「連帯」を作り上げたが，いよいよ「連帯」が勝った時に，その中が一体性のままだと割らなければならない．つまりそれは先程申しあげたように，（近・現代の）自由主義モデルというものが，革命から議会の中での政権交代の可能性へ，それからプルーラルな（複数の）政党が存在するということに収束されていったことと共通の意味を持っているわけです．

英国のエドマンド・バークは，パトリオット・キングと言われたジョージ三世やボリンブルッグなどに対抗して，政党の存在意義を主張する立場にたった．日本には「公共放送」というものがあるが，無い国ももちろんある．しかも既に存在した国でも，例えば英国の場合は，なんとか商業放送と共存にもっていこうということ

が起こってくる．

　しかし，日本の新聞はどうか．『日眞時事誌』はどうでしょう．やはりいつの時代も私企業であって，しかも「公器」でなければならない．新聞というものが印刷術が進歩して文芸的な公共圏の成立の中から出てきたわけだが，やはり新聞の意味は通商圏の中での価格の違いなど商人の要求というものを一方で持ちながら，一方では私的な興味を満足させるということも必要で，一つでいろいろな機能を果たしている．また，場合によってはまったく違った性格のものとして出てくるわけで，公的なもの，公器としての性格をもち，私企業としての収益を追求するという非常な複雑さがあり，一口に新聞と言っても極端から極端まであった．

　新聞のそういう性格はずっと引き継がれてきて，「もうタイムズは止めてインディペンデントにしよう」とか，「マードックが買収したのではろくなことはあるまい」というような判断が一方では出てくる．日本の場合，これは渡辺浩さんのご専門だが，明治の初めは大新聞だった．政党と関係がありながら，専ら公的な政論をやる．ところが大新聞は全部経営的に没落していき，生き残ったのは小新聞の子孫だ．そして，公器としての性格が戦争で大きく試され，私企業としての収益性は不況になればすぐに広告料収入の問題になるというのは，ご存じの通りです．

　ただ，新聞の論調に多様性があるということの意味は，政党というものに意味があるのと同じことで，やはりこれからの「公共」を考えていく上で非常に大事だと思う．それは，自由主義モデルがなぜ複数政党制に収束されたかということとの関連で，見逃してはいけない点だと思う．

　新聞の影響力とは別に，20世紀というのは，エモーショナル（情感的）なものに訴えないと，新しい有権者を摑んでいけないという時代だ．その一番典型的なものはナチの持っていた党大会だ．弁論が人を動かすというのは，基本的に言うと，古典古代にはレトリケー（弁論術）が非常に大事だった．これは市民としての優越を示すために不可欠だったからだ．ただ，議会制と結びついている範囲の中では，例えば英国のグラッドストンのミッドロジアン・キャンペーンという活動は，第二次選挙法改正が行われて有権者が拡大した後だから，議会での弁論の上手さだけでは充分に人を引きつけない．大衆集会で直接訴えるということがこのキャンペーンから始まった．そしてそれの行きついたところが，ラジオをメディアにしたものではやはりヒットラーとルーズヴェルトだろう．

　ルーズヴェルトの炉辺談話．これはまさに茶の間に入り込んでそれと同じ言い方でニューディール政策に対するあらゆる機構の反対に抗して国民の支持を集める上で非常に大きな働きをした．これを党派性をもって論じれば，まことにけしからん

ということも言えるわけだ．

　これがラジオになると，日本の場合は，言わばエモーショナルな情宣力を権力が先取りして，初めから放送を権力だけのもとにおいた．だから相対的に言えば新聞の（権力に対峙する）力が非常に弱くなった．テレビの場合も，電波メディアの資源が限られているということが理由になり，コントロールが非常にきつい．だから私的なテレビの場合でも，電波の割り当てを受けるということから，郵政省からどれだけのコントロールがあり，その背景に何があるかというのは，少し情報を知っている者なら，大抵わかっていることだろうと思う．

　しかしこれだけ電波の数が自由になるという技術のイノベーションの後に何が出てくるかというのは，まさに見どころだと思う．

　でもこれまで，メディアがいろいろな立場を代表しながら，そこで何かを作り上げていくという過程は日本では早くからやっているのではないだろうか．例えば「座談会」という方式が雑誌に使われたのは日本が先駆者だ．今でもこんなに多い例は，ほとんど他の国では見られない．新聞もまた何かというと，そういう取り上げ方をする．NHKの放送討論会式のものから始まって，テレビはもっとその傾向が強い．

　だから必ずしもフォーラム的なものが，（印刷・放送）メディアと別になければならないかどうか．別にあるとすれば，これはやはりもう少しレベルの高いものでやろうということになるでしょう．それからフォーラム的なものと，それぞれ自分たちの主張を持っているメディアとしての新聞とが両立し得ないとは言えないと思う．多党制というものを前提にし，それを肯定する以上は．その中で一番大事なことは，どうすれば質の良い，程度の高い，公器となり得るものが育つか．そのためにたとえばこういう（研究会の）機会がどのように役に立つのか．

　金泰昌　先生は古典古代の公共性について，「公開の場」での「対話」を通して公共の判断形成がなされていたということをお話になったが，このことが今も大事だと私は思う．

　公共性という何か固まったものがあって，人間がそこに向かって進むという観点があるとすればそれは違うと思う．新聞は政党と同様，部分的な意見だとおっしゃったのも，固まった全体の部分という意味ではなくて，多様な新聞がそれぞれ，その時その時代の要請を反映して作りつつ高め続けてきたというふうに考えれば，明治時代にも明治時代なりの，ある種の形成途上の公共性があったと思う．それが今我々が議論しているような性格の公共性であったかどうかという問題はありますが．

　例えばその当時，日本が明治国家という一つの民族国家になることとか，文明開

化をすることなどは，その当時における一種の公共性だったと思う．それに人が主体的に参加する場合もあるだろうが，そこまでいかない人には啓蒙して，出来るだけそういう意識を持たせようとした．そういうものをもしも肯定的に見るならば，新聞もかなりの役割を果たしたと言えるのではないのか．

　もう一つは，我々は新しい公共性を目指して公共マインドを高め，公共性の体験を共有していくようにするということが時代の要請というように感じられる．今のNHKがはたしてそういう役割を充分に果たしているのだろうか．これからどのようにすればいろいろなメディアがそういう方向で望ましい役割を果たしていけるようになるのか．そのようなことを一緒に語れる場が大事だと思う．NHKの内部だけにおられれば，どうしても内部論理に埋没してしまいがちで，時代と状況の要請や変化への対応に対する感覚が鈍くなる場合もあります．だから，このように，いろいろな分野の人々が一堂に集まって，違う体験，違う視点をぶつけ合うことによって時には喧嘩のようになるかもしれない．しかし喧嘩を通してでも，そういう方向に徐々に広まり，高まり，深まり，一種の公共空間が一人ひとりの心の中に広げられることになれば，それこそ一方では文化的アイデンティティ，もう一方ではグローバルな意味での公共性が開かれていくことになるのではないかと期待しているのです．

　さらにもう一つ申し上げたいことは，公共性というのは必ずしも政治空間だけではない．例えば経済空間，文化空間，宗教空間においてもそれなりに公共性というものがありうる．そういうものが相互関連的に影響しあって，もっと高い意味での公共性がつくられ続けていくというふうにダイナミックに捉えたい．従来，企業などはプライベートという観点からしか見られてこなかったが，ある意味では政府よりも公共性の高い企業活動もありうるのではないか．政府がむしろプライベートになり，企業の方がパブリックになるというような現象も見られるようになった．パブリックとプライベートは従来のように区別が固定化されているものではなく，流動的なものである．これからはそういう観点が必要になってくるのではないだろうか．

　第三番目の関心は公共性というのは国境を超えられるかということです．国家による公共性の独占からの離脱というのは必要な課題だとしても，それが具体的にどう可能なのか．それも特に日本の現状においてどうなのかということだ．西洋思想史の脈絡の中では逆流現象もあったが，主流としてはトランスナショナルな公共性というのを考えるということが常に問題意識としては確実に続いてきたと思う．国家によって独占されやすい公共性を一方では個々人と国家との中間に拡散し，もう

一方では国家を超える形で推進していくという課題に対してどういうお考えなのでしょうか.

福田歓一 この研究会を支える将来世代国際財団の前身である京都フォーラムが,1992年にリオ・デ・ジャネイロで行われた地球サミット（環境と開発に関する国連会議）に参加したということだが,あの会議は環境の問題に関心を持っている者にとっては本当に大切な会議だった. しかもその中でどうしても忘れられないことがある. 一つは,宮沢総理が行けなかったこと. そして,VTRを送ったが誰も見てくれなかったことだ. もう一つは,二酸化炭素の排出量についての制限という提言に,最後まで反対して潰してしまったのは米国だったということだ. 自分の生活様式を変えることは嫌だという. この二つのことで,地球サミットは私にとっては忘れられない. まさにそれ自体が公共性を問われる場面であったと思うのです.

何にプライオリティ（優先権）を置くか. そして,グローバルな時代というものを,一体どう認識するかということだ.

それから,このごろのサミットには必ず影のサミットがある. この間の地球温暖化防止京都会議の時もそうだったが,ボランティアで取り組んでいる人たちが集まって,同じ主題について,決して権力者が公器を独占することは出来ないということを,立証しながら手弁当でやっている.

これから先,先程の市民社会論ではないが,そういうボランタリーな活動やオンブズマンの活動といったものに対する期待が高まれば高まるほど,これからどうしても問われなければならないのは「税」の問題だろうと思う. 税を使っての公権力の作用領域は非常に広がってきている. 今の時代は教育や福祉など本来権力的でないものに大きく比重が移ってきているが,しかしそれが全部,権力的に調達した税によって賄われている. このことを忘れてはいけない. そこから出てくる問題は,そうしたことのために租税を払っているものが公共のために何かをやろうとしたときに,財源をどうするのかということだ. 企業の場合でさえ大変だろうと思う.

私のよく知っている例では平山郁夫先生が「文化財赤十字」をおやりになっていて,「どこの民族のつくったものでも,世界の文化の遺産として大事なものについては協力しましょう」ということで始められた. 平山先生が財団をつくられる前につくづく言われたのは,「財団が出来た後には寄付金に対する免税措置が申請できる. しかし,財団の基金をつくるのにはそれは駄目なんだ」と. だから,いくら平山先生の絵が高く売れるといっても,財団設立のための基金をお作りになるのは大変だったろうと思う.

ライト・ミルズの『パワー・エリート』にはアメリカの大金持ちがどういう形で

税金とうまく折り合って，自分たちの勢力を伸ばすかが記されている．それは財団を作るに限る．そして自分の縁故者をみなその役員にしておく．私有財産ならみんな相続税で吸い取られるけれども，財団は相続税をとられない．だからそれで持っていくんだという，裏の暴露をやっている．

しかし日本で財団法人を作るのがいかに大変であるか．だから今度国会で成立したNPO法案は「市民」という言葉を付けたから自民党も角を出したんですね．そう言われてみると，この言葉はまだ組織象徴としての価値は非常に高いと思う．だけど，NPOが法人格を認可されたからといって寄付が免税になるとは限らない．

日本の税制が酷いことは誰でも知っている．クロヨン（九・六・四）とかトウゴウサンピン（十・五・三・一）とか言われているが，一番パブリックのために何かお金を出しそうな人というのは，税金はちゃんと払って，そしてそちらにも金を出している．そういう貢献は全然無視したままだ．こんなことで，この先いったいやっていけるのかどうかということを，どれくらいの人が真面目に考えているだろうか．

私が親しくしていた人に清水慎三という人がいる．二年前に亡くなられたが，成田知巳さんの四高の時の友達で総評のアドバイザーをずっとやっておられた．清水さんの追悼文集を読んでいると，自分の収入のうちから毎月使うお金の中の25％はどこかに寄付している．税金はうんと払っているはずなんです．そしてその他に，あれもいいことだ，これもいいことだと寄付している．そういう人がいる一方で，脱税をしないのは馬鹿だと思っている人もいるわけだ．

そういう税制を前提にして，公共のためにメセナをやれということを片一方で言われているわけだが，そこにどれほど深刻な問題があるかということに，もう少し真っ正面から取り組む公共経済学もあってもいいのではないかと私は思う．こういう思いが私の無知のためであれば，ぜひこの席でお教えいただきたいと思っています．

佐々木毅　私は昔からずっと福田先生のお話を聞いてきたので，ある意味でほかの方よりも理解度は高かったのではないかと思っていますが，講演の最後の自由主義モデルの形成のお話が私には面白かった．しかし同時に，ちょっと議論の余地があるのかなという感じもしました．

これは政党政治（パーティ・ポリティクス）の理解にも関わる．立憲政治において国家というものが公法体系とかなり実体的に重なるような形で整備されているということと，部分としてのパーティ・ポリティクスが言わば華々しく展開されるということとの関係を整理するのは，感覚的に難しい問題を含んでいるのではないか

と思う．

　例えばヨーロッパの大陸においては，確かに国家と公法体系というものがかなりがっちりとあり，政党は後から入った．先生がおっしゃるように，まさに革命の問題がパーティ・ポリティクスの問題に翻訳する形でいくようになった．しかし例えばイギリスの場合はエドマンド・バーク的なパーティ・ポリティクスであって，しかもそれはテンポラリー（当座）のパブリックを体現しているんだろうと思う．部分と国家との一体性の意識が大陸よりも強いのではないか．

　ところが大陸の場合は部分として分裂しているものだから，政党政治も常に部分利益でないことを証明することに汲々としていた．ドイツの大戦前の社会民主党などというのはまさにそうではないかと思う．だから今度は逆にその政党が国家に対して復讐するために，ナチスみたいなものが出てくる．つまり政党が国家よりも上にくる形で出てきた．

　日本でもこの問題がずっと尾を引いている．いったい政党政治とは何なのかということで，我々の目線も「官僚もけしからんけど，政党もけしからん」という方向に向く．「で，どうするの？」という話を毎日聞かされていて陰陰滅滅たる心境になる…．政治学者は業界用語として「官僚優位論」とか「政党優位論」というのを華々しく議論しているが，意味のあることを議論しているのかどうか，だんだんよくわからなくなってくるというような心境です．

　ヨーロッパ大陸はパーティ・ポリティクスの問題で苦労してきた．フランスは適当に政党政治をしていたから官僚政治が延々と長続きすることとなり，結局ドゴールがやったように憲法改正をもう一度しなければならないということもあったのではないか．それでこの問題がようやく落ちついた．

　ドイツの場合はおそらく戦後になってようやく政党というものの地位を，ナチスとは違った意味において安定的に憲法の中に位置づけた．このような形で切り替えをおそらくやったんだろうなという感じがしている．これは私の解釈です．その辺のことを考えると，話は非常に切実だと思う．

　それから，実際に政治的な議論の中では国家というものの心理的な敷居がかなり高い．政党は国家というものの周りをなんとなくぐるぐるぐるぐる周りながら，言わばロビイスト的に手を出しながら振る舞わざるを得ない．そういう国が殆どであって，政党からみて国家の心理的な敷居の低かったところは例外的かもしれない．その意味では，イギリスとアメリカは例外的であったのかもしれない．あるいはイギリスとアメリカは他にやりようがなかったからたまたまそうなったのかもしれない．そのようなことを感じていました．先生から追加的にお話をいただければと思

いますが．

福田歓一 そうですね．大陸と英国の場合の違いというのは，私も始めから頭においていたのですが，時間の関係で省略した．おっしゃる通り大陸の場合は非常に難しかった．もちろん英国にも難がなかったわけではない．私が先程挙げたバークは，ブリストル演説の中で，「パーティ（政党）とは加入した人々がすべて同意する若干の特定の原則に立脚して，彼らの協同の努力によってナショナル・インタレスト（国益）を促進するための，人々の統一的な団体である」と言っている．「パーティ」ということを言いながらも，「ナショナル・インタレスト」ということは言わなければならない．

バークの場合にはやはりバーチャル・リプレゼンテーションの問題がつきまとっている．彼は選挙法改正に徹底的に反対ですから，選挙権を持たない人間の代議士によってバーチャルに代表されている．だから要らない．これを打ち破るために，イデオロギー的に一番華々しく戦ったのは「功利主義」ですね．それは言うまでもなく，「一人は一人として一人以上にも一人以下にも数えられるべきでない」．それから，「各人は自分の利益の最善の判定者である」．この二つの公理の上でバーチャル・リプレゼンテーションを打ち破っていく．そうなるとそれこそ各人の利益というものの上に，その選択でパーティというものが成り立つということになる．

言わば一方では階級というものが鉄則として客観的に存在する経済法則を前提にしながら，しかし政治の局面では平等な代表があり得るという形で切り抜けていく上でパーティは非常に大きな力になった．その時にはバーチャル・リプレゼンテーションからは，抜けなければならなかった．それに見合うものは何かと言うと，一つはやはりガバメントのミニマム化ということだと思う．

その場合に国家が実体として現れるということは必ずしも求められない．しかし同時に公共の持っているリプレゼンタティブな役割として王室があった．王室があって，公共というものを庶民の目に見える姿で，いつでもそこに見せていたということがあった．だからウォルター・バジョットの場合には，アッパー・テン・サウザンド（上流の一万人）だけがちゃんとした知識を持っていて，何がナショナル・インタレストかということを理解出来る．それ以外の人間は，女王様がやることだから正しいに違いないと思っているんだという議論をしているわけです．その部分（王室）が言わば問題を吸収していて，そして英国の政治過程を作っていく上では，非常に大きな役割を果たしたと思う．そうであるだけに，バジョットが第二次選挙法改正に非常に強く反対をしたということには，やはり象徴的な意味があると私は思う．

それから大陸の場合だが，カール・シュミットはワイマール体制の危機意識の上で『議会主義の精神史的地位』を書いたわけだが，そこでフランスを取り上げている．しかし例えば議会政治の一番うまくいっていたとされるイギリスのグラッドストーン，ディズレリーの時代を素材として取り上げれば公平なのだが…．フランスの場合は王党があり，王党の中にもオルレアン派があり，ボナパルティストがあり，もちろん共和主義があった．このようにレジティマシー（正統性）が分裂していた中で議会がうまくいかないのは当り前過ぎるほど当り前の話なんですね．そういうところで議論をしている中では，第三共和制に積極的に賛成したものはいない．社会主義の連中はパリ・コミューンの壊滅で，立ち上がれないほどのダメージを受けているという中で，しかも共和政治が成立したと思ったらすぐ二代目の大統領が王政復古の陰謀をやるというのを切り抜けた．結局，ネガティブ，ネガティブ，あれも駄目，これも駄目という中でかろうじて成立したのがフランスのケースだろうと思うんです．

　ドイツの場合ナショナル・インタレストという名目には，実質的な担い手がかつてはあった．統一から第一次大戦までの財産と教養を持っている，しかも帝政によって保護されていた階層がそれですが，それが敗戦で消えてしまっただけに知的な衝撃も大きく，危機意識が一方にはシュミットのような形になって現れ，一方にはマイネッケのような国家理性の研究になる．いったいそれを担える者が今いるかという危機意識なしに，『国家理性の理念』は理解できない．そういう中で，ドイツの場合には，第二次大戦の後に私生活が初めて市民権を得たということとの関連で，政党の安定というものが出来た．それも本当に安定したのは，かなり遅いのではないでしょうか．

　とにかく私が初めてベルリンへ行った1958年は，東ドイツのことを中ドイツと言い，そしてポーランドなどになった旧領を東ドイツと言い，「アインハイト」とみんな拳をあげる意味は，全部それを取り戻そうというイレデンティズム（矢地回復主義）そのものだ．安定したのは，第二級市民だった東からの移民が，経済繁栄でもっとも貴重な労働力になって，第二級市民ではなくなり，完全に同化される時期になってからで，こういう政治はいいんだということが公認される時期が本当に来たように思います．

　移民がそれから問題になるわけだが，他の文化圏から移民を入れることがいかに貴重かということをドイツ国民は痛切に感じている．かろうじてそういう形で私がここであげたような立憲主義への収束が，ずいぶん長い時間をかけた末に行われるようになった．やはり政治の実質というものを考えていく上で，公法理論との関係

から言って，このことの意味は非常に大事だろうと思う．つまり公法理論の抽象化された国家と抽象化された個人というものの枠の中に入らないものをいかがわしいものと見ているところでは多党制というものは基礎を持たないだろうという関心から出てきた．

英国の場合の難しさというのはこういうことです．私はジョン・ダンとどれくらい話しただろうか．つまり大学の制度でいうと，例えばデュヴェルジェでもルネ・カピタンでも，大陸の仏独共に「政治学」の講座と「憲法」の講座の両方をやっているわけだ．それでアメリカへ行くと，今度はロー・スクールというのはポスト・グラジュエイトで，政治学はリベラル・アーツの一部としてやり，あと大学院で何かやるという．英国の場合は，アンダー・グラジュエイトの「法学部」というのはまったく数が少なくて技術的なことをやっている．それでシビル・ローという科目名でローマ法をやり，それとイングリッシュ・ロー，あとはエビデンス．そういうことをやってインズ・オブ・コート（司法修習機関）で育てる．

ケンブリッジのベーカーのように，最初は法学部の先生になる前はインズ・オブ・コートに行ってバリスターの資格をとった．それから学界に入っている．こういうのが普通なんですね．そういう中で，しかもコンテクスチュアリズムは，ディスコース（言説）の様式というのを一番大事にする．そのディスコースもリーガルな（法律に関する）ものが持っているウエイトが高い．そういう公法と全く無縁なところでどうして政治学というものがやっていけたのか．そこのところをもう少し突っ込んで教えろと言って聞いてみた．本を読んでわかることはあんまり聞いても意味がない．そういうことばかり聞いていたが，やっぱり英法はよくわからないところがある．納得するというか，充分理解出来るには遥かに遠かった．ずいぶん時間をかけて聞いたのですが….

それで思い出したのは，岡義武先生が，「どうもやっぱり英法というのは怖いよ」と言っていらした．「他の法律はだいたいわかるつもりだけど，英法に限ってついうっかりしたことを言ったら，末延三次さんにすごく怒られる」と言われていたのをその時思い出したのです．

佐々木毅　もう一つは一般論として，これも先生にお聞きしたい点ですが，私が思想史を見ていて面白いなと思うのは，先生のおっしゃる自由主義モデルのあたりになると，「パブリック」というものを非常にネガティブに定義するようになっている．ヒュームやスミスあたりからリップマンの「パブリック・フィロソフィ」あたりまで見ていくと，「インディファレント」とか「インパーシャル」（片寄っていない）という言葉が頻繁に出てくる．そしてインパーシャルが，（元来）全然意味

の違うインディファレントと似たような意味で使われている.

　そういう意味でネガティブ・デフィニッション（否定的定義）みたいな形で，パブリックのアスペクト（相）を計っていくという非実体的な方法です．私はこれはアイデンティティを非一元化，重層化する一種の試みかなと思う．つまり，個々の人間は，常に具体的な場において強いインタレスト（利害関係）を持っている．それに対して，言わば一種のアイデンティティの重層化の作戦みたいな感じも私は受ける．つまりそういう意味で一種のスペクテイター（見物人）としてのパースペクティブをどこまで複眼的な形にすることができるか．昔だとパブリックを担う人間は社会階層として分離されてくるイメージだとすると，我々は多かれ少なかれ私的なインタレストに関わることをやっているということを前提にした中でパブリックなことをやろうとするわけで，どうしてもアイデンティティを言わば操作するというようなことにおそらくなっていく．何かそういうものを示す象徴として（アイデンティティの重層化は）比較的に大事な視点かなと私は思っています．

　福田歓一　僕もあれこれ非常に面白いと思います．アイデンティティという点から言えば，英国人の政治的センスというのは，「五カ国対抗のラグビーの五カ国とはどこですか」と聞くと「フランス以外はイングランドとウェールズとスコットランドとアイルランドだ」と言う．とにかくウェールズとイングランドでも試合はインターナショナルですからね．戴冠式をウェストミンスターでやってすぐ次にエジンバラへも行ってやるという．皇太子にする時にはわざわざウェールズへ行き，どんなに短くてもウェリッシュでスピーチをさせる．そういうことでのアイデンティティのセンスは実にセンシブルだ．

　私はこれは究極においては他者感覚の鋭さ，それから他者の問題を自分の中に引き入れて考え直してみた上で，自分の考え方を作れるかどうかという，そういう問題のコロラリーだと思う．政党政治というものを考えていくときには，そういう能力がどこまで育ち，出てくるかということが決定的に大きいと思う．レジティマシー（正統性）がバラバラになっているところでというのは，これがもう一番困ってしまうわけですが，逆に言うと，いつでもバラバラになり得るということを知っているから他者感覚を大事にして内部化をするということが身に付いている．重層化という点から言うと，ネーション・ステートだけが政治社会ではない．それに見合った重層化というものを，これからの政治でどこまで内部化していくかという問題であろうというふうに，私自身は今考えている．

　花岡永子　福田先生はアイデンティティの問題で「他者感覚を大事にして」とおっしゃり，佐々木先生はアイデンティティの多様性ということをおっしゃったわけ

ですが，それは敷衍すると，地球上の全ての人間が個人のレベルも種のレベルも類のレベルも含めて一致協力して時代が私どもに要請しているパブリックな問題とも関係してくるのではないかと思う．そのへんについて福田先生のお考えをお聞かせください．

福田歓一 問題が少し私には大きすぎて，お答え出来る能力をはるかに超えていると思う．アイデンティティの問題をお出しになったので，非常に私事になって恐縮だが具体的な一つの例をここでお話しさせていただきます．

　日本の盲人の父と言われた人に好本督（よしもとただす）という人がおられる．この人は大阪の非常に裕福なお医者さんのお子さんとして育たれて，東京専門学校を出られた後，エッフェル塔の建った 1900 年のパリの万博を見にヨーロッパへ渡り，そのまま世界を見てこいというので英国へ行ってオックスフォードにお入りになった．ところがこの人は小さい時から目が弱視だった．英国へ行って気がついたのは，日本の盲人がいかにみじめな境遇にあるかということだった．ただ按摩をしたり瞽女になったりする以外に何もない．これに対して英国ではどれほどハンディキャップに対する手厚い保護があり，施設があり，ボランタリーな活動があるかということを見られて，どうしても日本にそれを持ち込みたい，伝えたいということから日本と英国の間を何十回となく往復して，一方で日本の盲人の指導者となる人たちに金を出して勉強をさせ，施設を作るのを手伝い，『点字毎日』の創刊を推進するというようなこともおやりになった．内村鑑三門下の最長老の一人だった彼は，聖書を点字にすることにも特別の努力をした．点字の聖書を持ったのは，英語の次は日本語なんです．それはやっぱりちょっとびっくりするような事態です．

　英国人と結婚をされて，そして英国で家庭を営むようになった．しかし戦争前に，祖国と運命を共にするのが正しいというので日本へ帰ってこられ，家族と離れての窮乏生活の中で完全に盲目になってしまわれた．もう亡くなられて 10 年になりましょうか．九十幾つまで生きておられた．ただ 3 人のお子さんのうち一番下のお嬢さんだけが独身で，他にお医者さんのお子さんがまだご存命です．ある時，私の妻のところにそのお医者さんのお子さん，つまり好本督のお孫さんから手紙が来た．「自分のお祖父さんは日本人だというふうに聞いてるし，そのお祖父さんにも何遍も会ってきた．だけどういう人であったか，なぜ英国へ来ていたか．何にも誰も自分には言ってくれない．どうしても祖父のことが知りたい．叔母に聞いたら，ミセス福田はあるいは知っているかもしれないということだったのでこの手紙を書きます」．

　その好本さんの姪になる人が東京におられるのは私どもが知っており，妻がまた

そちらへ伺っていろいろ材料をいただき，自分で調べられたことをぜんぶ英文で書いてお送りしたが，その訴えを手紙で読んだ時に，やっぱり泣きました．私はこれを読んで初めて，残留孤児に対して自分は同情が足りなかったということが，本当に身にしみてわかりました．こんなに自分のアイデンティティというのが気になるもので，知りたいものだと….

今度英国へ行って私がロンドン大学の連中と会っている時に，その姪御さんと会ってまた話をしてきたが，人間にとってアイデンティティというものがこんなに切実なものか．やはり私たちのようにあまりそういう問題に出会うことなく生きてきた者の想像を超えるということをつくづく感じた．政治の問題は冷戦の終結を願ってきたという面はこれまで嫌というほど出てきており，そうであるが故に今後は経済的な利害の問題に還元出来ないかというような発想もあるが，ちょっとそれでは済まないということを痛切に感じました．まして宗教や倫理学の立場に立たれる場合の切実さというのは，本当に想像に余りあると思う．

アイデンティティの問題は，全称命題で話すことは，本当は出来ない．まさにアイデンティティ（自己同一性）なのだから．一人ひとりの問題，一つひとつのケースの問題．そして一人の人にとっても重複したアイデンティティの問題がある．この問題はそんなに簡単に答えが出るとは，とても今の私には信じられない．ただそれがどこまで深くて，かつ複雑な問題であるかということを，身にしみて痛切に感じたものですから，私事を申し上げて本当に恐縮でしたが，何かお考えのお役に立てばと願っています．

発題 II
中国思想史における公と私

溝口　雄三

1. 中国の公の語源

　中国の公の語源を，中国最古の辞書，後漢の許慎の手になる『説文解字』でみてみると，まず「公とは平分なり」とある．そしてその解説として許慎は，「公」の字を八とムの二成分に分け，ムはすなわち私であり，八はすなわち背くこと，従って「公」の語源的意味は私に背いて平分すなわち公平に分けることである，とした．許慎のこの説明は，彼自身も言っているように，実は戦国時代末期の韓非子の説に依拠したもので，韓非子によれば，ムの原義は「自営」すなわち自ら囲いこむ（営は野営，軍営の営で，ある領域を区切り占める）こと，今風にいえば自利あるいは利己行為であり，八とはそれに背くこと，すなわち八ムから成る「公」とは「私に背くこと」つまり利己を排することである，とされる．許慎はそれを受けて「公とは平分なり」と敷衍し，併せて「私」の原義についても，「私は姦邪なり」と敷衍したのであった．この説に基づいて，許慎は，古代の公の字は凸であった，とも言っている．

　しかし，実際に甲骨文字，金文の公の字は，現在までのところ次頁のようであって，ムを成分とする字は見あたらない．且つこれまでのところ甲骨文字，金文の中に「私」の字は見つかっておらず，韓非子の説の根拠となるものを見出すことはできない．しかも『韓非子』よりも古い，春秋時代の文献である『書経』『詩経』などを見ると，「公」の字は殆ど大半が尊称として用いられ，それ以外には，公族，公田，公堂などの用例で，いずれにも「平分」の意味の「公」の字を見出すことは出来ない上，ここでも「私」の字は極めて少なく，且つ韓非子のいう意味での「私」は見あたらず，あるのは私田，私家などの用例だけである．

甲骨文字　　金文

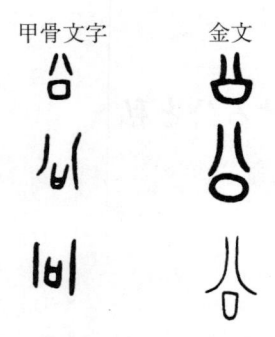

そこで韓非子，許慎の説を離れて，虚心に公私の原義を尋ねてみると，公の意味は，ある共同体の首長やそれに対する尊称，あるいは共同体の施設，所有物などを指す，とみられる．事実，現在のところ，上記の甲骨文字，金文の中の日ロ○の部分については，共同体の祭祀の広場，あるいは首長の宮殿広場，また八八八の部分については，祭祀か儀礼の参列者の行列，などとする説が多い．

では，韓非子や許慎は，根拠のないことを述べていたのか，といえば，そうではなく，例えば『韓非子』に先立つ『荀子』に，公平の意味での「公」の用例や姦邪の意味での「私」の用例が見られ，また許慎の生きた後漢の時代には，公平，公道，公義，および私曲，姦私，私邪など，倫理色を帯びた公私概念は広く通用しており，彼らはそういった流れの中で考察していたのである．

以上から，われわれは，「公」の語源について，次のような結論を得るのである．

すなわち，「公」の語は，甲骨，金文の時代には，共同体の首長にかかわるものあるいはそれに対する尊称，また共同体の施設，所有物などをさしていたが，戦国時代末期以降，公正，公平など倫理的な意味が新たに加わるようになり，その結果，「公」は次頁の図のように，首長にかかわる部分から公門，朝廷，政府，国家の意味（第一群），共同体にかかわる部分から公田，公開，世間，社会，共同の意味（第二群），そして平分から均等，公平，公正の意味（第三群）が，それぞれ派生した，と考えられる．

これを日本の「おおやけ」と比べてみると，「おおやけ」には第一，二群の意味があり，この部分で共通している．思うに，この共通部分のため，公の字

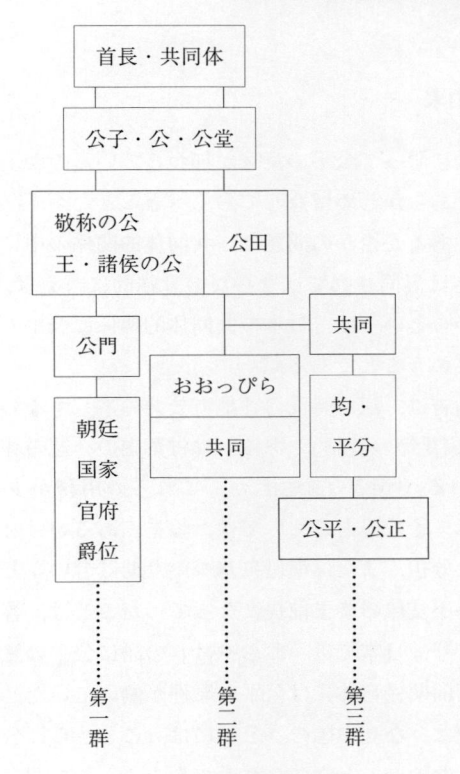

発題 II 中国思想史における公と私　37

```
          ┌─────────────┐
          │ 首長・共同体 │
          └──────┬──────┘
          ┌──────┴──────┐
          │ 公子・公・公堂 │
          └──────┬──────┘
       ┌────────┴────────┐
    ┌──┴───┐          ┌──┴──┐
    │敬称の公│          │ 公田 │
    │王・諸侯│          └──┬──┘
    │  の公 │             │
    └──┬───┘             │
    ┌──┴──┐           ┌──┴──┐
    │ 公門 │           │ 共同 │
    └──┬──┘           └──┬──┘
    ┌──┴──┐        ┌────┴────┐
    │ 朝廷 │        │おおっぴら│
    │ 国家 │        ├─────────┤
    │ 官府 │        │  共同   │
    │ 爵位 │        └────┬────┘
    └──┬──┘              │      ┌──┴──┐
       ┊                 ┊      │均・平分│
                                └──┬──┘
                                ┌──┴──┐
                                │公平・公正│
                                └──┬──┘
                                   ┊
      第               第             第
      一               二             三
      群               群             群
```

が日本に入ってきた時に,「おおやけ」が「公」の意味に相当する語として,「公」の字の翻訳語,つまり訓読の語に選ばれた.だが,逆にこの「公」と「おおやけ」の語における,首長および共同体の共通部分から,ひとり中国の「公」だけに見られる平分の独自部分が,中国の「公」の際だった特徴として浮かび上がってくるのである.

　もともと,この平分すなわち公平な分配という観念は,共同体的な所有関係から自然に派生すると思われるものだが,とすれば,なぜ,中国の公だけにこの公平の意味が加わり,一方,日本の「おおやけ」にはこの意味が加わらなかったのか,が改めて疑問として浮かんでくる.

2.「平分」の由来

なぜ，中国の公に限って公平の意味が加わっているのか，というこの疑問を考えるに当たり，あらかじめ留意しておくべきことだが，「公」「おおやけ」の語に公平の意味があるか否かの問題と，共同体的関係の中に公平の観念があるか否かの問題，とは混同されてはならない．端的に言えば，「おおやけ」に公平の意味がないからといって，日本の共同体的関係に公平の観念がなかった，とはいえない，ということである．

例えば，福沢諭吉は，江戸時代の「地方公共の事」すなわち村落共同体の用務として，「道路橋梁等の普請」，あるいは村落内の「冠婚葬祭火難水難病気等の事」を挙げている（「国会の前途」）が，これらの用務が少なくとも相互間の協力を元に行われ，その協力においては，輪番，あるいは財力，家族内労働人口の多寡に応じた分担，または慣例に基づいた助け合いなど，公平負担についての暗黙の了解が不文律のまま前提になっていたことは，容易に推定できるところである．つまり，日本では「おおやけ」の語に公平の意味が付加されていなくても，共同体的関係自体には公平の原理が働いていた，といえる．

とすれば，問題は，なぜ中国の「公」には，ことさらに公平の意味が付加されねばならなかったのか，と立てられるであろう．この問いに対する直接的な答えを，文献の中に見出すことは不可能である．答えは推定によるしかない．

そこで敢えて推定を試みると，その一として，日本と中国の共同体の構成のあり方の違いが手がかりになりそうである．それは，日本の村落における定住性の高さと中国のそれにおける移動性の高さ，という違いである．『漢書』などの史書の五行志に記載される頻繁な大洪水，大旱魃，蝗害（こうがい）と，その度毎に「人，相食（は）む」と記される飢饉の惨状，および史書の帝紀や列伝に見られる絶え間ない異民族の襲来は，農民を流亡に追い込まざるを得なかったはずである．日本の古代にも，戦乱や水旱害はあったろうが，『日本書紀』『続日本紀』に見る限り，地震以外にはさしたる災害の記述もなく，中国に比べての自然条件の温和さは，農民の定住性を高いものにしていた，と推定できる．こうした定住性と移動性といった違いは，時代も下り，社会生活上の文献が豊富に存在する

清代と江戸時代を比較することによって，より一層確かめられる．

　この定住性と流動性との差異は，共同体的関係における規範のあり方に差異を生じさせる．定住性が高い場にあっては，原理による相互関係よりは心情の融和による相互関係が優先するであろう．日本では，「おおやけ」の語に特に公平の意味をもたせなくとも，定住者間の共同体的関係であるため，互いに相手の心情を忖度し合うことを通じて，その関係に自ずと公平なバランスが得られる．一方，流動性の高い場にあっては，心情の相互間の忖度よりは，誰もが，時処位を問わず従うべきとされた普遍的原理を，規範とし合うことが優先するであろう．すなわち，そこでは，公平は原理として意識化され，遵守すべき規範として，共同に認識される，のである．

　次にその二として，中国における天の観念が挙げられる．

　中国では殷から周に交代するに際し，天命による王権の交代という思想，言い換えれば王権の正当性を天の権威に本づける思想が興った．この天は，単に上帝としての主宰的天というだけではなく，やがて『書経』に「民の欲する所，天必ずこれに従う」（泰誓上）とか「天の視るは我が民の視るにより，天の聴くは我が民の聴くによる」（泰誓中）などとあるように，民の意志に仮託されたりもする．この場合，民の欲する所というのは，後に『漢書』酈食其伝に「王者は民を以て天と為し，民は食を以て天と為す」といわれる「食」であり，つまり生存である．この民の生存は，『荘子』に「天に私覆なし」ともいわれる天に本づけられることにより，「平分」の生存，すなわち万民の均等な生存と見なされ，その私覆なき天を背景とすることにより，「平分」は共同性の原理として，公に付加された，と推定されるのである．

　そもそも，古代の中国人が「均」とか「平分」とかを天に由来させたこと自体が，それを原理化することに他ならなかった．その原理は，劣悪な自然条件下，流動の生活を強いられ，生存を不断に脅かされた民にとって，生存の必須の要件であった．こうして，「均」「平分」の原理は，公概念に不可欠の原理と見なされ，王者も又これに従ってこそ王者たり得る，とされるに至った，と思われるのである．

3. 天 の 公

「平分」の由来についての以上の推量が当を得ているか否かはさておき，ここで文献の上で確かに言えることは，中国の公観念には，天の観念が色濃く浸透しているということである．

古い文献としては，戦国時代末期までに成立したと考えられる『老子』『荘子』にそれは見られる．例えば，

「万物は盛んに生成するが，各々その根源に復帰する．根源に復帰することを静といい，それを命に復帰するともいう．命に復帰することは常ともいう．…常を知れば容，容であれば公，公であれば王，王であれば天，天であれば道，道であれば永久である」(『老子』十六章)

「四時は寒暖の気を異にするが，天は万物のいづれにも偏私がないから，万物は年毎にその生成を遂げる．…天地は形の大なるものであり，陰陽は気の大なるものである．道はそれらに対して公である（天の原理である道は天地陰陽を偏りなく包容している）」(『荘子』則陽)

「おまえの気を静寂の境地に落ちつけ，万物の自然なありように順い，私を容れることがなければ，天下は治まる」(『荘子』応帝王)

などという．因みに，この句について，魏晋時代の郭象は，「そのものの本性のままに，自ずと生々するのが公である．この生々の流れに己の領分を加えようとするのが私である．私を容れればついに生々はかなわない．公に順ってこそ生々は全うされる」(『荘子注』)と注記している．

以上のように，戦国時代末期以降，道家系の思想家の間に，天，道，自然の偏りのないありようを，公の語で示す例が多く見られるようになる．

このように，天，道，自然に引照された「公」を，ここでは「天の公」と呼ぶ．この「天の公」は，①政治的，②社会的，③自然的，の三つの局面から解析することが出来る．

① 政治的な「天の公」

ここでは，まず，古い例として，戦国時代末期に成立した『呂氏春秋』貴公

篇の例を挙げる.

「昔, 先聖王は, 天下を治めるにあたり, 必ず公を先にした. 公であれば天下は平らかである. 平は公から得られる. …天下は一人の天下ではなく, 天下の天下である. 陰陽の和は一つの類だけを育成したりせず, 甘露時雨は一つの物だけに私せず, 万民の主は一人の民だけに偏らない」.

ここで, 天下とは国家を超えたグローバルな空間であるが, 現代語の地球とか世界とかが, おおむね地理・自然環境空間や国際的な政治・経済・社会・文化空間を指すのに対し, 天下は文字どおり天の下, つまり人類の感覚でとらえられた天の下の無限の共同空間であり, しかもその共同感覚には天の調和, 条理, 公正, 正義などの観念が浸透しているため, この共同空間には, 道義的な観念が含まれる. また, 中国には古来, 天が民を生ずるといういわゆる生民の思想, すなわち民は国家・朝廷に帰属するのではなく, 天・天下に帰属するという思想があり, そのため,「天下は平らか」という時の「平」には, 道義的な平安, すなわち人類があまねく公正に生存がとげられ, 調和に満ちた共存状態が実現しているさまが含意されている.

このため, 天下国家の語のように, 国家の語と並べて用いられる天下は, 単に国家を地理空間的に超えるだけでなく, 道義の面から国家を覆う役割を担う. 例えば, ある王朝が専横な政治により民心を失った時には,「一姓一家の私」として道義的に指弾される. この場合, 一姓というのは皇帝の姓, 一家というのは皇帝一家のことで, ここでは国家＝王朝が, 天・天下を「公」とする観点からみて「私」すなわち利己, 専私的な存在とされているのである.

中国の「公」におけるこの特質は, 日本の「おおやけ」を対比させることによって, よりはっきりする. 日本の「おおやけ」には第三群の公正, 公平の意味が含まれていないことは先にのべたが, このため, 第一, 二群の朝廷, 政府, 国家, 世間, 社会の中で, 最大領域とされる国家あるいは最高位とされる天皇が, 最大あるいは最高の「おおやけ」＝「公」の境位を占め, かつそれらは, 決して「わたし」＝「私」と見なされることはない.

このような日本の「おおやけ」＝「公」と異なり, 天・天下の観点から皇帝・王朝・国家を私の境位におとしめる中国の「公」において, もう一つ留意すべきことは, この天・天下の公における公は, 天の生民, あるいは天下の万

民，つまり天によってその生存を元来保証されたと見なされた民衆であり，端的に言えば，この天の公は，「民を公とする公」でもある．

つまり，中国の「公」においては，国家の観点から見るときには，朝廷，国家，政府，官庁，官務を公とし，臣僚や民間の領域，民間の行事などを「私」とみなす一方，視点が変わって，天，天下の観点に立って見るときには，一転して，民衆が「公」，朝廷・国家が「私」と見なされる，のである．

このことを清末の革命派の言論の中で見てみると，朝廷・政府・国家と人民・国民の関係を，「一姓の私有」対「天下人の天下」，「朝廷の私国」対「国民の公国」，「君主の私」対「民主の公」，「少数人の私」対「大多数人の公」などといった対抗図でとらえている例を，少なからず見ることができる．

以上，天の公の政治的局面においては，国家の上にさらにそれを超えかつそれを覆う天下の観念があり，この天下観念には天の公正などの道義観念が浸透しており，そこから皇帝・王朝の専横に対してはそれを一姓一家の私として指弾することもあること，またこの場合の天・天下の内実は天の生民，あるいは天の調和を得て共存をとげるべき天下の万民であること，従って天・天下の観点に立つとき，皇帝・朝廷・国家が「私」，人民・国民が「公」と見なされることもある，ことを述べた．

② 社会的な「天の公」

第三群の公平，公正の意味を含む中国の公は，社会的局面においては，共同性の外に分配という局面をもつ．

まず後者の分配であるが，中国で分配の問題を考えるとき，踏まえておくべきことは，一つが私有欲をどう認識したかという問題，もう一つが伝統的な「均」思想がどう展開したかという問題である．

私有欲については，私と欲望の両面から考える必要がある．

中国で，私は，前述の第一，二群の公の反対概念である，私田，私家のように，公領域に対する私領域として容認されてきた部分と，第三群の公の反対概念である，偏私，自私，利己のように，「姦邪」として否定されてきた部分とに分けられる．このうち，それまで常に否定的に見られてきた自私，利己という観念は，経済活動が活発になった16世紀末頃に，徐々に肯定的に容認され

るようになった.

　例えば,その流れに先駆けた李贄は,「私(私有欲)というのは人の自然な心である.…農作に従事する人は,秋に私(私的利益)の収穫があってこそ始めて治田に励む」(『蔵書』巻三二)といい,やがて黄宗羲は「人類発生の初め,人は自私自利であった」が,後世の君主は民に自私自利を遂げさせず,自己の大私を以て天下の公としている.「もし君主さえいなければ,人々は自私自利を遂げることができたであろうに」(『明夷待訪録』原君篇)と述べている.

　このように儒家の言説の中に,私有欲や私的利益を肯定的に容認するものが現れたのは,中国の思想史の中で特筆すべきことであるが,しかし同時に特筆しておくべきことは,この私有欲や私的利益の肯定は,決してホッブズばりの無制限の肯定ではなく,相互間にあらかじめ調和を予定されたかぎりのものであった,ということである.例えば,黄宗羲は上掲の『明夷待訪録』原君篇の中で民の自私自利を主張する一方,同じく田制篇の中で,全国の田土の均等配分を主張し,また,同時期に私を肯定的に容認した顧炎武は,「天下の私を合して天下の公を成す」(『日知録』巻三)といい,王夫之は「人欲(所有欲)が各々に成就した状態が,天理の大同の状態である」(『読四書大全説』中,論語・里仁)と言っている.なお,この大同というのは『礼記』礼運篇に見える語で,天下が公すなわち公平,均平な状態,皆が利己を捨て,老幼病弱な人,身よりのない孤独な人も含めて,全ての人がその生を全うすることができ,戸締まりも必要としない,といったユートピア状態,を指していったものである.

　ここでさらにもう一つ特筆されるべきことは,上記の二つの特筆点により,16, 17世紀の中国においては,「私」の肯定的容認は,「私」の肯定とか主張とかに結末するよりも,「私」を肯定的に容認した新しい「公」が生み出された,ということである.

　これまで述べてきたように,第三群の公私は,「平分」と「姦邪」という二律背反の対抗関係にあり,それは宋代以降,宋学の天理の公,人欲の私という倫理テーゼとして日常的に強調されることによって,いっそう相容れない関係となっていた.それが,この16, 17世紀に至って,「私」が容認されるようになると,その「私」を包容した新しい次元の「公」が生み出された,のである.

　ここには,16, 17世紀の中国において,私有欲が主張され始めたとき,な

ぜホッブズばりの，後に生存競争とよばれた闘争状態が想定されず，予定調和的な大同の公状態が想定されたのか，という問題が残る．その答えとして，農業を主とした中国社会の構造的な特殊性，あるいは民間の均分相続を主にした中国社会の伝統の特殊性などが挙げられるであろうが，今はこの問題には深入りしない．

　ここでは，16, 17 世紀に，私有欲についての認識が，否定的から肯定的に転じたこと，及び，均等配分が，それまで個々の民の私有を否定した，上からの（為政者の意志による）斉一的な恩恵（押しつけ）であったのが，この時期以降は，個々の民の，個々の私有に立脚した，従って均等配分も個々の私有相互の横のつながりの間のものとなった，ということを確認するにとどめておきたい．

　次に共同性について．

　前にあげた，古代の『礼記』礼運篇に見られる大同の公は，ユートピアとして描かれた一つの共同体であるが，この共同性の基本原理は，無私ということであった．しかし，16, 17 世紀に思想史の上に現れた「私」の肯定という新しい思潮は，共同性にも変化をもたらさずにはいなかった，と思われる．というよりは，民間の何らかの私的経済活動の活発化とか，私有財産に対する保有意識，権利意識の顕在化といった風潮が，先にあって，それが思想史の上，つまり士大夫の言説の上に反映したとも考えられる．

　これについて私の念頭にあるのは，16, 17 世紀にかけて顕著になった宗族活動である．宗族という血縁共同体は，早く周代に見られたもので，その歴史は長いのだが，しかし結合原理が血縁原理であるという共通項を除いて，それ以外の社会的効能，結合目的，結合のシステムなどを見てみると，唐代以前と宋代以後との間に大きな相違が認められる．

　それは，唐以前が基本的に貴族＝豪族制の階層社会であったのに対し，宋代以降は科挙官僚制のいわゆる平民社会であった，ということと関連する．そういった社会構造の違いが以下の相違を生み出した．すなわち，唐代以前の宗族の結合目的が，主に門閥の地位の維持，一族の対外的政治権勢の保持，強化にあり，その目的の達成が高官位の確保，地方社会における権勢の保持につながる，というものであったのに対し，宋代以降の宗族の結合目的は，主に経済上

の相互扶助にあり，それを通じて経済的に優勢な宗族共同体を創出し，その経済力を背景にして科挙合格者を輩出し，一族がその特権に与り，全体として宗族の経済的優位を強める，というものであった．

　このような宋代以降の宗族活動が，より活発になったのは16世紀末頃で，その背景には社会全体の貨幣経済活動の活発化，社会的流動性の激化などの要因が考えられる．

　この状況を宗族の中での結合のシステムの面でとらえてみると，ここで，個々の「私」に立脚した横つながりの「公」，という状況が見てとられるのである．この状況を，宗族が華南に広範に広がった17，18世紀以降の資料（族譜とよばれる現存の宗族の内部文書は18世紀以降のものが大半である）を参考にしつつ，近代の宗族研究の成果で見てみると，まず，宗族を構成する個々の成員は，一般にその財産を，父親の財産の均分相続によって得られた私有部分と，父親の意志により分割相続を留保して遺された，あるいは自己の意志により自発的に拠出された共同所有財産の中での共有部分，という二部分の形で保有していた．

　私有部分の生活単位は私房とよばれ，独立した息子が夫婦単位の生活を営むが，華南に多く見られた大家族世帯においては，多数の兄弟の私房が同じ居宅内に同居するのが通例であったから，各私房は決して独立した単体ではなく，大家族といういわばユニットシステムの単位として，日常的な共同生活の輪の一環を分担する．例えば，炊事や老父母の世話の輪番から日常生活品の費用の分担など．なお，大家族によっては，各私房の収入は一旦全て家長である老父の手に渡された後，再び各私房に平等に再分配される，という例も少なくなかった．

　一つの大家族のこういった日常的な共同生活の外に，その大家族内およびさらに大家族同士の集合体である宗族内に，公業とか公産・義田などとよばれる共有財産があり，大家族や宗族の祖先祭祀や，族内の貧窮者の扶助，廃失者や病弱者の扶養，優秀な子弟への学資の援助などの費用に当てられた．

　この共有財産は，各私房から見たとき，自己の拠出部分を構成の一部分としているから，その部分への権利をもつものと意識されていた．共有財産は，田土，養魚用の池，伐木用の山林など不動産が一般的だが，それ以外に商業，工

業などの共同経営体もあり，それらの利益分配は，拠出分を持ち株として，株に応じて分配されるのが通例である．

問題は，こういった個々の拠出分に基づいた共有財産が公産，公業など，公の名で呼ばれていることである．この場合の公は，いうまでもなく個々の私有部分を単位とし，私相互の権利をつなげた公である．

日本で公有財産といえば主に官有財産がイメージされ，また公用車といえば官庁や会社の公用に当てられる車と見なされるであろう．そしてそのいずれも私有，私用などを排除したものと観念されるであろう．それは日本の「おおやけ」=「公」が，第一群と第二群だけであることと関連があり，ここでは「公」と「私」とは領域をそれぞれ異にしている．

これに対し，上の中国の例は，「私」相互を横につなげた「公」であり，ここでは「私」は「公」に対し，使用，所有などの権利をもっている．と同時に，「私」は「私それ自体」として主張されるのではなく，全体を「公」とする中で，その全体を構成する一部として，「公」を通じて主張されるのである．

このような民間の共同形態に基づいた公私関係が，前述の「天下の私を合して天下の公と成す」という言説の背景にあった，と考えられる．つまり中国において，公を共同性という面からとらえたとき，その共同性は私相互のつながりとして形成され，かつ「私」は共同性を構成する不可欠な成分として，共同性を成立させつつ，共同性を通じてのみ発揮されるものであった．

以上，社会的な天の公を，共同性と配分の両局面から併せて見てみると，その「公」は，個々の私的欲望を容認しつつ，その主体的な私相互を均分原理によってつなげ，かつ，その個私は，つながりの全体を構成する一単位として全体を規定しつつ，一方，全体の一部として全体からの規制を受ける．この個と全体の関係を，孫文は次のように分かりやすく述べている．

「発財（裕福になること）ということであれば，人人皆がこれを欲する．…ただ常人は個人発財を欲し，わが党ならば人人発財を欲する．…もし君が真の発財を欲するならば，人人発財であって，はじめて真の発財の目的は達成される」(「党員応協同軍隊来奮闘」)．

この言葉は，中国四億の民，いいかえれば天下の生民全体に「豊衣豊食」を遂げさせることを目的として述べられたもので，ここでは個々の生民の個私の

利益追求は容認されるが，その実現は，排他的または利己的な追求によるのではなく，均分原理に基づく天下的なつながりの全体を通じて達成される，とされる．個は全体に埋没するのではなく，全体を生かし，全体を生かすことを通じて発揮する，とされるといえよう．

③ 自然的な「天の公」

先に『荘子』応帝王の「万物の自然に順い，私を容れることがなければ，天下は治まる」の句に対し，郭象が，「本性のままに自ずと生々するのが公である．…公に順ってこそ生々は全うされる」とコメントをつけているのを見た．

ここでいわれる自然とは，戦国時代末期頃に道家集団の間で宇宙万物の存在様態，存在根拠を示す概念として用いられはじめ，魏晋時代に広く用いられるようになった語である．例えば，『荘子』知北遊篇の中の，何が天地を創成させたかについての議論に対し，郭象は次のようにコメントしている．

「いったい万物を創り出したものは何であろうか．陰陽であろうか．しかし，陰陽も万物の中の一つである．自然だろうか．しかし自然とは，物の自ずからのありよう（物之自爾）をいうにすぎない．至道だろうか．しかし至道とは至無である．無である以上，物を創出しようはずがない．では万物を創成したものは何か．しかも，万物はなお存在し続けてやまない．明らかなことは，物が存在するのは，物自体が自ずとそうであるのであり（物之自然），そうさせるものがあるからではない，ということだ」．

ここで「物之自然」とは，物自体の中に物の存在根拠がある，という意味で，それまで至道，至無という，物を超えたある超越的な実体観念に物の存在根拠をみてきた考え方に対し，物に即して，物自体の内部にその物の存在根拠をみようとする点で，新しい．

つまり，郭象は，万物の創成に関し，道にせよ無にせよ，ある実体観念を創成者として想定するのではなく，万物の内部に存在根拠を置き，万物はそれ自体として自ずとそうでありつづけてきた，つまり万物はそれ自体として自然的な存在である，というのである．しかも，郭象は，『荘子注』の別の箇所で「天地は万物を実体とし，万物は自然であることによって正しい．自然とは為さずして自ずから為るものである」とも言っている．万物が自然であることに

より正しい, というのは, 万物の生々の自然は, 自然であることによって秩序づけられている, 言い換えれば, 自然であるのが万物本来の調和的な正しい在り方だ, というのである.

自然に対するこの考え方に立って, 先掲の「万物の自然に順い, 私を容れることがなければ云々」及びそれへのコメント「公に順ってこそ生々は全うされる」の公私の意味を考えると, まず「私」は, 万物の自然なありように対し何らか作為的なものが介在すること,「公」は, 自然の調和的な秩序そのもの, あるいはその秩序に順がった自然本来の在り方, を指すこと, が分かる.

これを人情の世界に引きつけてみてみると, ここに後漢の第五倫のエピソードがある. 第五倫が, 自分の子と兄の子が病気になったとき, 兄の子は一晩に十度も見に起きたが, 寝所に戻れば安眠できた, 一方, 自分の子の時には一度も見に行かなかったのに, 実は一晩中眠れなかった, と告白し, 自分の心に私があった, と自責した, というエピソードである. これに対し, 北宋の程伊川は「父子の愛はもともと公であるが, 作為がはたらけば私である」と言っている.

十度も見に行ったのが, 義務感や世間体の思惑などからの行為であったとすれば, それは非自然であり, 私であり, 子を案じて一睡もできなかったというその真情は自然の発露であり,「公」である, というのである. 宋学で, 天理の公あるいは天理自然の公, というのは, その道徳的真情についていったものであり, これに対し, 反対概念の人欲の私といえば, 名誉心, 利己欲, 虚飾, 奢侈, 無節制などである.

この天理自然の公というときの天理は,「天なるもの理なり」といわれるときの天理であり, 天の理すなわち宇宙自然の調和的な秩序でもある.

宋学のこの天理観においては, 人の仁愛, 道義, 礼節などの人としての天理すなわち人としての倫理的真情は, 宇宙自然の秩序のすじめの, 人における発現であり, 裏側から言えば, 人は宇宙自然のすじめの中で, はじめて人としての真情, すなわち本性の自然を発揮することができる, とされるのである. そしてそのとき「公」とは, 人が宇宙自然のすじめに合一して生きることであり, それが人における自然である.

人における自然は, 16, 17世紀以降, 所有欲が肯定的に容認されるように

なると，倫理的本性だけでなく，所有欲や生存欲までを本性の自然として，包容するようになる．しかし，その自然は，自然であることによって，調和，均分などの天の自然的秩序を否応なくその内実とする．

例えば，明代末期の呂坤は，「世間万物には皆欲するところがあり，その欲はまた天理人情，天下万世公共の心である．常に思う，天地があまたの人や物を生じた以上，天地は十分にそれら万物を養うに足る．であるのにその中に，欲が遂げられないものがあるのは，不均等の故による」(『呻吟語』五)という．ここでも，所有欲，生存欲の自然は，全体の調和の中で，遂げられるものとされるのである．

清代中期の戴震は，自然に対して必然という概念を提起し，「必然はすなわち自然の究極のすじめであり，そこにおいてこそ自然は全うされる」「もしその自然に任せて過失に流れれば，やがてその自然を喪失して自然でなくなる」(『孟子字義疏証』理)と述べているが，自然のすじめを逸脱した，例えば利己的な欲望などは，自然の欲ではない，他の欲とともに全体調和を実現してこそ，自然の欲といえる，というのである．

天の公は，自然の局面においても，やはり均等，調和，道義を自然の中に浸透させずにはいなかった，のである．

4. 日本の公私問題に示唆するもの

最後に，これまでに見てきた中国に特徴的な天の公の観念に沿って，これからの日本における公共性の在り方を考えてみたい．

日本の「おおやけ」＝「公」に，第三群の公平，公正など，「天の公」にかかわる部分がないことは，先に述べた．その結果，家の敷居の内側を最小の「私」の単位とし，国家を最大の「公」とする，領域の公私構造が日本の特質となった．すなわち家または自己Aを「私」とするときには，その私Aにとってそれが属する境域，集団Bが「公」となるが，そのBは自己が属するより大きな境域，集団Cに対しては，「私」になり，代わってCがBに対して「公」になる．このように，公私は重層的な関係構造をもつが，どの段階であれ，一方が「私」で他方が「公」であるときには，その公私は領域として混じ

り合うことはない．つまり私領域は公領域に対して独立的である．だから，どの私領域も，領域としてその存在自体は容認されており，一般的にいって，「公」との関係では常に下位に位置づけられはするものの，例えば「姦邪」とかの道義的な貶めを受けることはない．

　いまこれを，ある「家」＝「わたくし」＝「私」と，その家が属するある「部落」＝「おおやけ」＝「公」との関係で見てみる．

　まず，ここでは家はその家族，親族，姻戚までを含めて，部落からは一つの「私」単位として容認されている．この家にとって，部落の中の交際，部落の行事，およびその部落の上位の「公」からの要請などが，公事となる．例えば先に挙げた福沢諭吉の「地方公共の事」，すなわち冠婚葬祭，道路橋梁の普請などから年貢の上納，さらに明治時代以降は徴兵など国家の義務の負担までが，それである．

　「私」にとって，それらの公事は，私領域の外の，私事とは本来関わりのないことであり，その中に私事を介在させることはできない．これを明治時代の状況に照らしてみてみると，この公事が国家の公事である時には，「私」はただ税金を納め，徴兵に応ずる以外に，つまり義務を果たす以外に，「私」の権利をそこに介在させることはできない．

　そのことを福沢諭吉の言説で確かめてみよう．

　「国民は政府と約束して政令の権柄を政府に任せたる者なれば，かりそめにも此（の）約束を違へて法に背く可らず．人を殺す者を捕（らえ）て死刑に行ふも，…盗賊を縛（り）て獄屋に繋ぐも…公事訴訟を捌くも…乱妨喧嘩を取（り）押（さえ）るも政府の権なり．是等の事に付き国民は少しも手を出す可らず」（『学問のすゝめ』六編）．

　「帥を起（こ）すも外国と条約を結ぶも政府の権にある事にて，この権はもと約束にて人民より政府へ与えたるものなれば，政府の政に関係なき者は決して其（の）事を評議す可らず」（同上，七編）．

　「百姓町人は年貢運上を出して固く国法を守り…政府は…正しく其（の）使（ママ）払いを立て人民を保護すれば其（の）職分を尽（く）したりといふ可し」（同上，二編）．

　国家の公事としての政府の職分は，警察，司法，行政，軍事，外交などであ

るのに対し，同じく公事としての人民の職分は，税金を納め，国法を守ることとされていることが分かるであろう．特に注意すべきことは，こういった政府の職分が，人民の関与を許さぬものであること，また，この政府の権柄は約束によって人民から政府に付与されたもので，論理的には，政府の公事は国民の委託によっている，とされている，ことである．この「約束」という名の白紙委任は，現在も，選挙で当選した代議士が，国会での活動につき，選挙民からの選挙という白紙委任を得ている，という国政の全面委託の論理として受け継がれていることに留意しておきたい．

国家の公事が上のようであるとして，では，人民の私事はどのようなものとされているであろうか．再び福沢諭吉についてみてみる．

「人たる者は他人の権義を妨げざれば自由自在に己が身体を用（い）るの理あり．其（の）好む処に行き，其（の）欲する処に止（ま）り，或（い）は働き，或（い）は遊び，或（い）は此（の）事を行ひ，或（い）は彼の業を為し，或（い）は昼夜勉強するも，或（い）は意に叶はざれば無為にして終日寝るも，他人に関係なきことなれば，傍（ら）より彼是とこれを論議するの理なし」（同上，八編）．

日本では私領域は領域として容認されている，ということはすでに述べたことだが，その私領域とは，具体的には，上のように，旅行，居住，労働，休養，学習など，上記の「地方公共」および国家の公事以外の，いわば家内の私事，であることが分かる．

以上の，江戸，明治時代における公私の歴史的な実態を踏まえ，以下に日本における今後の公私の在り方を，政治的，社会的な局面から考えてみる．

あらかじめことわっておきたいが，江戸，明治時代の公私を踏まえようというのは，日本の近代過程は，少なくとも社会構造およびそこから出来する社会通念や政治意識に関するかぎり，江戸時代にその原型を見出すことができる，と考えるからである．もちろん，政治制度の上では江戸から明治にかけて，また戦前から戦後にかけては，主に家族制度や農村の土地所有関係の上で，大きな変化が生じたことは否めない．しかし，公私の観念については，例えば家族構成の内容が変わったり，農村の村落の「公」が都市の会社の「公」に変わったりはしても，公私観念の枠組みや「公」と「私」の関係の在り方については，

大きな変化は認められない．それどころか，基本的な枠組みは伝統的なものを踏襲しつづけているのである．

① 以上の前提に立って，「政治の公」について

戦前から戦後にかけて，選挙制度の上で大きな変化があったことは，周知のとおりであるが，国民の日常的な意識面でみてみると，国家の公事と自己の私事との関係をそれぞれ別次元のこととみなす，という基本的な枠組みは，依然として民間に根強く残っている．また，国家の公事に対する地方公共の事の関係についても，やはり国家の公事は自分たちに無縁のこととみなし，それとの対比でいえば，地方公共の事を優先させる，という風潮も依然根強く残っている．

政治に無関心な民は，自己の私事を第一義にし，やや政治に関心をもつものは，道路橋梁の建設など地方公共の事に奔走する，国会の代議士といえども，実は国家の公事の遂行者というよりは，地方公共の代理人として働かなければ議員の当選もおぼつかない，という実状が，現在も続いている．

こういった状況を前にして，この状況を変革しようという試みに，大筋三つの路線がある．

第一は，戦後の私事優先の風潮に対し，国家主義的な立場から，国家＝天皇＝公への結集を目指し，国旗，国歌への愛着を通じて愛国心を涵養し，愛国的で非利己，反利己的な，そしてそのかぎりでの公心豊かな社会の建設を目指すものである．しかし，この天皇・国家を最高最大の「おおやけ」＝「公」とする日本の伝統的な公が，天下の公から見たとき，排他的で偏狭な国粋主義，利己的な国家主義という，一国の私でしかないことは，われわれにすでに明らかなことである．

第二は，その対極として，国家主義に反対する立場から，国家の公に対し，民一人一人の私の発言力を強めよう，とするもので，往々市民主義とも呼ばれる．この立場に立つ人は，地方公共に対しても，その基礎である旧来の村落共同体の紐帯，あるいはより一般的にいって閉鎖的な共同性の紐帯に批判的であるため，地方公共の諸事業には往々傍観的である．この人達は，集団，組織というもの自体を個を束縛するものとみなし，政治的プログラムとしては，国家

や組織から自由な個人の確立の上に，いわゆる市民的な公社会を想定するのである．

　この人達は，国家の公事に対し，下記の第三のグループと同じく，その警察，司法，行政，外交，軍事などの全般にわたって批判活動を惜しまないため，国家の公事の民主化に貢献できる．

　しかし，地方公共の公事，公関係となると，現実に存在する日本の地方共同体や会社という組織体に対して，参入できないか参入しようとしないため，現実に対して影響力をもたない．

　第三は，伝統的な日本の公私に立脚しながら，これを民主的に変革していこうとするものである．

　国家の公事に対しては，第二グループと同じく，個人の立場で批判を惜しまないと同時に，必要ならば，組織や集団を形成して，あるべき公を持続的に追求していく．

　また，地方公共の公事に対しては，第二グループとは違い，むしろ第一グループと同じく積極的に参加し，参加を通じて，公関係を強める．ただし，その強め方は，第一グループとは反対に，国家の下請け機構としてではなく，地域住民個々の利益擁護を目的にする．この場合，この公共体の運営は，地方議会の議員活動，あるいは地方自治体の公活動，地域の住民活動として，必要ならば，組織や集団を形成して，行われる．

　この第三の路線の特質は，伝統的な地方公共の「公」，国家の「公」を継承しつつ，その「公」を，「私」の主張によるだけではなく，「公」そのものの民主化を通じて，変革しようとするところにある．

　② 次に「社会の公」

　社会の公については，論述の都合上，上記の第三の路線を中心に述べる．

　一般に，社会の公というときの公領域は，おおざっぱに分けて，三つに分けられる．一つは，自己または自己の家が属する居住地域，あるいは地方公共領域である．これをまとめて地域の公といおう．次の一つは，会社など生計を支えるための仕事場としての集団，あるいは労働組合など理念や利益を共有する集団．これらをまとめて集団の公といおう．最後の一つは，自己と関係のない

不特定の他人と向き合う世間．これを世間の公といおう．

〈地域の公〉　地方公共の公事については上に述べた．地域の公で中心になるのは，社会生活上の公であろう．

地域の公組織は，第二次大戦中は，隣組の名で地方公事の末端組織として，つまり国家目的の末端推進単位として活用されたほか，江戸時代の五人組組織のように，連帯責任，相互監視組織としても，利用された．その時の苦い経験から，あるいは上記の第二の路線の立場から，地域の公組織，たとえば町内会，あるいは住民運動のための住民組織などへの加入や参加に消極的な人がいる．

これを第三の路線からいうと，一方で第一路線的な，つまり，行政の末端として，あるいは地方首長の政治目的の協力者として，盲目的に利用されることに批判的に対応しつつ，一方で，地域の公を住民相互間の公として，生かしていくことが望まれる．この住民相互間の公というときの公は，私をつなげたつながりの公でなければならない．すなわち，個人の私的権利，私有財産の保有の権利などを前提にしつつ，その権利を守り合うための，集団的関係の構築である．

これらの例を挙げれば，日照権の侵害，工業廃棄物などの地域的公害への対処，あるいは PTA を通じての，児童のための社会環境，社会活動面の充実など，すでに戦後日本で十分に実績の積まれたものが多い．しかしこれら戦後日本の公的活動は，厳密にいえば，私的権益を集合させた公であるのが大半で，私相互間の対立を基礎に，それを調和的関係に止揚する，といったつながり調和の公は多くない．

つながり調和の少ない例として挙げられるのは，最近一般化した居住地住民の自主的な建築協定である．これは居住地の環境，景観，美観を良好にするために，自己の私的権益の一部を相互に犠牲にしつつ，居住地全体の利益を優先させるための，いわば自主規制の協定である．

日本では，自己の家を立てるに際して，「公」＝「官」の法である建築基準法にさえ抵触しなければ，どのような建築物を建てようと自由である．つまりお上の掟にさえ抵触しなければ，個人の私事は全て容認される，という伝統的な構図がそこにある．ドイツなどでは，建物の建設はその地域の調和的環境に合わせることが義務づけられており，これは私の調和的つながりを公とする市民

的な公の伝統を踏まえたものと思われる．

　その意味では，上の建築協定は，日本に伝統的な領域的な公私の中に，新しくつながりの公私を生み育てていく試みの一つとして評価できるであろう．

　〈集団の公〉　会社，組合などの集団・組織においては，その集団・組織の「おおやけ」＝「公」に従属することが，求められる．問題はその集団の公の内容である．

　日本の領域的な公においては，天皇・国家を最高最大の公として，中国のようにその上にそれの公正・公平を原理的に裁くものとしての天の公をもつことがない，ということはすでに述べた．つまり，国家が利己的な国家主義や国粋的な天皇主義を外に発揮しようとも，それを裁くさらに上の公原理は日本の「公」には具わっていない．それどころか，伝統的な日本の公倫理においては，自己の属する地域，集団のために無私無条件に奉仕することを美徳とさえしている．

　そのため，第二次大戦時においては，天皇・国家に「滅私奉公」することが全ての国民に要求された．この無私の奉公は，戦後，国家に対しては否定されたが，代わって会社に対する無私の奉公のかたちで新たに存続した．

　その場合，新しい論理として，会社が発展することが自己の生活の向上につながる，というもので，そのため人々は，会社の公すなわち会社の発展目的に無条件に従った．その結果，その発展目的のための手段の公正・不公正についての判断は棚上げにされ，時には不公正な悪事にさえ荷担した．

　すなわち，「私」の充足の要求を基礎にしたこの「公」も，「公自体」にその「公」を裁く公正の原理を欠如させているときには，その「公自体」が一つの大きな集団的な「私」になるのである．

　こういった「公」の名を被った「私」は，しばしばいわれる地域エゴとしても多くみられる．特に国会議員の選挙区におけるいわゆる地域振興は，一面議員の集票活動，一面議員と結託した地方ボスの権益追求，また一面地域住民の利便のためのものである．

　地域の公を含め，集団の公が新しい「公」であるためには，その「公」にはエゴイズムなど，不公正な要素があってはならない．逆に言えば，その地域，集団の構成員は，領域の公の基礎に公正の公，言い替えれば「人類的な公」，

「天下の公」を，置いていなければならない．それは会社だけでなく，会社に協調的な労働組合についても言えるであろう．例えば，戦後のパイ分配論がそれで，労使が会社というパイを広げることに熱中するあまり，しばしば会社のエゴイズムに埋没した．

〈世間の公〉　他人との交流の場である世間交際において，日本人が発揮する特質の一つに，いわゆる横並び現象がある．

これは，理という語がマイナスイメージをもつことにも示される．中国では理，天理という語は，天の条理，公正を意味し，プラスのイメージがあるだけである．それに対し，日本では，理は，理にこだわる，理屈ばる，理に勝っているなど，ほぼマイナスに用いられ，情が，情がある，情に厚いなど，プラスに用いられるのと異なる．例えば，理にこだわるといえば，それは，その理が正しいか否かの問題ではなく，どこまでも自説に固執して妥協しない，こととされる．つまり，日本では，まわりと協調することが美徳とされ，その場合，協調のすじめは，道理と呼ばれる．この道理は，理が原理的なものであるのと異なり，要するにその場の人々の多数か全員が妥協の線として承諾した，妥結のすじめである．従ってそれには中国の理のような原理性，普遍性は具わっていない．

道理とは，横並びの日本人のある最大公約数であり，これに従っているかぎり，異質なあるいは異端的な存在として排斥されることはない．一方，いかにそれが意見として正当な根拠をもつものであれ，横並びから突出した意見であれば，それは無視されるか排除される．

こういった横並び現象が，戦時中のファシズムの一つの温床であったことは，いうまでもない．

しかし，過去の苦い経験にもかかわらず，日本人の横並び志向は，依然としてつづいている．この横並びを嫌った第二路線の人は，個性とか自我とかを主張したが，残念ながらその多くは服装，趣味など風俗レベルにとどまり，世間の公を民主的な公，すなわち偏見のない公正な公にする，というまでには至っていない．

以上，政治の公，社会の公の問題点やあるべき在り方につき，それぞれ見て

きたが，いずれにおいても，伝統的な公私の枠組みを継承しつつ，それを民主的なものに変革していこうとするかぎり，避けて通れないのは，領域の公の中に，どのように私を民主的に含ませ，またその基礎にどのように公正，公平の天の公を置くか，の問題である．

中国の天の公については，すでに述べてきた．その天の公という観点が伝統的な日本の公私に欠けていることも，承知ずみのこととなっている．しかし，にもかかわらず，西洋の市民的，契約的な公よりは，中国の道義的，調和的な天の公の導入を，日本について考えるわけは，両国の公私構造における，公の私に対する位相面での上位性，公にみられる集団の価値的な優位性，という構造上の相似性に着目するからである．

より端的に言えば，伝統的な「おおやけ」＝「公」の共同性を，個々のわたくし＝私の主張によって無力化していくという路線，そして往々そのことによって共同性そのものを解体するという路線よりは，「おおやけ」＝「公」の枠組みすなわち共同性優位の枠組みを継承しつつ，それを内側から変革していく路線を選ぼう，ということである．

幸い，日本にも，中国の天とは異なりながらも，無欲，無私，道義，公正，理法，慈恵，生成など，中国と類似の観念を含む天の観念が存在している．この中に調和，均等，条理などの観念を導入することは，決して難しいことではない．この複合的な天の観念を，公観念の中に導入しようというのである．

すなわち，政治の公においては，国家の公事について偏狭な国家主義に陥らないよう，国際的な観点を基礎にすべきである．地方公共の公事については，天下の民の観点から，住民の権益を第一義にし，かつその権益については，個人の権益を集団的権益を通じて守る，という観点に立つ．

社会の公においては，集団の公，地域の公のいずれにおいても，その公自体が他の集団，組織に対してエゴイズムとなる，という日本型の閉じた公を，天下の公という公正の原理によって開き，他の集団，組織との協調，共存，より一般的にいえば，他者との共存を通じての自己主張を図るようにする．また世間の公についても，狭い仲間主義，横並びの均一志向などに埋没しないように努めるべきである．

このほか，「天の公」の観点からいえば，自然の環境破壊，人類の人口過多

の問題，近代科学技術，工業がもつべき天地万物共生という観点からの公共性の問題，および近代的価値についての天地万物共生の観点からの再検討など，課題は多い．

発題IIを受けての討論

金泰昌 私は溝口先生の『中国の公と私』（研文出版，1995）と『一語の辞典　公私』（三省堂，1996）という2冊の著作から改めて啓発されたことがある．そもそも公私の問題を正面から考えることになったのも，溝口先生の2冊の本にめぐり会えたことと，溝口先生との出会いを通して教えていただいたことがきっかけだったのです．欧米で出版された公私関係の本は数としては相当の分量を読んできましたが，先生のご著書からは公私問題を東洋思想を背景にして東アジアという脈絡の中で考えるということを本格的に試みるということに関心を持たせてくれたのです．最近になって日本でもいろんなところで公私問題が議論されるようになったが，欧米の議論を基準にして論じられる場合が多いように思われる．そういう風潮の中で中国を中心にした研究成果を基本において見直すという方法も必要だなと思うようになった．

　私は中国思想史という脈絡から改めて学べることを私なりに考えてみた．それは先ず「公」と「私」というのが我々の認識と行動の基準として明確に存在してきたということです．まさに紛れもなく「公」という文字と「私」という文字を通してです．それは基本的に「背私謂公」という相互矛盾関係，相互対立関係から始まって，紆余曲折をたどりながら最近の中国での「破私立公」というスローガンにあらわされた発想にまでつながるような思想史的底流というか源流というかがあったと思われる．それが第一点．

　そして第二点は，「公」が「私」より道徳的に高い価値をもち「公」は善で「私」は悪というふうに価値序位が確立されているということです．もちろんその強度は時代によって変化しましたけれど，「公」は天理に則ったものであり，「私」は私利私欲，いわゆる人欲であるというふうに考えられたということです．これはどこまでも思想の問題であって，現実がそうだったと言うことではない．

　第三点は，中国思想史の脈絡から見ますと「公」というのは人格化された場合として皇帝とか諸侯とかと同一化されたりするが，脱人格化された場合として生活時

空間，特に政治時空間の統合原理，同化原理として機能したということがある．それは政治権力やその支配の正当化原理としても作動するわけです．ですから偉い人とか位の高い人の呼称として使われた場合もある．

　最後に大事なポイントだと思うのは，いろんなレベルの生活空間の統合原理が相互対立する中で，それなりの自己防衛的な自己正当化，他者排除的な「私」の原理に変質する危険性を防止する機能を果たす「天下の公」という「公」のあり方です．それを「公」という概念で言うところに中国思想史という観点から見られる思想の特徴があるのではないかということです．天下の公は執権者の自己正当化の原理にもなりますが，逆に権力体制を転覆する革命の正当化原理にも応用されますからその両面をよく理解する必要がある．

　ここまでは私の感想である．そして溝口先生に質問をさせていただきたい．

　「公」を考えるときに時間軸から見るとやはり現在が中心になっている．過去までは何とかつながりがあるようなのだが，未来の方にあまりつながらないような気がします．それで私が溝口先生のお話の中でたいへん興味を持ったのは，中国では宗族性の中でワン・ジェネレーションが単位になって財産が減っていく．だから三代ぐらいになるとほとんどなくなる．土地にしろ何にしろ一世代が財を作って子孫が永遠に持っていくということは時間までも私有化することになるからです．この発想を現代の環境倫理や生命倫理にあてはめてみると，示唆するところが大きい．

　たとえば我々の世代が今の時点の利害関係で決めたことが，その決定に参加も発言もできない将来世代を拘束し，一方的に何かを強要することに繋がっている．これはあたかも植民地時代に植民帝国が植民地の人々に一方的に強要した様々な行為が今になって問題になっている問題と同断ではないのか．それは現在世代による時間軸に見る将来世代の私有化であり，現在世代エゴイズムである．このことが国際的な議論の中で問われている．

　「公」という概念を空間軸で考えることはもちろん大事だが，時間軸でも考える必要があるのではないだろうか．そこでお聞きしたいのは，中国の思想の中で時間軸から見た「公」の概念についてです．それはあったのか，なかったのか．

　溝口雄三　中国の「公」は時間の観念から見た「公」も当然含まれていると思う．まず哲学としての「自然」観念は「気」の思想に含まれるのだが，万物は運動体として捉えられる．だから「自然の公」という場合には自然の秩序に従った在り方が公の在り方だ．それを例えば自然の流れを切断して，そこからここまでを自分の所有と考える，あるいは自分の好き勝手にしてしまって全体の流れから外してしまう．そういう考え方は「私」だから，その場合は単なる空間を意味していない．

宗族性というのはまさに時間軸の保険機構です．つまり，常に縦の時間の軸を一番意識している．一つの事例としてお話すると，例えば同じ職種のAとBが仮に競合していて，Aの方が圧倒的に優勢で，Bの方は押され気味であるとします．その場合，Bが競争に敗れて潰れる，そしてAはそれに救いの手をさしのべない，ということは日本では奇異なことではありません．

しかし中国ではAはBを助けなければならない．もし助けなければ郷評，つまり「Aは冷い奴だ」という悪評に耐えられなくなる．結局，時間の軸の中では，Aが自分たちの代で頑張っても，自分の息子の代になったときには必ず何か仕返しを受ける．家訓の中にも「施せ，自分のためだけの贅沢をしてはいけない．村人のためにも尽くせ」というようなことがしばしば出てくる．これは単なる善行を言っているのではなくて，実益的に縦（時間）の流れの中で考える習慣の中から出てくるものだ．

金 泰昌 中国ではいろいろ変化はあるにしてもその底流に流れている一つの考え方は「つながり」としての公だ．日本では「公」と漢字で書けばそういう意味もあるが，ひらがなの「おおやけ」はどちらかと言うと「領域」としての意味に重点が置かれているということでありました．敢えて言えば「公」概念の空間論的志向が強いというか．

そこで問題は日本語の「わたくし」という言葉です．「公」と「私」という意味の「私」（わたくし）でもありながら，第一人称単数代名詞としての「私」（わたし）にもなる．その「私」の人格への実体化が大きな問題なのです．日本では一人一人の独立した，ある意味では他者と切り離された単数存在としての自我が明確にされない場合が多い．そして他我と「共に」協働共生する「基本ルールとしての公」というふうに捉える傾向が弱いかまったく無い．支配者の支配が確立され民衆がそれに従う領域が「おおやけ」であり，それを「公」という漢字で表現したからです．自我としての私それ自体が個体というよりは共同体の中に埋没されている．それに対して中国の方では，「公」はむしろ個体化原理として作動しやすい「私」を抑制し全体の存続と統合の方向へ収斂されるための理念であり原理である．中国での「公」と欧米での「パブリック」が実際にどれぐらい重なり，またずれるのかという問題はよく考えてみるべきである．

溝口先生のお話では，上から与えられた「公」というものが，ある意味では下から積み上げる「公」に変わった．民と民との間の「公」ということだが，ここは今西洋で議論されているところともつながると思う．つまり「公」というものが外部や上から与えられるのではなく，常に問題を抱えつつ対応する中で手探りで作って

いくものである．そうだとすると欧米で言われている「パブリック」とかなりつながってくると思います．その面では西洋の流れと中国での流れの方向はそんなにちがわないと言えるかもしれません，思想発展の基本方向としては．

昨今の日本では「公的資金」という言葉をよく聞きます．公的資金という言葉だけで見ると，政府が持っているお金を，例えば銀行が潰れそうになるとそこに使って補助するというふうに，どちらかと言えば「政府がやること」という受け止め方が成り立ちます．しかし実際は「政府のお金」ではなく，税金その他で国民一人一人から出たお金であり，まさに「一般大衆一人一人の」という意味あいの強いお金だ．政府（お役人）がそれを預かっているだけだ．その使い方をどうするかということなのだけれど，「公的」という言葉の意味は普通の用法から言えば「政府が主体になってする」「政府によって実施される」ことであって，「国民の一人一人が主体的に関わってする」とか「国民に知らせ国民に相談して」という理解は排除されるわけだ．それは「公的」ではあるかもしれないが，いわゆる「公共的」ではないという認識が重要である．

同じ企業なのに何故銀行だけは政府が預かっているお金を使って倒産しないようにするのだろうか．そういう状況から，どうせ事業をやるのなら銀行や証券会社をやろうかというふうになるのだが，現実に今の社会を支えているのは別である．物を作ってそれを一般の人々の需要に合わせて販売し，それを購買した一般の人々との間で経済生活が営まれているわけだ．それに対して，強制的に取ったお金（税金）を，政府が公権力を使って自分の都合に合うようにだけ使うというのは「公的」にはなるかもしれないが「公共的」にはならない．だから敢えて言葉を厳密に使うとすれば，「公的」とはちがう「公共的」という言葉の意味を改めて，しっかりと考えてみるべき時代になったと思う．

それで溝口先生にお伺いしたいのは，中国思想史の中では「公」という言葉は「公共」と一緒にも使われるのでしょうか，それとも全然関係がないのでしょうか．

溝口雄三 中国語では，我々がここで100円ずつ出し合えばそのお金は「公有物」．それが日本語だと「共有物」です．「アジアを白人が公有した」なんて言葉が出てくるとびっくりする．「アジアを白人が共同所有した」つまり植民地化したという意味なのだが．

中国人の際立った特徴の一つは税金の行方をきちんと見ているということです．私は台湾のある大学で，秘書の人から「日本では，教育費は何パーセントですか」と尋ねられたので何のことかと思ったら，「国家予算の中で何パーセントが教育費か」という意味だった．そして「台湾は何パーセントで，今度の予算は何パーセン

トになります．日本はどうですか」．私が「教育費が何パーセントか知らないですよ」と言うと，「えっ，知らないのですか！」と驚いていた．こちらは大学の先生として恥ずかしい話なのですが．

『学問のすゝめ』の中で福沢諭吉は戦争，外交，警察，司法，行政のことは「政府の公事」であるから国民はそれに口を出すべからずと言い，国民が公として働くべきことは税金を納めることだと言っている．一方で彼は旅行や職業の選択から朝寝に昼寝，遊ぶのも本を読むのもみんな自由だと言っている．つまり生活面においてはみな自由だが，政治向きに関しては国家の公事だと言うわけだ．

このような「公」と「私」の構造にそって，戦後のいわゆる市民社会論では「私」の主張が行われてきたのだと思う．もちろん「公」の改造とか「公」への介入とか，例えば公開オンブズマンの活動や他のいろんな市民運動の形で「公」の中へ入るようになってきたが．しかし「公」はお上のことであって「共」ではないという構造が下は小さな集団から上は国家まである．この「公」をどのようにして民主化するかが日本の「公」がかかえている問題だ．

一方中国の場合は逆に，伝統的には政治家は日本人と違って民の評判をすごく気にしている．例えば今の江沢民は人気が低い．朱鎔基はまずまず人気がある．見るべきところをみんな見ている．中国ではトップの選挙は行われていないが，実はいわゆる「原理的な公」というものが浸透しているので，トップに立つ者は「原理的な公」を体現する人間でなくてはいけない．道義的にも，政治的にも，人格的にも，あらゆる点でみんなの生存に対して責任を取ると同時に理念的にも引っ張っていける人でなくてはならない．

それから同時に「つながりの公」の問題が中国の中にはある．例えば，宗族の共有田の共同出資によって科挙の試験に合格して自分が権力を持てば，権力の甘い汁は当然，自分の宗族にもお返しをする．これが「公」です．そのような関係は今でもある．

金先生がおっしゃった「地球規模の公共」という問題が，「国家規模の公共」や，歴史的に日本国民が持ってきた「おおやけ」の問題との関係でどのように双方をドッキングさせるかという考え方が必要だ．例えば「公共」と言っても，排気ガス規制の問題で先程福田先生がおっしゃったようにアメリカが反対したが，アメリカにとっては反対したことも一つの公共です．だから「公共」が国家主義に収斂する場合もあるわけだ．

「公共」の基準を原理的に何に置くか．地球の空気汚染を防ぐという基準からすれば，アメリカのやってきたことはエゴイズムになる．単に100人集まって，100

人の共同利益であればいいというものではない.「公共」を上から持ってくる場合でも「公」の原理性が問われる.だから,内実が「共」であるかどうかということと同時に,「公」の中身が問題になる.

金泰昌 アメリカ憲法はジョン・ロックの政治哲学が基本になっているというのが多数者の理解です.それは,国家は一人ひとりの財産と生命を守る.そして極言すれば,大企業の利益を守るということになっている.廃棄物の問題やいろんな問題が出てきたときに何故アメリカが反対するかというと,アメリカという国の憲法の基本精神が,個人および企業の経済的利益を守るということであるからだ.結局「パブリック」といっても個人益を集合したものを守るということであって,そういう「パブリック」では環境問題や地球環境の汚染問題などグローバルな問題に対して,国益という名の私益を超えた公共的な立場からの公正な対応が難しくなる.しかしいわゆる「ポゼッシブ・インディビデュアリズム」(所有的個人主義)という思想的傾向はかなり強い.国家の憲法の精神にまでなっているものを一気に変えるのは大変難しい.できれば日本の京都からアメリカ的な意味でのパブリック・フィロソフィとは少し違う意味でのパブリック・フィロソフィが創られないか.そのように言うと少し傲慢な話かもしれない.クリエイトするというよりジェネレートするというふうなことが今,一番必要ではないかと思う.中国思想からはどういうことが言えますか.

溝口雄三 やはり中国は,先程申しあげたように土地所有関係が日本のような安定性がない.つまり,土地の面積数と人口数のバランスが悪い.それからどういう理由からか,とにかく工業がヨーロッパのようには発展しなくて,農業国として20世紀まできていますよね.一方,ヨーロッパは,いつのころからか工業がなぜか発達して,そして植民地を作ってきた.

一昨年(1996年),京都で法哲学の国際シンポジウムがあった.その時に東北大学の寺田浩明という法制史の方がコメンテーターとして,「満員電車論」というなかなか面白い話をされた.始発の駅を出るときに4人分のボックス・シートを買えば,終点まで自分の専有権として確保される.寺田さんの説明によれば,それに対して中国の状況は,最初は座席を4人分使っていてもだんだん人が混んでくるとその独占は周りから非難される.やがて立つ人間も出てくると立った乗客たちは新聞を読むどころか,押し合いになり,肘を張って空間を確保しようとする.こうして確保しあったそれぞれの空間がそれぞれの権利で,この場合の権利はボックス席のように固定的でなく他者との相互関係によって流動的に決まる.だから,中国での訴訟の判決例などを見ると,ボックス的な「権利」として認められるのではなくて,

その時々の状況の関係の中で強者に対する抵抗という形で権利が認められて，その専横と抵抗の間のバランスとして裁きがなされる．

　ヨーロッパでは人口と富の関係が，満員電車のようになりかけたら次の電車，つまり新しい植民地を持ってきて植民地電車に乗れば，またそこで座れる．だけど初めから満員電車が宿命になっているアジアにおいては，「公」というのは他者とのバランスですね．これは寺田さんが言うのです．しかし同時に「共同」という問題は永遠の課題である．ヨーロッパもどっちみち「共同」にぶつからざるをえない．彼等は長い間，植民地を持ってきてぶつからずに済んできたが，21世紀はそういうわけにはいかない．彼等も地球の中で人類共通の問題に当面するわけだから，私有権絶対という哲学で終始できるわけがない．やはり「共同」の方に向かって行かざるをえない．つまり「共同」から「個」へ向かうのと，「個」から「共同」へ向かうのとは方向が違うだけで，捉えようとしている問題は同じなんだというふうに寺田さんは言っておられた．私は非常に面白く思いました．

　宇野重規　「パブリック」と「公共」とはもちろん全然違うものではありながら，いかに通底するものを見出していくかという見地から少しご質問させていただきたい．私も「パブリック」「公共」という問題に関心を持ってきた．この概念にすごく魅力があるが，それは一つには，「パブリック」は「プライベート」を超える原理でありながら必ずしも「プライベート」を否定せず，その存在を認めた上で，内包していく点にあると考えてきたからだ．

　そこでお聞きしたいことは，「プライベート」を内包するということの意味についてです．つまり，今日の溝口先生のお話を聞いて私が理解した限りにおいては，中国ではいわば「私」の集積物，あるいは「民」の集まったものが「公」であるという形に次第に読み替えられてきた．関係性として現れる全体が「公」である．そのように理解した．

　最初は「公」は皇帝だけが独占していたが，「私」の集積物を「公」と読み替えることによって，大いに民主化した．これは確かに良く解るのだが，その半面において，「私」の全体が「大きな固まり」になったものが「公」となった時に，個別の「私」というのは先程の先生のお話だとやはりエゴであり，否定的に乗り超えられるものというニュアンスが，すごく強いと思う．「パブリック」という概念の中にあるのは，一方で「プライベート」を批判し「プライベート」を超える原理でありながら，ある意味で「プライベート」を活かし，「プライベート」を包み込むというニュアンスである．だから現代においてアイデンティティをいかに包み込む「パブリック」を作るかという議論が出てくると思う．これに対し，ここで先生が

ご議論されたような中国の「公」概念において，果たして「個人」は「公」に対抗できるのでしょうか．

「民全体」としての「公」に対して個人はどれだけ抵抗し得るのか．「私」が自分の利益だけを主張してやっていくというのは確かにおかしいし，みんなが勝手に自己の利益を主張し出したら大混乱になる．それを調整する論理というのは当然出てくる必要はあるが，かと言って「私」は完全に否定されるものでもない．それではどうなのかというのが一つです．

もう一つこれに関連して申しあげると，「パブリック」という概念が今非常に関心を集めている原因の一つには，やはり「パブリック」という概念は必ずしも国家にのみ限定されない，国家に収斂しない広がりを持った概念だというのがこの言葉の魅力のあるところである．そう考えた場合，民の全体を「公」としている現代の中国，つまり「皇帝」ではなくて「人民の国家」であると言った場合の中国において，果たして「国家」と「公」を区別することが中国的な論理の土壌の中で可能なのでしょうか．

溝口雄三　最初のご質問の，個人は公に対抗できるのかという場合の公は政治権力，政府権力，あるいは行政機構だと….

宇野重規　「民の集積全体」という….

溝口雄三　いわば「共同体」というか，一つの団体，集団としての公ですか．

宇野重規　はい．特にその後者に対抗し得る論理はあるのかということです．

溝口雄三　私はずっと「個」という場合常にアトム（原子）的な，今おっしゃる「集積としての個」のイメージで個を捉えてきた．しかし厳復（1854-1921）という中国の思想家がジョン・スチュアート・ミルの『自由論』を『群己権界論』と書題を書き換えて翻訳した．そこで厳復は，己（個人）と群（社会，集団）の境界はどのようにあるかということでレンガの建造物を譬えに出している．レンガが壁として維持されるためには，一つ一つのレンガが機能を発揮していないといけないんだという言い方だ．つまり，そこでは「個人の有り様が全体を決めるのだ」という議論をしている．それで少し解ったような気がしました．

しかし，「大公無私」というスローガンを掲げた文化大革命のように全体の圧力が非常にイデオロギッシュに出てきた場合は，まさに全体が個を圧殺するものとして機能したわけだ．だから，厳復の説明でもってしても，中国の公私は大いに欠陥がある．

しかし一方で，前に板垣雄三先生達とあるシリーズを作るべく研究会をやっていたときに，あるイスラーム学の方がイスラームの個と共同の関係を，建築の足場の

ようなパイプとパイプをつなぐ十字のつなぎ目があるが，そのつなぎ目をイスラームにおける個と考えてみたのだとおっしゃるのです．つまりつなぎ目というのは，つなぎ目だけだったら何の意味も持たない．しかし四方からパイプが入って組み立てられることによって，ガッチリとした全体を構成する．そういう個がなくなると全体が崩れる．だからかなり強い自己主張を持った存在だ．

　最近，中国社会学をやっている法政大学の若い学者が非常に自我の強い中国人，自己主張の強い中国人について論じているが，中国人はネットワークを作る場合に，この人とつながれば利益があると思ったら，ものすごい努力をしてその人とのコネを作っていく．学縁，地縁，血縁といった自然な縁だけではなく自らコネを作っていくために大変な努力をしている．

　コネを作ったらそれでおしまいではなくて，「私との関係をあなたが持つならばあなたは必ず利益がありますよ」という形で，常に自分を主張し，自分は役立つ存在だということを誇示している．しかもその人は，「つながり」なしでは絶対に存在できないことを知っている．つながりを常に利用しながら動いている．そういう社会構造を見ていると，先程のパイプのつなぎ目的な個が中心になって発生している公ですね．そういう集積として彼らに捉えられた集団というのは自分のネットワークを中心にして捉えられた集団であって，逆に言えば，そのネットワークを外れたものは完全に関係ない他者であって，これはきわめて冷淡になる．

　そういう意味では，彼等にとっては「ネットワーク」が「ソサエティ」であって，ネットワークの外にはソサエティは存在しない．これもやはり弱点がある．ですから（宇野）先生のおっしゃるように，中国人の持っている「個」と「集団」あるいは「個」と「共同」の関係というのは，結論を言えば大いに弱点があると思います．

藪野祐三　三つほどお尋ねしたいと思います．一つ福田先生のお話の中で「公」が出てきたときには公が権力化されるという意味で「公」と「国家」とがかなりオーバーラップして理解されるようなヨーロッパの考え方があると思うのですが，溝口先生のお話をうかがう中での「公」はどちらかと言うと文化だとか広がりだとか社会的な基盤としての公であって，政治構造という形があまり見えてこないような気がするのです．中国の場合は，今おっしゃったように例えばシンガポールのリー・クワンユーが中心になって，儒教文化を中心に一つの文化的ネットワークをつくろうとしていますが，これなど典型的に公的文化をつくろうとしているあらわれだと思うのです．

　まだ「未来」の話で歴史的な事実の話ではないのですが，中国の場合も「国家」のせめぎ合う中で「グローバル・スタンダード」という名を借りているアメリカと

同じような弱点をもっているのではないでしょうか．脱国家化と言われているときに，中国のそういう状況は新しいグローバル・スタンダードをつくる方向に向かうのか，あるいはそれが周辺諸国との摩擦になってあらわれるのか，不透明ですね．その意味で中国の国家イメージはグローバル・スタンダード化するのか隣国との摩擦をおこすだけなのかお尋ねしたいのです．

　二点目は，これは北京大学の商法の先生が九州大学に来られた時にお話をしていただいたことですが，中国で「所有」とか「利潤」という観念に基づいて株式会社を組織しても中国では利潤という発想があまりない．人民公社的なものをやっていた中国では人的なネットワークの方向に向き，例えば株を発行したときの資本金を全部退職老人の年金にしたり，生活関連にしてしまって，株の発行が利潤再生産のような投資循環の方向に入っていかないというジレンマをおっしゃったのです．それが本当なのでしょうか．

　三点目は，将来世代観点を強調しておられるこの公共哲学共同研究会のメンバーに女性は一人しかおられないのですが，「公」と「個人」と言っているときの個人が男しかいないと思うのです．中国は女帝も出ているが，均等分割の中には女性も入っているのでしょうか？

　溝口雄三　いえ，女性は入っていません．

　最初のご質問の（儒教の伝統を持つ）中国の国家イメージについてお話します．

　まず中国では，「国家」は「官」という言葉で表現される部分の方が多いと思う．「公」という言葉にはやはり「共有」の意味合いがある．特にこれは清代について言えると思う．宗族の文献の中には「共有」財産の管理の文面の中で「公」がよく出てくる．宗族で処理できないときには「官に訴える」という形で「官」という言葉が出てくるが，その場合には「公に訴える」とは言わない．

　文献的には漢代ぐらいから「国」と「民」とは二元的に用いられている．「国」は朝廷で，「民」は民．「国（朝廷）富んで，民貧し」というふうに四字成句で出てくるが，これは「朝廷」を批判している言葉だ．「富国貧民」「利国貧民」というふうに使う．「利国害民」つまり国を利して民を害するというのは朝廷が過大の税金を取り民が苦しんでいることを言う．

　これはずっと宋代にもあって，次の明末の文献では，国事は高級官僚達が処理すればいいが，天下の存亡は匹夫と雖もこれに責有りと言う．「天下」というこの空間に関しては我々（民）の責務だと言っている．この「天下」というのは，天が生じた民である自分たちがどうやって生存していくかという意味の「生存概念」なんです．朝廷がどう変わろうと俺達の知ったことではないが，この生存空間が安定し

ているかどうかということは自分達の責任である，と．

　清末になって西洋の国家主義が入ってくる．それで，中国には「朝廷の国」はあるけれど「国民の国」がないと嘆くわけです．国民意識を作らなければいけないということを一生懸命言うが，ご承知のように1930年代はたとえば共産党が来れば赤旗を振る，国民党が来れば青天白日旗を振る，日本が来れば日章旗を振るということをよく言われた．そういう状況の背景には「民の食は天なり」，つまり食えるか食えないかを原点にものを考える生民観というのが強くある．

　しかしそれだけを言うのは公平でない．逆になぜ日本は国家意識が強いのかと問われるべきである．これは福田先生を交えて議論をしていただけると非常にありがたいが，ヨーロッパではなぜローマ帝国が早く滅びたか．それは私たちに言わせれば，中国ではなぜ王朝が滅びなかったのかという問題とワンセットだと思う．

　滅びた後と滅びなかった場合とどう違うのか．同じ儒教文化圏に入っていたベトナム，朝鮮，日本でなぜ国家主義が非常に強く生まれたのか．16世紀に明朝が滅びて清朝になると「華夷変態」と言って，清朝は夷狄の満州族なんだからむしろ中華の文明は日本にあるとか朝鮮にあるとかというようになる．小中華主義とかおもしろい（極端な）国家主義が出てくるのは，中華文明圏の大陸の周辺国の宿命ではないのか．むしろ中国のように国家主義がない方が，素直に考えた場合に，自然なのであって，ヨーロッパ大陸でももしローマ帝国がずっと続いていたらヨーロッパに国家主義はなかっただろうというふうに思うのです．

　福田歓一　少しその件に関連して申しあげたい．実際，なぜローマは滅びて，中国は滅びなかったかというのは，難しい問題です．私もちょうどサルトルが『レ・タン・モデルヌ』をやっていた頃に寄稿を求められて「日本にとって中国とは何か」という一文を書いたことがある．その書き出しは，「日本にとっての中国」を理解していただくためには，ヨーロッパにとって古典古代がいつまでも同時存在として生きているという意味で「ヨーロッパにとっての古典古代」というものを想像してもらうより他にないということだった．

　それでは何故ローマは滅びたかということになると，いろいろ要因があると思う．マックス・ウェーバーの処女論文「古代における農業事情」にだいたい出てくるが，基本的に言えば，私的な奴隷制の限界である．つまり中国にあったようなものは，公的な奴隷制か万民奴隷制かどうか，エジプトのピラミッドを作った人達と同じようなものかどうかというのは，オリエントをどこまで広げて考えるかということと相関的だと思う．ただそれとはっきり違って，「古典古代」というのは私的な奴隷制を持っていた．私的な奴隷制の上に，つまり財貨の再生産と生物的・生理的な人

間の再生産をし，それに依存したオイコスの上に成り立っていた．それにはやはり限界があった．

溝口雄三 つまり奴隷が「再生産」されたという…．

福田歓一 はい．それで逆に言うと，ゲルマン人に対抗できないからゲルマン人からリクルートした傭兵でつくった軍隊でもってゲルマン人に対抗しようとした．最後にはそのオドアケルという傭兵隊長が西ローマ帝国を滅ぼしてしまうという悲劇に行き着く．大ローマは地中海の沿岸の現在のアフリカの北部になっている地域を全部支配下に入れていた．アウグスティヌスなどと言うとヨーロッパの人間のようにみんな思っているが，彼はカルタゴの旧地にいた人だから，おそらくベルベル人でしょう．

西ローマ帝国が滅んだ後のヨーロッパは大陸の中の文化に変わっていく．まったく違った文化として成り立ち，文明のあらゆる道具は主としてキリスト教に流れた．しかし古典古代の遺産が教会の中に入っていく．中世ヨーロッパは暗黒時代だと言われるが，考えようによっては，ヨーロッパはその間にちょっと目を見張るほどの変貌を遂げている．ともかくローマ帝国が滅んだ原因は幾つも数えられるが，基本的に私はそういうふうに見て考えているわけです．

今田高俊 とても参考になりました．私は「公共性」の問題を考える際に，システム論の視点からかなり抽象的に考えてきました．それでいろいろ試行錯誤して私なりに到達した公共性の考えと，溝口先生がおっしゃった「私を内包した新しい関係としての公」とがほとんど一緒だった．「私」がベースです．そして「私」を超える連帯，合意，意思決定，討議という場を形成するのが，たぶん抽象的に定義したときの「公共性」になると思っていました．

ただ，気になったところが一点あります．中国の場合の「私を内包した新しい関係としての公」というのは，先程のお話だと，宗族や地域コミュニティを超えないというふうに私には聞こえた．中国のこうした「公」概念が社会や国家のレベルへ辿り着かないとすれば，それは前近代的な共同体における「公」でしかないのではないか．それが一点です．

もしそういう「公」であるとしたら，もう少し工夫をしないと，21世紀の公共性を考えるときには問題ではないか．トクヴィルが見たアメリカ・デモクラシーでは，個人と国をつなぐ中間集団（アソシエーション）がたくさん形成されていて，実際に両者をつなぐ役割を果たした．ところが近代化が進んでくると，その機能喪失が起きるようになった．つまり中間集団が「私」を超えるベースになる可能性を持つとしても，先程福田先生のお話の中にあったように，政治的な権力による介入

によって中間集団の機能が代替されてその必要性が低下し，公共性が貨幣による制御や，権力による制御によって担われるようになってしまう．それでかつての「公共性」が後方へ退いて衰退したのではないか．

　日本および他の国も含めて「公共性」を復活させるためにはどうすればいいのか．例えば最近，今までと違う集合的アイデンティティ形成の議論が出ている．ただし，それは昔のような統合とかコンセンサスの形成ではなくて，権力の持っている制御メカニズムを，シンボリック・コードという視点から可視化しようとする新しい社会運動分野での話である．それはかつてのような階級闘争や市民運動を掲げて，行政管理的な公共性に対抗する形で市民的公共性を提起するのではない．公権力の管理作用を明るみに出そうとするシンボリックな挑戦である．こうした意味の公共性を見出そうとする動きがあるのだが，そのへんとの関連で中国民族の融通無碍なところに興味がある．上半身で社会主義をやりながら下半身で資本主義をやっても矛盾を感じないぐらいにしたたかな….

　溝口雄三　矛盾を感じていますよ．

　今田高俊　感じてるんですかね．でも，政治的には社会主義という体制を敷いていながら，経済的には社会主義理論が批判している市場原理を導入してやっているのですから．何かコメントいただけることがあれば….

　溝口雄三　一般的には「私」を越えない閉鎖的な集団の中の「公」だったというご指摘はその通りだと思います．問題は近代，特に1949年の中華人民共和国の成立から以後，国家主義的な公を非常に強く出してきた．そういう中で現在，どういう新しい状況が中国で生まれているか．一般に中国ではこの30年間，市民運動というのはほとんど皆無で来ていた．私が接したおもしろい動きをご紹介する．あそこはまだ本の出版の配給ルートは，国営です．新華社，新華書店というのが日本の日販とか東販のように，通信，出版物の配給ルートを独占している．ところがその書店の国営ネットワークとは別に，民間の書店が勝手にできている．去年（1997年）の話だが，全国から新華書店を中心に何百という規模の書店関係者が集まって書籍フェアが開かれた．その時に民営書店の経営者が横の連絡をとり，出版社に対してビラを配り，自分たちにも本を配給しろと要求した．

　実はそれをやるまでの実績がある．例えば国営ではあまり好まれないような書物で若い人達が読みたがっているものは新華書店ルートではあまり配給されない．それに対して出版社自体が民間の本屋に委託して売ってきたという実績がある．その上で去年，民営書店の連合体を組織した．これは一つのネットワークですが．

　一旦そういうネットワークをつくるとびっくりするくらいに強い．放送関係から

出版ジャーナリズムにつながっている．例えば『中華読書報』という十数万部売れている出版情報誌があるが，それの編集にも関係する．今中国で最も売れている『読書』という雑誌との連携を取って，またたく間に十万，百万単位の読者市場を形成してしまっている．これは大変な公共領域だと私は思っているのです．そういう場合のつながりの原理は利益ではなくて理念だ．理念が中心になっていますから，こういうのは「私」を原理的には超えている．しかも主体は「私的企業」であり，連合体として出てくる一つの運動です．日本では考えられないような市民運動が，日本とは違う形で出てきている．

　渡辺浩　今の点について少し補足したい．中国の「公」が「集団」を超えるかといえば，それは超えると思う．だって，中国の「公」は同心円的に伸縮自在であって，最大になれば「天地万物一体の仁」，「天理の公」ですから．それは全人類のみならず万物をも含む公になる．理念的には超えている．それは，ある集団に固着したものではない．三人でお取り箸を使えば，「公筷」（公の箸）と言う．英語でパブリック・チョップスティックスと言うとおかしいけれどもこれも公だし，全人類も公たりうる．最初に溝口先生がおっしゃったように公は天と結び付いて，それが普遍性を担保するという構造になっている．だから，中国の公は理念的には集団を超えている．具体的にどうかは別ですが．

　溝口雄三　士大夫の書物の上の議論はまさにそれで，私もそう思ってきたが，社会の実態は必ずしもそうではない．

　渡辺浩　それはもちろんそうです．

　溝口雄三　先程ご批判があったように，非常に閉鎖的な面もありますね．

　渡辺浩　私から，二点ご質問したいのですが．

　先程から「公共」とか「公共性」ということが当然に善いことで，「私」であることが悪いことであるような議論が多いので，私はあえて「私」を弁護したいと思う．つまり「公共哲学」というのは，プライバシー哲学と表裏をなしていなければ非常に恐ろしいものになる．「私」を内包した「公」というようなお話があったが，「公」に内包されない「私」も大事だ．いかなる権力も，いかなる多数意見も介入できないような，「私」の中にあるものを認めてもらえないようなことでは困るのではないかと思う．その点，中国の公私は怖いものを含んでいるという気がするのです．「公共哲学」を論じるのならプライバシー哲学も論じていただきたい．中国に問題はないか，というのが第一の質問です．

　第二の質問は，中国の天の観念について敢えて異議を唱えたい．つまり天は調和であり，大自然，大宇宙だと言われ，公平とか公正と結び付くと言うけれども，私

はそれはおかしいと思う．なぜなら天はたいへん不公平で残虐だから．つまり地震，雷で隣の人は死んで，私は死なない．悪い人が死ぬとは限らない．善人が苦しみ悪人が栄えるのはこの世の常だし，大風，大雨，洪水，土砂崩れ，土石流，干魃，日照り．不断の不調和，不断の不公平こそが天の実態です．それをおめでたくも「公」と「天」とを結び付けて天の理とか何とかというのは，根本的におかしいのではないですか（笑）．

　溝口雄三　そのようなことを私に言っていただいても（笑）．でもそこは中国人も気が付いているわけですよね，ご承知のように．

　渡辺浩　でもそう聞かれたら，何と答えるのでしょう．

　溝口雄三　一つの問題は，天についての中国の人々の認識として，四季の乱れない天と，日蝕などの異変の天と，どちらの天を常態として見ていたか，です．調和，公正などは常態の天についてのイメージであり，洪水，日照りは非常態の異変です．彼らは常態としての天に人間界のあるべきあり方を反映させ，異変の天については，人間界の非正常さへの天の譴責とみなした．個別の運命についての不公平さについては，中国人はずっと議論をしてきているわけです．何故，我々はこんなに不公平な天に上帝があるなどと思うのかとかですね．そこで考え出すのが宿命論や輪廻説であったり道徳修養論であったりする．こういった議論は日本人もやったし中国人もやった．渡辺先生もご存じのことですが．

　渡辺浩　しかし，朱子学者にそう質問をしたら何と答えるのでしょう．

　溝口雄三　宋以降は幻想であれ実際に可能性としては官僚になれる道は開かれた．非常な競争社会だ．経済的にもそうです，特に明代になると．だから宗族的な共同性も発達してくるのだが，日本では考えられないくらい猛烈な競争社会だ．しかも非常に流動性が激しい．その中でサクセスストーリーというのが今のアメリカ人みたいに常に周りに存在している．むしろ「天」よりは「人間」の力に対する信頼が強い．

　だから朱子学者と言っても，いろいろなんでしょう．南宋から明にかけて，次第に「命」というものに対して「造命」という考え方も出てくる．あるいは逆に命に安んずる，修養によって永遠の生を生きるとか様々ではないでしょうか．

　プライバシーを主張されたことに関しては，私も賛成です．

　間宮陽介　「公」と「私」の間には何かすごくパラドックスがあるような気がする．先程，ハーバード大学の先生がアメリカ的な生き方が限界に来ていてアジアの「共」に目を向けはじめた，というお話が金先生からあったが，今の日本と比べると個人主義の国のアメリカ人の方がずっと都市感覚があるというか，例えばすれ違

ても「エクスキューズ・ミー」などと言う．ところが日本だと，黙って睨みつけたりする．電車の中で最近の高校生は満員でもリュックサックを背負って立っている．迷惑をかけていることがわからない．

ところが西洋の人は他人がいるということを非常に敏感に感じる．私の経済学の先生はアメリカとかスウェーデンによく行かれるが，外国に居るほうが仕事がはかどると言っている．それは時間があるということではなくて，ぴったり精神が合うと言うのですね．個人主義的なのだが非常にコミュニケーションがうまくいく．波長が合う．

ですから，我々はどうしても公私を考えるときにパブリックの方に力点を置いて考えるが，プライベートというところをもっと考える必要があるのではないか．渡辺先生がおっしゃったことにも関係するが，プライベートはパブリックの反対だというのは，必ずしもそうではないと思う．

例えば経済の場合，パブリックというのは政府部門ですね．プライベートは民間部門．私的な領域である民間部門がプライバタイズしてどんどん拡張すると政府は小さくなるかというとそうではない．同じく大きな政府を必要とするということがあるわけだ．だから大衆社会と福祉国家とは必然的な結び付きがあるような気がします．大衆社会化していくと，国が面倒を見なければいけないことも多くなって大きな政府になっている．

逆に今みたいに小さな政府を目指せば，私的な領域が活き活きしてくるかというとそうではない．どんどんプライバタイゼーションが進んでいって，どうしようもなくなるということがある．要するに「プライベート」というのをもう少し考える必要がある．

パブリックの側から見ると，やはりある種のパラドックスが起こってくる．例えば先程から出ている「共有」です．身近な例ではマンションの区分所有があるが，これも共同所有だ．ところが共同所有というのは，本当にもう何というか見苦しいことが起こる．私が住んでいる団地ふうのところで駐車場問題というのが起こった．私は車を持たない．7，8割の車を持っている人の区分所有は多数決によって生きてくるのだが，車を持たない少数の人の区分所有は生きてこない，ということがある．

そのようなケースをギャレット・ハーディンというアメリカの生物学者が「コモンズ（共有地）の悲劇」という形で描いている．なまじ区分所有というか共同所有化した場合は，それが極限化していくと，私的所有以上の争いみたいになる．あるいは争いには至らなくても共有地自体が駄目になっていくことがあるわけです．

ところが，共有地と似ているが共同所有ではない土地．つまり世界にある入会地なんていうのは要するに共同無所有であって誰も持たない．持たないところで魚を獲ったり木を切ったり草を採ったりする．しかし誰のものでもないので，取ったあとは当然補充しなければならない．例えば北海道の昆布採りだって漁期がある．取り決めた期間の間だけ，しかも採集時間が朝の何時から午後の何時までと決められている．棒の先に金具を付けて昆布を引っかけるが，精巧な金具だとごっそり抜いてしまうので目の粗い金具にしなければいけないという制約がある．そういうふうにして資源を保護していくわけです．それは「共同所有」でなく「無所有」だからです．

森林だと焼畑をやるが，共同無所有だから焼き尽くさないで順繰りに焼いていく．それを共同所有，区分所有にしてしまうと，おそらくそれは早い段階で森林が無くなってしまうだろうと思う．だから「私」の反対が「共同」だからと言っても必ずしもイメージ通りにはいかず，逆に「私」の方へ引きずられていくことがある．

金泰昌 「パブリック」と「プライベート」をきちんと分けて考える考え方が一つある．それはどちらかというと政治学を中心とする社会科学系の学者が集まってリベラル・リパブリカンモデルで語るときに支配的な考え方だ．つまり「民主主義」「自由」「平等」といったいわゆる近代化の流れを軸にして展開される議論において顕著であると言える．

フェミニストなどはそれとは全然違う．これまで家庭の仕事というのは全部プライベートとされてきたが，本当にそうなのかというわけだ．それでパブリックとプライベートの区分が明確にならない方向に議論が行く．もともと「公」と「私」は相互関連しているのだから，今間宮先生がおっしゃったようにある意味ではパラドックスになり，「パブリック」の観点から議論していくと，「プライバシー」，「プライベート」の方が大事ではないかという方向になり，逆に「プライベート」の観点から議論していくと，「パブリック」の方が大事ではないかという方向へいく．ですから問題は，「パブリック」か「プライベート」かではなく，「パブリック」と「プライベート」とが「共」にバランスの取れた形をどのように追究していくかだと思う．

漢字の解釈であてはめると，「公」は開く方向，「私」は閉じる方向だろう．そういう基礎的な概念の見直し作業も必要だ．佐々木先生がおっしゃったように，「パブリック」はポジティブには概念規定しにくい．「これではないのではないか」という観点から常に議論をしていく．英語では「ネガティブ・ウェイ・オブ・デフィニション」（否定的定義）という言葉をよく使うが，そういうアプローチの仕方自

体が言ってみれば「開く」(固定化しない) という意味でパブリックではないか.

　もう一つは，渡辺先生がおっしゃったように，どのような権力であれ，どのような国家であれ，何であっても絶対侵入できない神聖不可侵のプライベートな領域がある．それを認めなければ宗教戦争になる．ある意味でそれ (例えば信教の自由) を我々は (権力と) 戦って勝ち取ってきた．それをいきなり否定してパブリックではないから駄目だというのは暴論だ．その辺も総合討論で深めていただければと思う．

　小林彌六　溝口先生のお話は非常に勉強になった．集約すると，東洋的に政治思想の伝統があるというお話だと思う．私は革命後の中国では東洋的な政治思想がマルキシズムによって切られてしまっていると受け取っていたのだが，先生のお話だと，実はずっと続いているというふうなことだった．その辺のところはいかがでしょうか．

　今後の政治思想を考える場合に，西洋的な政治思想と東洋的な政治思想のコントラストが結構大事なことだと思う．溝口先生がお示しになった東洋的政治思想の核は，西洋的政治思想とどこが違うのかということをお伺いできればと思います．

　これは間違っているかもしれないが，私の解釈では，西洋的な政治思想というのは「人為」の国家とか人為の政治というふうに受け取れる．ところが東洋的な政治思想は「天民」というように「天」のサイドのニュアンスがあるように思う．この二つの政治思想は同じものか，それとも違うものでしょうか．

　溝口雄三　1996年12月号の『思想』に「もう一つの五・四」という論文を書いた．その中で「礼治システム」という言葉を使った．私が「礼治システム」の対極に考えていたのは，「法治」すなわち今先生がおっしゃった西洋的な政治思想です．あるいは契約に基づいた作為の思想，作為の政治学だというふうに考えている．

　この「礼治」思想は，礼によって行われる政治という表向きの言葉の意味よりは，リーダーシップを「人格」に委ねるという発想だ．例えば「雷峰に学べ」という形で，雷峰という無私で人民に奉仕した英雄的人物を聖人像としてモデルに作って，それに見習わせる．あるいは日本の戦犯を「自己批判」によって「自己改造」させる．そのように「人格」部分を骨格とした政治システムはいわゆる「人治」でもある．中国では今この「人治」(の弊害) が問題になって「法治」へ転換しつつありますが．

　中国社会主義は上半身が社会主義で下半身が資本主義というお話があったが，あれはマルキシズムを経済システムとして捉えたときの理論体系での矛盾だ．1950年代に中国から洪水のように伝わってきた情報は，そこにいかに道徳的に新しい国

家ができたかということだったが，中国の社会主義は今考えると「礼治システム」だ．

それでは革命中国に継承された「礼治システム」の骨格は何かというと，相互扶助であり相互保険であるような助け合いの国家システムだ．つまり宗族性の範囲で行われていたものを国家規模で行うようにしたのが毛沢東だと考えていい．宗族の長は人格優秀な人がなるということで，単なる血縁的な長子ではない．一種の選挙で選ばれている．その辺の詳しいことは「もう一つの五・四」という論文で書いております．

結論的に言えば中国社会主義は，古い儒教国家の連続的脱皮であるということ．それから礼治システムの本質は相互扶助であるということです．だから中国の社会主義をいう時にはイデオロギーから離れた見方をしないといけない．

福田歓一 お話を伺うと，(朱子学の誕生した) 南宋の時代あるいは陽明学から思想的な準備がなされ，明代の終りから清代にかけて「私」の主張が出てきた．16, 17 世紀における「私」の主張について言えば，それまでだと皇帝の権威は天子，天命，革命という形で続いた．天を神に置き換えれば (西洋の) 神授権的な要素というものがあったろうと思う．それに対して，同じ「天」を使って生民 (民を生かす) ということで授権に関する大きな変革があったというふうに理解していいのでしょうか．

溝口雄三 そうですね．もう一つ付け加えると，「天」の観念が唐から宋にかけて大きく変化したというのが私の説です．非常におおざっぱに言うと，「天は道なり」，「天は自然なり」，「天は理なり」という三段階を経ている．「天は道なり」というのは古代の老荘などもそうだが，その場合の道というのは，ある絶対的宇宙の超越的命令者です．実は老荘思想というのはそういうものである．

「天は自然なり」という場合の自然とは自ずから然りであって，ものの存在根拠をものの中に認める哲学だ．ただし，ものがそのものであるのは運命的にそういうふうなものになる．その点では運命論から自由ではない．

「天は理なり」になると，運命論からある意味では解放され，ある法則性の中で価値的なものとして天が認識され始める．これは一つの解りやすい段階であるが，しかし不十分だ．「天は理なり」と言った朱子は理気論という形で非常に精緻な議論をやっている．そういう宇宙論を議論している朱子もその一方で「天の譴責」というものを非常に強く言っている．この天譴の考え方は，自然の災害は天の譴責であるという考え方であって，これは古代的な天の観念を引きずっていることになるわけだ．この天の譴責という考え方は清末まで続く．天をずうっと祭り続けますか

ら．

　そういう文脈とは別に，最近私が考えているのは，「天理を全うする」ことと「天の誠(まこと)と通じ合える」というふうに天が二重構造で言われていることについてだ．「天理を全うする」というときには，道徳体系として認識された朱子学的な天の法則性をさす．その天の法則性を自己に認識し，自己実現したときに，天の誠と通じ合う．この場合の天は，もう一つ上の天なのですね．

　こういう天は考えてみれば近代政治家でも「これは天の仕業だ」とか「天の声を聞く」とか言っている．「神の声を聞く」と言っても同じことだと思う．大きな構造としては「天理」に移っていくけれど，天理の上層にある超越的な天というものは残存し続けるだろう．

　朱子の言う「天の譴責」があったと感じた皇帝は「求言詔」と言って，この臣下の言を求める詔を下さなければならない．そういう形で臣下からの批判を聞いた．しかしある時期からは臣下が「これは天の譴責である」というようなことは一切書かなくなり，政治言論の場としても形式化していくわけだが，実はそういうルートで政治的な言論の場が保証された．天のことなど何も書かなくて，もっぱらそこで地上の政治議論が闘わされるというのが明代以降だった．

　このように明代を捉えてみると，一つは天からはほぼ自立した政治構造が確立した．その上で民の公論が主張されるようになった．

　福田歓一　その場合の公論とは，「天が民を生ずる」というのに照応するわけですね．

　溝口雄三　「天が民を生じた」その民に対する皇帝の責任ですね．「民の食をもって天と為す」という皇帝の責任というものは漢代から続いてきたわけだが，この皇帝が全責任を負うという思想は明末に否定される．民のための具体的な政治保証としての政治システム…．

　福田歓一　必然の成り行きに任せるのではなく，人間の作る制度，作為でもって変化に対応していくという…．

　溝口雄三　そうですね．私はそれを徳治的君主主義の否定と言っています．徳治によるというのはもはや駄目で，いわばシステム治になってくるわけです．

　福田歓一　よくわかりました．次に宗族関係の中の公私のお話はある意味では非常に面白い．社会的なつながりとしての宗族のお話をお伺いしていてギョッとしたのは，血縁の間の相互扶助という点だ．とくに誰が自分を進士にしてくれたかを考え，公のものを盗んででもそれを返さなければならない（清貧の官僚でいたのでは納得できない）とするのは「私」そのものだ．それはまさにネポティズム（身内び

いき）の問題にそのままつながっていくと私には見えるのですが．

血縁を基礎にした公私の関係というときの「公」の意味はどこにあるのだろうか．ネポティズムは中国において「邪」として排される余地はあるのか．それともそれは宗族の中でだけ通るいわば公然の秘密ということなんでしょうか．

例えばインドネシアのスカルノ政権の問題はまさにネポティズムの問題そのものです．イスラームではどうしてスカルノのようなことが出てくるかということも，板垣先生に伺おうと思っていたのですが．

私は昔，丸山先生から教えていただいて板野長八先生のお仕事を少し勉強をしたことがあった．それで儒教というのは，ずうっと持続の帝国の中で宗族の倫理でやってきたと承知してきた．しかし今日，先生は 16，17 世紀になって大きな変化があったということを言われたわけだが，その辺のことをもう少し補足的にでもご説明をいただければありがたいのですが．

溝口雄三 これはぜひ解っていただきたいことです．まず儒教が民衆化していくのは 15 世紀の陽明学が最初で，それが実現していくのは 18 世紀，19 世紀．清代というのは今まで考証学の時代であるとか，思想史の叙述の上では，朱子学—陽明学—考証学という「学」の系譜の面だけで見られてきたが，儒教というものをもっと社会的な機能の中で見た場合には，儒教が初めて民衆化するのは清代だ．だから私は，清代は儒教の民衆化の時代というふうに位置付けるつもりでいます．

その具体的な内容は二つある．一つは清代の宗族，もう一つは秘密結社だ．最近，非常に面白い研究があって，清代に 18 あった大きな宗教秘密結社のうち 16 までが河北を本部としている．河北は基本的には宗族よりも宗教結社というのです．なぜそうなるかというと，土地が痩せているので人の流動性が激しく定住性が薄い．流動性の中で結ばれる関係が宗教結社の「義」だ．つまり非血縁的な関係です．その中の原理は宗族原理と全く同じで，相互扶助だ．但し義によって結ばれているという点では，いわゆる血縁秩序ではない．

一方，江南を中心に広がった宗族制も，日本人がイメージとして持っている血縁の家父長制とは違っている．中国の宗族というのは姻戚を含むので非血縁的な部分も横つながりに広げていって，まず県の単位から省の単位にまで広がっていく．実はこれも一種の利益団体である．但し，利益団体の原理が，片方（結社）は「義」であり，片方（宗族）は「孝」であるという違いがある．「孝」というのは血縁的心情の集約点ともいえる．

しばしば用いられるのは「孝は仁を為す本なり」という，論語の言葉の拡大解釈だ．つまり自分の親族に対する愛というのが原点にあって，それが万物一体の仁に

広がる．これを言い出したのは王陽明ですが，いきなり他者愛があるのは墨子の愛であって，これは駄目だという．厚いところから段々広げていって，最後は人類愛へと広がるという．

これは日本的な江戸時代の孝の意識とはやはり違う．だから中国の「孝」を議論するときは我々の意識を相対化する必要がある．

福田歓一 これは全く違うでしょうね．先程おっしゃった中国の均分相続と日本の家督相続（必ずしも長子相続ではないのですが）の違い．おそらく日本の家督相続だと私有財産というものも家長は一代限りの管理者ですから．

ところで，孫文から言えば，相互扶助以外に将来を保証するものが何もなく，砂のように全部が孤立している世界の中で「公」のシステムが作用する時代になったときに，そのネポティズムは「私」の極端なものになるのではないか．

私自身の経験を申すと，東京大学が初めて新中国からの留学生を受け入れるときに送られてきた名簿の中に親の職業欄がある．全部，幹部なのです．これには本当に驚いた．ご存じのように太子党という言葉がありますね．どこまでこれが続くのだろうか．文革でなぜ批林批孔ということを言ったのか．それはそういう古い考え方，宗族の倫理というものを破らなければ近代国家は作れないという板野先生流の考え方だと非常によくわかるわけです．

こういうネポティズムは，例えば工業社会を作ろうとする場合に邪魔になりうるが，そういう秩序のイメージが将来も有りうるのかということは，これからの中国を見る上で非常に大事だと思う．現実に私たちが中国人と付き合う上でいつもこれが躓きの石になるはずだと思うが，その辺のお考えをお聞かせ願えればと思います．

溝口雄三 80年代までの日本的な集団主義の会社経営と，今の中国的ネットワークの会社経営と，それから韓国の大家族主義的な経営というふうに，社会主義であれ資本主義であれそれぞれ特徴があり，一概に良いとか悪いとかは言えない．一長一短の側面があると思っています．

総合討論 I

コーディネーター：金泰昌

国際法と「パブリック」

小森光夫 個人的に国際法を専門領域としておりますので，それと関連づけてお話をお伺いしたいと思います．国際法の分野では最近，環境法やグローバル・コモンズと言われる様々な問題について制度を作っていくときに「コモン・インタレスト」とか「ジェネラル・インタレスト」という表現を主として使いますが，「パブリック」という概念にまではなかなか昇華していかないという問題があります．

国際的にはなぜそういうふうにできないのか．例えば「公権力」という言葉を使ったものは存在しない．一般に「パブリック・ロー」という言葉からは公権力の法が想像される．しかし国際法は公法とされているにもかかわらず公権力の法とはみなされていない．その点で「共通利益」が「パブリック」へと概念的に成熟，変化していくまでには少し時間がかかる気がする．だから，国際的には「パブリック」と「コモン」の言葉の理解を敢えて違えておく必要があるのではないでしょうか．

もう一つは，ここでは「おおやけ」と「わたくし」，あるいは「公」と「私」ということで議論されているが，現在，国際法が問題にしているのは，個別の国家同士の公的秩序をいかに全体の問題として調整していくかということだ．だからそこで問題になっているのは「公」と「私」ということではなく小さな公と大きな公という言葉で置き換えてもいいようなものだ．そこでお聞きしたいのは，ここで言う「公」の概念は，我々が通常，国を単位に考えてきた「公」の概念からアナロジカル（類推的）に考えてもいいのでしょうか．

一つ申し上げれば，国際公法という用語は国際私法と対比して使われますが，我々が言葉の上で国際私法という表現を用いるときに具体的に意味している内容は各国私法の抵触を解決する国内法なのです．

福田歓一 そのとおりです．そこまでいけば星野英一君の岩波新書『民法のすすめ』でも持ち出さなければならないかと思う．まさに私人の間の関係を規律する法ということだ．だから国内法のアナロジーを国際的な調節にプロジェクトして，国際私法と言っているにすぎない．「パブリック」という言葉を，例えば環境的なものについては使えないというご指摘があったが，それは「国際公法」という呼び方

がありながらそれが使えないのと同じで，まさに「主権国家」という壁にぶつかるということだろうと思う．

パブリックとコモンについて言えば，私自身も広義の封建制というものの一番の基礎に共同体があって，その中には共通の井戸とか共通の広場とかがあった．イギリスの議会制の最初に「ハウス・オブ・コモンズ」という言葉を使ったが，ここでは「共通」というよりも「身分のないもの」という意味で「コモン」が使われてきたということを話したが，そういう点から言うと，少なくとも古典古代について言えば，「コモン」は「パブリック」とインターチェンジブル（相互交叉的）に使われたということは間違いない．

温暖化一つ見ても，これが単にコモンであるばかりではなく政治社会としての単位を重層化して考えるとしたらパブリック以外のなにものでもない．それにもかかわらず，なぜパブリックという言葉にそれだけ抵抗があるのか．これはおそらくカントが『永久平和論』の中でベルトライヒ（世界秩序的世界帝国）ではなく国家連合だというふうに言ったことがあるのではないか．つまり，ベルトライヒというときには世界単一支配になりかねない．ある国の覇権が，その基準を公法として全人類に押しつける．そういうことに対する警戒心が，片一方ではあるのではないかと思う．

少なくとも各国において公的な立場を独占しようとしている権力と官僚機構の中では，圧倒的な部分は「主権論」という観念が現代でもきわめて強い．その点においては，国同士で利害は違っていても，彼等の間では意識は共通だと思う．

小森光夫 今の国際法は，国内法のアナロジーで言うと，政府と地方自治体との関係で問題を考えていくのと同じような構造になっているのではないでしょうか．

福田歓一 私はパリでの世界政治学会のワールド・コングレスで一つの提案をしたことがある．

主題は「国家」だった．例えば，国または公共団体の行為によって損害をこうむったものには国（家）がこれを補償する，というような国家賠償法の第一条というのが出てくる．その場合の「国」というのはいったい何のことかというとやはり「政府」でしょう．ところが，「国がこれを補償する」という場合の国というのは，「行政権」です．誰が補償を命ずるのか．司法権に対して訴訟を起こせば行政権が租税の中から補償する．ところが国という言葉の中味は，ネーションという言葉で代表される共同体としての国家という観念もあれば為政者を含んだ国家という観念もある．このような二義的，三義的な観念をアカデミックな場面でいつまでも固執して使うのはもうやめて，「ナショナル・ガバメント」とか「ローカル・ガバメン

ト」とかというふうに正体のはっきりした言葉に置き換えたらどうだろうというのが私の提案だった．もちろんそれが簡単に通るはずもないわけだが，ただアカデミックな仕事をしている者として，やはりそういう方向を目指したいというふうに今でも考えています．

生産システムと公私

岩崎輝行 経済の生産の場で見た「公」と「私」の問題を，インドネシアの共同体の事例でお話したい．

私自身の結論から言うと，「公」と「私」というのは初めから截然として区別されたものではないのではないかということです．つまり「公」と「私」は補完関係にあるのであって，その共同体の「公」がなくなれば共同体における「私」はアイデンティティを失うのではないかということです．

私が対象としている所はインドネシアの中でも非常に珍しい母系性社会です．そこでは基本的に，土地の使用権は女性によって相続されて，土地自体は氏族の共同所有制になっている．共同所有の主体は，日本語では氏族と訳されているが，ある共通の姓(かばね)と血縁関係，その二つを要因にした一つの集団です．その共同所有制の中でどのようにして稲作が行われるかと言うと，土地の使用権をその氏族から受けて水田を耕作します．それと同時に，村の共同の作業があります．例えば灌漑水路の維持管理です．灌漑水路は伝統的に村長の次に位置する水役が責任者になって，共同体として互いに維持管理してきました．ところが近代化の過程の中でそういう伝統が失われていった．ではどのように失われていったのか．

灌漑水路は通常，三次水路まであって，基幹の一次水路は日本をはじめとした他国の援助によって大体作られています．末端の三次水路は村の管理になっていたが，次第にこれも中央政府や地方の政府が料金の徴収をはじめとして管理に進出してくるようになります．

そうすると伝統的な水田の維持管理を行っていた水役は仕事を失い，村全体で行っていた水路の維持管理が次第になくなっていく．つまり村人から見れば水路の維持管理そのものが公（村）から私（政府）の方へ入ってしまう．伝統的な管理をしていたこれまでの時代は，末端の水路にある農家も村による維持管理によってその生活が保障されてきたが，政府等が外から入ってきて村による管理機能がなくなることによって，村の共同作業に代わり農家自体が維持管理をしていくという形に変わっていく．

つまり，土地の共同所有制の中で稲作という生産の場における「私」と「公」が

つくりあげられていた．ところが政府が水路を管理するようになって水路の維持管理という村における「公」が失われた．また，村人は自分が共同体に属しているというアイデンティティを失っていく．従って，貧しいところに水が流れなくなっても誰も助けなくなって，その家族は結局村から出て行ってしまうという実態が見られる．

つまり共同所有制という制度そのものが「公」と「私」を決めるというよりは，共同所有制の中で，どういう生産のシステムが作り上げられるかということによって「私」と「公」が規定されているのではないだろうかというのが私の観察結果です．

ジョン・ロックと公共性

小林正弥　先程金先生がお話になったジョン・ロックのポゼッシブ・インディビデュアリズム（所有的個人主義）について，福田先生からも是非お話いただきたいと思います．

福田歓一　ジョン・ロックの哲学を基礎にしている限りでは「公共性」というものは生まれてこないという観察は，米国でも英国でもあるというお話を伺ったわけだが，その時に，「ポゼッシブ・インディビデュアリズム」という言葉が出てきた．この言葉は，カナダのマックファーソンという私も40年前から知っている学者が，ロックを中心にした「契約説」というものの理論について言った表現だ．ただ，ジョン・ロックの哲学がそういった言葉で尽くされるようなものであるかどうかについては，私は根本的な疑問を持っている．つまり18世紀以後，マーケットというものが完全に打ち立てられるが，その後の商業社会を17世紀に投影した解釈である．もちろんアダム・スミスがロックの正統な息子だという言い方をすれば，そういう言い方ができないわけではない．しかしロック自身にとっての問題が，一体そういう問題であったかどうかということは別の問題だ．

英国における17世紀の革命をどうとるかという場合にピューリタン・レボリューション（清教徒革命）という宗教的な表現が，とくにウィッグ史観と呼ばれるものの中では長いあいだ続いてきた．この革命は，「宗教」と結び付いているということに非常に大きな特色がある．それはやはり宗教改革から後に起こった．

これに対してマックファーソンらは，宗教的なターミノロジー（術語）は使っているが，そこには経済的ないし政治的な利害があって，それをいわば粉飾するためにその時代の宗教的なターミノロジーを使ったという解釈だ．しかし，あの革命で一番最初に問われたものは内面の自由，信仰の自由，思想の自由です．これは譲る

ことのできないものとして，まず問われた．

例えばミルトンの『アレオパジティカ』には，言論に対して権力でもってこれを弾圧すべきではなく，同じ言論でもって戦うべきだ，という言論の自由の主張が極めて明らかに出てくる．譲ることのできないものとして，先ずそういうものが挙げられる．

その次に出てきたのはずっと後になってフランス革命で完成するものですが，私が先程の発題の中で話したように，古いコルポラチオン（社団）の解体です．独占しているギルドが幾つもあって自由競争にならない．現在の日本のことをお考えになる方もいらっしゃるかと思うが，規制緩和というのが一般的に良いとか悪いとかという問題以前に，ギルドというものが神聖不可侵な特権を作っている．それを全部爆破してしまわなければならない．そのためには古典古代のモデルが必要であった．そこから出てきたのが居住移転の自由であり，営業の自由であった．

ロックが論じた16, 17世紀は西欧でも非常に独特の過渡期だった．ロックのモデルは基本的には農業のモデルだ．つまり人間が土地に働きかけ豊かにした土地に対して，これを所有する権利を持つ．まさにそこで「労働」が理由づけに使われたこと自体が画期的だった．

ご存じのように中世時代はまっとうな人間は働くものではないと考えていた．祈る者，戦う者ではなくて，大地を相手にして自分の労働を投下する人間を持ち出してきて財産を正当化した．これは思い切った手法だ．

現実には，英国の中ではコマーシャル・ソサエティ（商業社会）の相当大きな発達があった．とくに航海での通商はロンドンの商人の大きな権力を作った．非国教徒は大学で勉強はできなかったが，彼等の私立学校の中で勉強し，例えば航海の経験の中から得られた高度の科学技術などもすでに発達していた．R. K. マートンが実証したように，近代科学というものを最初に作り上げた人達の多くはピューリタンと呼ばれる非国教徒だ．ロックもその系列の中から最初の段階を担っていく．

ロック自身はラディカルな思想家だと思えないにもかかわらず，非常にラディカルな面が見られる．「アピール・トゥ・ヘブン」（天に訴える）というのは，「アピール・トゥ・コート」（宮廷に訴える）の代わりだ．国内にきちんと裁いてくれる裁判所（コート）があればコートに訴えればいい．それが実際にないときには天に訴えるしかない．天に訴えるというのは，武器を取って立つということです．革命というのは，滅多に成就するものではないし，人間というのが革命を簡単に起こすような生物ではないということを認めておきながら，「アピール・トゥ・ヘブン」ということを敢えて言う．

あの穏健なロックがなぜこういうことを言うのか．そのラディカリズムはどこから出てきたのか．これは P. ラスレットが丹念に実証したように，名誉革命に至るまでの政治過程の中で，とくにカトリシズム排除の問題，それを通じての闘争，亡命という状況を入れないでは理解できない．

ただロックの場合，非常に著しいのは労働でもって所有を基礎づけたことだ．それまでの所有権というのは労働の上に築かれたとは誰も思っていない．後年，アダム・スミスが生産の三要素としての土地の担い手である地主をあげるが，それは封建時代そのままの土地所有者だ．スミスの時代よりまだはるかに地主が多いというそのさなかにだ．片一方では，遠隔地の商業でいわば価格の差益を，それこそ「もう一度帰れロンドンへ」で，船が入って来るたびに，ごっそり金を儲ける商人のいるそういう世界において，農業モデルで労働を基礎にして富を基礎づけた．

農業は人類の生存の様式として第一の大革命だった．それまでの採集経済という不安定な経済から農業に移った．農業は，そのまま食ってしまえば一食にしかならない種籾を大事にして，そして半年先の収穫を期待して，畑を耕して植える．そうして半年の間，計画的に手入れをして収穫を上げる．そういうことをやるというのは人間の生産的な知性の大きな発達なくしてはありえない．

ロックの人間モデルはラショナル・アンド・インダストリアス（合理的で勤勉）．お腹が空いたからそれをみんな食っちゃうということをしない．自分の計画に従って自分の労働を投下していき，ビジョンをもって計画的に自分の生活を規律する中から生産物を作り出していく．そういうことが現実に可能なだけの勤勉さを持っている人間が基本的なモデルだ．だからロックのポゼッシブ・インディビデュアリズムは，そういう人間が前提にあって初めて成り立った理論だ．ただ金を儲ければいいという人間とは人間類型が違う．

人間の個人の欲望とは何か，無限の欲望というふうによく言われるが，いったい何が生理的な欲望で，何が社会的な欲望かを区別することは非常に大事なことだ．例えば，『クリスマスキャロル』のスクルージを観ると，人間の金銭欲というのがこんなに大きなものかと知らされる．「チャリン」という金貨の音を聞けば，毎晩よく眠れるという人間もいる．しかし貨幣というのは貨幣経済という文化があって初めて出てくるのであって，金銭欲が人間の本能だということはあり得ない．

フィジカルな存在としての人間——，いわば社会体制の培養基としてある行動様式とも言うべき「合理的で勤勉な人間」として相互に生きていくならば，遠くのアメリカへ行けば未開の広大な土地があるのだから，豊かな生産をあげる余地はいくらでもあるということを言っている．しかし相互間で守るべきルールがある．その

ルールを保障することが国家の最小限の役割であると．

そうすると，政府がその役割をしなくなったときにはアピール・トゥ・ヘブンで，天に訴えて権力を解体するしかない．私が発題の中で，人間は抽象的だ，従って権力もまた抽象的であって，権利義務の関係としての政治社会というものがそこで成り立つと申しあげたのはその点だ．この社会像の前提は，人間というのは身体的なものから出発して能力が開発されていくが，そういう個人がルールに従った社会生活を送るのは可能であるというもので，革命以来の伝統を受け継いでいる．

しかし現実にはもちろんそういうモデルにあてはまる人間ばかりではない．だから紛争が起こる．そこで政府が必要になるし裁判所も必要になる．そこには守るべきルールがあるが，どんな個人でも知的にも道徳的にもそういう能力は養うことができるとロックは考える．ロックの根底にはこのオプティミズムがある．だからロックの哲学を基礎にしている限りは，共同生活は成り立たないということは，おそらく言い過ぎであろうと私は思う．

ただそれとは別に，ジョン・ロックの哲学には問題が二つある．一つは，ロックのオプティミズムを支えた「インダストリアス」（勤労）の意味は知的な労働を含んでおり，技術的な改良によって富は無限に増やしていくことができるという前提に立っていたことだ．これは17世紀には自然だったが，現在は環境問題から化学物質の怖さが指摘され，それこそ人間の生理的な再生産も不可能になるというふうに脅かされている．この問題は，ロックの哲学では片がつかない．

もう一つは，人間悟性を非常に細かく分析しながら導き出したものであるが，やはり人間というのは「合理的で勤勉」である前にエモーショナル（情緒的）である．そういう要素を何が吸収するのか．それは「抽象的な国家」ではない．近代において抽象的な国家に代わって「エモーショナルな共同体性」を調達するのに使われたのが「ネーション」という共同体のイメージだ．

ネーションの起源は言うまでもなくフランス革命からきている．フランスで「ナシオン」という言葉はそれまでにかなり普通に使われていたが，決定的にこの言葉が意味を持つようになったのは，本当に長い中断を経てやむを得ず召集された三部会が，自らその中での平民会が主体になって国民議会と名前を変えて革命の法的な手続をやっていった時だ．その時に「ナシオン」というものが一つの新しい共同体として生み出され，革命に対する干渉戦争に反対するために，それこそ町人，百姓の兵隊が傭兵の軍隊と対立した．まさに「市民よ，手に武器を取れ」というラ・マルセイエーズの世界です．これはエモーショナルな要素を充足したわけだ．

しかしその結果は，こともあろうに，ヨーロッパの中で帝国を作ろうというナポ

レオンの野心になった．つまりこれは，宗教改革以後はありえないはずのことをあえてしたというので，これに対する対抗イデオロギーとしてのフィヒテの「ドイツ国民に告ぐ」が述べられる．この時期のドイツは，もちろん政治単位としてのナチオンなんかはない．つまりナポレオンによって神聖ローマ帝国が解体されたときには40にあまる領邦国家が現実に存在したわけだが，そこでエンパイア（帝国）に対するものとして，「国民」への訴えがあった．

だからナポレオンを倒したヨーロッパ諸国の戦いは，ドイツ語では解放戦争と呼ばれるが，英語では「諸国民の（帝国に対する）戦い」と呼ばれる．そこにナシオンの持つエモーショナルな共同体性がみられる．だからネーションについて，『想像の共同体』というベネディクト・アンダーソンの本が出てくる．ネーション自体はまさに人間のイメージの中にあったものであるが，歴史の変遷過程において，「抽象的な存在」としてのコモンウェルスにエモーショナルな要素を，まさにナシオンが与えた．

それはロックにはなかった二つ目の点だと言えると思う．

ただ私は，マックファーソンの解釈に従ってロックを理解することには根本的な疑問を持っている．そういう点で発言をさせていただいたわけです．

金泰昌 ありがとうございます．学説分析的な文脈の中での解釈の問題を考え直すという意味で大変啓発されました．しかしロックの話が出た問題状況と問題意識が福田先生と私との間では若干違うのではないのかという気がします．ロックをどう解釈するかという文脈ではなくて，ロックの政治思想がアメリカの国家的行動パターンに何らかの影響を与えたのではないのかという観点からの議論をしたのです．例えば地球的問題に取り組むという状況の中で，国際間の対話とそれを通して国際的な合意形成を目指そうとするときアメリカが独善的に出る場合が多い．アメリカという国家の対外的行動パターンの根源の一つとしてアメリカ憲法の基本精神を想定する．そしてその中で特に特徴的な側面である個人や企業の経済的利益の優先という立場が強くて露骨だ．そしてそれをロックの影響と見る．もちろんアンティロキアン（反ロック主義者）とロキアン（ロック主義者），もう一方ではコミュニタリアンとリバタリアンという対立がある．実際こういう対立軸を中心にした議論が活発に展開されてきました．もちろんロックの解釈はいろいろあるけれども，どちらかというとアンティロキアンでリパブリカンの流れからも，そして同時にロキアンでリバタリアンの流れからも多様なアメリカ憲法解釈や批判と反批判が続出していることはよく知っているつもりですが，人工国家としてのアメリカの場合，特に個人や企業の私益の主張とそれが基本権利として前提となっている上，それを保証

するための制度としての国家であるということが他の国（例えば日本）より強いことを理解するためのロックの捉え方だと理解してほしいのです．時間がないからあまりたくさん申しあげられないけれど，ジョン・ロックをどう理解するかという問題ではなくアメリカの対外行動における公共性（国境を超えた公共性）をどう見るかということを問題にしているのです．

比較の視点

金泰昌 ここにせっかく福田先生と溝口先生のお二人の先生がご一緒にいらっしゃるのだから，前に進むために是非質問をさせていただきたい．とても基礎的なことです．ある意味では平凡かもしれないが，一緒に議論を進めていくためにとても大事な第一歩だと思う．それは何かというと，西洋で言われている「パブリック」と「プライベート」と例えば中国で言われている「公」と「私」．（日本の「おおやけ」と「わたくし」については渡辺先生の発題が終わってからに回すとして）この二つの流れがどれぐらい重なり，どれぐらいずれるのかをお聞きしたい．

渡辺先生にご相談申しあげたときに頂いた本がある．その中に，西洋においてもフランスとドイツとイギリスでは違う．だから，そういうことも確かめて議論をするべきではないかというご指摘があったということもあるので，今日の議論を踏まえて，先ずはお二人の先生から少しでもコメントしていただければと思います．もちろん全く一緒ではないと思うが，共に語り合えるくらいの共通土台はあるのでしょうか．

例えばイギリスの「パブリック」とフランスの「ピュブリック」とドイツの「エッフェントリッヒ」はどれぐらい違い，どれぐらい一緒なのでしょうか．

福田歓一 横に空間的に並べたときのそれぞれの文化による相違と同時に，縦に並べた時間的な系列の中でどういう変化を生んでいったかということの両方がある．後者の点について言うと，なぜ国家（ステート）がパブリックを独占するのかという議論が先程出たが，それに対して中国では，明末清初にパブリック（公）についての（主権在民の）議論が起こったということなどいろいろあるが，西洋と中国とを比較するのは，私にはまだ早いように思う．溝口先生のお考えも伺えたらと思います．

溝口雄三 「パブリック」と「公」を意味の上だけで比較することは危険だと思います．それは旅客機と新幹線の室内だけを比較して，座席の排列や窓の仕組の差異を議論するようなものです．ヨーロッパと中国についてはまず空と陸の差異から始める必要があると思う．

そういう前提で，今お挙げになった16, 17世紀の公論，これは文字通り地方の「公論」というが，この公論と朱子 (1130-1200) がその文集の中で頻りに使っている「天下の公論」というものとの違いに言及しておきたい．

朱子の言う「天下の公論」には二つの意味がある．一つは「道義的に正しい」という意味．もう一つは「金（きん）と戦うのはみんなの意見である」という意味です．そこには，ある特定の集団の空間的な意見という意味は全くない．

一方16世紀の「地方の公論」という場合には，中央の官僚達の意見ではなくて地方の郷紳の具体的なグループのいわば地方の政治的言論空間の意見である．そこにはある利益集団と言うか，一つのエリアの意見という意味がもう既に入る．しかしその場合でも，やはり公論という場合には「正義の議論」だというニュアンスが一方ではある．先程，国際法をパブリック・ローとは言わないでコモン・インタレストというお話があったが，国際法は中国では万国公法と訳しますよね．その場合の「公」はやはり「正義の法」という意味がある．

小森光夫 国際法は，かつて public international law および law of nations という用語が用いられた．public international law の用語が用いられたのはベンサム以来です．国際法論においてどちらの用語を好むかは，当時の論者の国際法の性格理解に関係しますが，国際公法という用語は国際私法に対立する用語であって，ことさら国際法のパブリックな性格が強調されているわけではなかった．

public international law は，その基本的性格がパブリックなものとは認められてこなかった．ドイツ語だと Vertrag という語が当てられたように，国際法は国家間の契約という性格を与えられ，公的秩序という認識は乏しかった．20世紀前半までの段階でも潜在的にはパブリックな機能を果たすことがありましたが，それを明示的に理論化することはなく，一般にはむしろ一般法秩序も任意法秩序として位置づけてきた．しかし，今はそういう議論の仕方ではカバーできなくなってきている．これが問題です．そこでコモン・インタレストとかジェネラル・インタレストという表現を使って制度化を計っていくことが論じられているが，パブリックという言葉で表現するまでには，少しまだ躊躇がある．

溝口雄三 中国で言う天下とか仁人という言葉には「道義性」とか「公正」，「正義」の意味が含まれている．例えば国際法を性法とも訳します．性法の「性」は人間性の性です．そういう意味合いが西洋のコモンとかパブリックとか，あるいはピープルにはあるのでしょうか．

福田歓一 「ナチュラル」ですね．

溝口雄三 「自然法」の意味で使うわけですね．（中国でも）それが同じように公

とか，性とかという言葉で使われる．その前提になっているのは性善説の「道義性」と「自然調和性」です．伺っていると，パブリックにはどうもそういう概念があるとは言えないというふうに感じますが．その点は，いかがなんでしょうか．

　福田歓一　ヨーロッパの国際法が自然法と手をつないで出てきたことは事実です．それは（国際法の父と呼ばれる）グロティウスをご覧になれば，非常にはっきりしている．

　溝口雄三　パブリックという言葉の中にそういう「道義性」とか….

　福田歓一　そうですね，何よりも「オープン」ということなんでしょう．つまり先程，絶対主義の国家でもサルス・ププリカ（公共の福祉）という名目は掲げたということを申しましたが，しかしそれは君主がそう思っているに過ぎない．それが公論として議論されたということはない．それに対する最初のステップとして文芸的な公共圏が成立していった．そこで自由にそういうことを議論することができるようになる．それから最終的に言えば，それが被治者の合意を得られるものかどうか．その手続のために，これを議会制と結び付ければ，政治についての討論も出てくる．

　間宮陽介　「公共性」という概念を突き詰めていくとどうなるだろうか．例えば，これまでの「社会」で十分だという人もいるだろうし，もう少し特定化して「市民社会」でもいいとか，あるいは「パブリック」とは「お上」だとか….そういういろんな意味を総合すれば「公共性」の全体のイメージがつかめるというのではなくて，むしろ，それらの言葉とどこが違うのかという方向でパブリックという独特な概念を結晶化させるのがいいのではないかという気がするのですが．

　私は都市についてずっと考えてきた．なぜそこからある種の公共的な空間を類推したかと言うと，人が歩く街路やキャンパスでは「ああ，ここは人がたくさんいてパブリックな感じがする」と感じるが，町の中の公共図書館や競技場のような施設でも夜になって誰もいないとパブリックでもなんでもない．単に施設があるだけだ．かえって夜の商店街の方がパブリックな感じがする．

　コミュニケーションをし合って，何か真なるものに行きつくのがパブリックだと考えるのではなくて，都市のようにいろんな人がそこでいろんなことをやっているというだけでパブリックな感じがする．要するに人が活動して何かやっている．

　そこから類推して，例えば政治を取ってみても，単に制度があるだけではパブリックではない．政府があるだけでもパブリックではない．何かをしているということがないとパブリックではないのではないか．だから，アーレントから汲み取るべきことは「言論活動」だと思う．もっと一般化して，「活動」があるから「公共空

間」が作られるというふうなところへ持っていくと，共和主義だ何だという話にならないと思う．

中国の場合だと（公は）ゲマインシャフト的な感じが強いが，それとパブリックはどこが違うのかといった消去法で公共的な空間領域を見つけ出していくというのはどうでしょうか．

公共性と公共空間

金泰昌 今回私どもが「公」と「私」という問題を一緒に考え直して行くことになって一番最初に思想史的脈絡から公私問題を見て行こうとしているのは，「公」と「私」という問題の形成史的背景と展望を思想と現実との絡み合いの中から捉えてみようとしたからです．そして先ず，我々の大先輩にあたる先生方から，「公」とか「私」ということが時代的にどういうふうに見られてきたのかを一応，整理してみようという意向があった．

しかしそれだけでは前近代共同体に戻るのかという問題が出てくる．そうではなくて，できれば21世紀の人類と地球に，我々がもう少し前向きに対応できるような，新しい意味での「パブリック」と「プライベート」という概念を再構築できるのかどうか．その足掛かりを作るために，先ずは今までがどうだったのかということを議論しているのです．ご提案は三日目の発展協議以降に前向きに深めて行きたいと思う．

今田高俊 例えば，かつてのヨーロッパにおけるコーヒーハウスやサロンや読書サークルのように，具体的な歴史的事実としての公共空間と言えるものがいろいろある．それで，ああなるほどという感じがする．最近あまり公共性ということを言わなくなった．例えばPTAで議論するのはパブリックなこと？ あるいは，ボランティア活動をするのはパブリックなこと？ このような形で，パブリックというものを具体的にイメージしてゆく必要があると思うのだが．

金泰昌 中国で「公共空間」と言えるような具体的な事例がありますか．

溝口雄三 家族とかそういう私的関係の家の門を出て他人とつながりながら，しかし政治的な行政権力からは独立しているとか，何かそういうイメージの…？

今田高俊 かつてどういうふうな形で，公共空間がイメージされていたか．例えば清朝の中国人にとって，これが公共空間であるというものはあったのでしょうか．

溝口雄三 スペースとして私のイメージにはないが，パブリックな活動としては例えば村の橋を自分達で架けるとか灌漑なんかはまさにパブリックな作業です．お金のある者はお金を出し，お金のない者は労働力を提供するというような不文律の

ルールに則って灌漑は行われていたという研究もある．

　それから病院の建設とか医療活動などは血縁を越えている．血縁内の所有関係の相互扶助以外の社会的な活動は宋代からしばしば行われていた．官の行政の力でやれる範囲を越えて，民間に委託されていく部分は，民間の自発的な行為である限りパブリックな活動だと言えるだろう．それは今でも中国で続いていると思う．

　今田高俊　親族内での活動はパブリックなイメージではなくて，親族の外へ出たところでの活動がパブリックなものであると….

　溝口雄三　宗族も一つの地方公共空間と言えなくもないが，宗族外の公共的活動というのもかなりあるということです．

　明代に村や町で架けた橋なんかは今でも残っていて縁起も記されている．日本にもあるように，中国にも非常に多くある．ただややこしいのは，官が要請して県知事がそれに応じるという命令系統でやったのか，皆で良いことをしようという呼びかけでやったのか．寺田浩明さんの研究にもあるが，そこのところは非常に曖昧です．

　それは常に政府の方から行われるベクトルと民衆から自発的に呼びかけが行われるベクトルとはベクトルが違うが，内容的には常に重なっている．だから官と民の間の断絶は「公」という考え方の中にはない．つまり「公」というのはお上であって，お上のやることは「おおやけ」であって民間はそれに関係しないという境界線は引かれていない．

　「法」としては「約」という形でお上から通達が出される．また民間で自主的に約束しあう約もある．そういう約を「公約」と言う．今でも北京あたりで「文明公約」の文字を見かける．公約には，皆で守り合うが，実際に破っても罪にならないようなものもある．「文明公約」がその例で，これは要するに文明的な礼儀作法を守ろうというスローガンにすぎない．あるいは三つか四つの銀行が集まって利息を皆で話し合い，われわれはこのレートで利息を払いますというようなことを「公約」として貼り出す．これは必ず守られる．そんなふうに様々な公約が重なっているわけです．

　金泰昌　「公共性」か「公共空間」かというのは改めて考えてみるべき大事な問題だと思う．ハバーマスの原文は「公共空間」ではない．「エッフェントリッヒカイト」だから，日本語でそのまま言うと「公共性」だ．それが英語圏で翻訳されたとき，「パブリック・スフィア」になった．そしてそれが日本語に翻訳されたとき「公共圏」になった．これは英米系とゲルマン系の考え方が少し違っていて，同じく公共を論じても，英米系はもっと経験論的に一人ひとりの人間が経験できるよう

に物理化・空間化しないとはっきりした実感が持てないというところがあるのかもしれない．だから英米系の人と話をするときには，どちらかというと空間として経験されるパブリックを考えた方がわかりやすいというのであろう．そして英米系のパブリックは，「道」とか「理」というよりは，激論であり契約であり交渉であり闘争でもある．そこから生成定着するのがパブリックというものであると捉えるのではないか．

　それに比べてドイツ人は，観念論的な面が英米系よりは少し強い．エッフェントリッヒカイトという言葉の中に空間概念がないというわけではない．はっきりあります．そういう意味ではフランスでも公共性の議論は公共空間論的な傾向がより主導的ではないのかという感じがする．溝口先生のご著書を読んで感じたことは，中国の公は「原理」としての公というニュアンスが強い．そこが日本の「領域」としての「おおやけ」と違うところだが，ドイツ語圏の人と話をするときには「原理」としての公の方が通じやすいのではないかと思う．（ドイツ人がハバーマスと同じように考えるとは限らない．）敢えて言えば英米系やフランスとはやや違うかもしれない．

　ドイツのフランクフルト学派が中心となり，行政管理的な意味での上からの押しつけの公共に対して「ノー」と言うグループの意志が公(おおやけ)の場所で討論することによって示され，これが認められた．その認められる範囲を広げていく活動をエッフェントリッヒカイトと捉えたわけだ．

　そうすると，渡辺先生がおっしゃった，何によっても侵害されるべきでない人間固有の内面のプライバシー，すなわちプライベートが大事だという点においては英米系でもドイツ系でも一緒なのだが，そういうことが認められるまでどれだけパブリック・ディベート（公共的議論）を経たことか．それなくして，ある日突然にプライバシーを認めようということになったわけではない．だから，内面の私秘的領域における実存と価値が公に認められてこそ「公」と「共」に「私」の意味が活かされる．そうでなければプライバシーは守れるはずがない．そのようにして女性の権利が認められたし，またある意味ではレズビアンやホモの権利も認められた．最初は全くのプライベートだったことがパブリックな問題提起という形で公共的議論になり，またそれが公共的認知をもたらすというプロセスが，言ってみればパブリックだったというわけです．

　最近，オーストラリアのシドニーで会議があったが，エイズ問題でずっと頑張ってきたマハティール・マレーシア首相の娘さんのお話を伺った．彼女が言うには，エイズというものは当然プライベートな問題です．一人の男性と一人の女性の極く

極くプライベートなことだけれど，それが今では世界的に大問題になって，いわゆる異論の余地がないグローバル・パブリック・イッシューになったわけだ．そのように認められるまでにどれぐらい苦労をしたか．涙が出るような話を聞いた．彼女は「パブリックというのが別にあるのではない．パブリックとプライベートとは常に相互関連的につながっている，そして相互否定的に生成し，そこから新しいものを生んでいく」と言っていた．

その場合の「否定」という言葉を，私は「非実体化」「非絶対化」と理解した．パブリックも絶対化すると弊害になるので，プライベートの立場から非実体化する必要がある．また今度はプライベートが一人歩きをして絶対化するとこれもまた問題が起こる．パブリックの方からこれを非実体化する．そのように両方が常に相互否定しながら絶対化，実体化を防止し，克服しながら両方が活かされるようにするべきではないかということがかなり深刻に議論されました．

今日私が感じたことは，お二人の先生が「公」と「私」または「パブリック」と「プライベート」がどれぐらい接近しており，どれぐらい距離があるのかというところで，東西の文化圏の違いや，これまで考えてこられた軌道を飛び越えて，はっきりと「こうだ」とは言いにくいところがあるということです．

先程，小森先生がパブリック・インターナショナル・ロー（国際公法）について話されたが，最近，韓国で世界宇宙法会議があった．宇宙をどのように見るのか．一方ではインターナショナル・アプローチというのがある．しかしインターナショナルというと，ナショナル・インタレストがあって，それを今度国家間のレベルでどう調整するかという次元になる．もう一方では，やはり宇宙というのはグローバルに考えなければいけない．グローバルだからといって実際にナショナルを否定することはできないが，考え方を少し変えることはできる．

日本人の明石康さんが国連公務員になって活動をしていらっしゃったときの悩みの一端を聞かせていただいたことがある．自分はインターナショナルな日本人である．しかし同時にUNの国際公務員としてグローバルな次元で物事を考えなければならない．そこに矛盾を感じながらも，しかしどちらかと言えばグローバルな方向に自分を置いて考えようと一生懸命に自分を励ましてこられた．インターナショナルからグローバルへのレベルアップが絶対不可能だというのなら，これはもう全く悲観的になってしまう．しかし，具体的なところでも不可能ではないはずだと私は信じたい．

発題 III
イスラーム思想史における公と私

板垣　雄三

課題設定

イスラームの思想体系および思想展開を総体として広く見渡して，そこで〈公・私〉問題に関して何が考えられるかを検討することとしたい．

これは私が公共哲学共同研究会への寄与として戦略的に選択したアプローチであるが，考えてみれば，そもそもイスラームの側にも，そのように扱われるにふさわしい特別の事情，性質が備わっているということに気付くのである．

たしかに，イスラームの思想には歴史的変遷があり，時代ごとに思想・学問上の営みの特色が識別されるし，また卓越した思想や達成された学識が参照されたり批判されたりしつつ受け継がれていく膨大で気も遠くなるほどの伝統の積み重なりがある．多様なテーマをめぐって，多角的な論争があり，折衷の妙もあれば，否定や否認が飛躍的次元での統合へと導く対話的発展も見られる．思想史の推移を記述する題材にはこと欠かない．

しかし，イスラームの思想展開においてまず注目すべき重要な点は，そこでのありとあらゆる思想的営為の共通の土台として，一つの強固な「場」があらかじめ設定されてしまっている，ということである．これは堅固な約束事としての原則と言い換えてもよい．したがって，イスラームの思想展開の全体を下支えし，思想展開の全体に対して作用しているような力の「場」について考えてみなければならない．すなわち，宗派や地域や時代の違いを超えて，イスラームの思想的営みのすべてに通底しそれらを縛っている基本的立場，いわばイスラームの思想的コアにあたるものを問題としたいのである．

まず，イスラーム法の法源であるクルアーンとハディースとが安定した規範としてあり，これには誰も手をつけることができない．クルアーン〈読みとな

えられるもの〉とは神が人類に対してアラビア語で下した啓示の書であり，人間はここから神のメッセージ・命令を聞き分け読みとって，解釈し，現実に適用しなければならないとされる．ハディース〈伝承〉は預言者ムハンマドの言行録であり，預言者によって確立されたスンナ〈先例・慣行〉の根拠とされるものである．「コーラン」という表現はアラビア語の〈クルアーン〉のヨーロッパ訛りに由来するので，ここではもっぱらクルアーンと呼ぶことにする．クルアーンは，預言者ムハンマドが神によって語らしめられたとされる啓示を人々が記憶し記録していたものを，預言者の死後まもなく，西暦7世紀半ばに集録して成立した．ハディースは，預言者について語り継がれていたことが預言者の死後200-300年にわたって収集・記録されたもので，その間に伝承の経路の厳密な批判的検討を経て6種ほどの権威あるハディース集が成立した．いずれも，強固な規範性を発揮し続けている．ことに，神の言葉とされるクルアーンのテクストは，厳格に保存された．日本で預言者ムハンマドの同時代人といえば聖徳太子だから，その時代の日本語が現在もそのままの形で生きている状況を想像してみれば，これはまことに特異な事態である．イスラーム教徒（男性はムスリム／女性はムスリマ）たちはこれを奇跡と考えている．

　イスラームの特徴の一つは，他の宗教に比して宗派的分裂がいちじるしく小さいことである．世界のイスラーム教徒人口の9割以上がスンナ派〈スンニー〉である．しかも，スンニーに対するシーア派やイバード派の対立などという問題は，神学的立場の分裂ではかならずしもない．イスラームにおける「宗派」とは，多くの場合，政治的背景をもつグルーピングであり，信者共同体のリーダーが誰であるべきかという問題をめぐって生じた立場の相違から生じた．これに関連して，イスラームにおいてはキリスト教の場合に見られるような「正統と異端」の観念がほとんどないという点も，非常に重要である．

　さらに注目される点は，しばしば取沙汰される「偏狭で独善的・排他的・攻撃的なイスラーム」というイメージとはまったく逆に，イスラームが実は厳しく自己批判の立場に立つ宗教だということである．自分たちがいかに弱く危うい存在であるか，そしていかに誤謬と迷妄に陥りやすいかを自覚し，神のヒダーヤ〈導き〉によって逸脱と彷徨とを脱し，正しい道に引き入れられるよう，ひたすら乞い願う（クルアーン開巻第1章）．〈現状〉否定がたえずイスラーム思

想の新しい展開のバネになっており，そこでは，つねに強烈な〈原点〉回帰志向が働くのである．そもそも，預言者ムハンマドの運動それ自体が，〈アブラハムの宗教に立ち戻れ〉という呼びかけであった．イスラームの歴史は進歩や発展の過程ではなく，堕落の過程だと意識されている．西暦7世紀の預言者と教友たちの社会こそ回復されるべき原点であり，模範だった．このように，みずからの〈現状〉を苛烈に反省し告発することが，現在まで繰り返されている．この意味で，イスラームには宗教改革がなかったとする見方や，宗教熱心なイスラーム教徒大衆を頑迷固陋な伝統墨守の保守主義者とみる見方や，「イスラーム原理主義」なるものを一部少数の狂信的過激派と片づける見方などには，重大な欠陥があると言わなければならない．

　以上，イスラーム思想史の展開の「場」ないし「基盤」の特質をかいま見た．思想的営為の個々の局面において〈公・私〉問題が論点としていかに争われたかよりも，思想展開の総過程の「場」ないし「基盤」において〈公・私〉問題がいかにあったかということに関心を集中することとしたい．そこでは，クルアーンとハディースが指し示す〈公・私〉問題の考察が主要なテーマとなる．

1. アラビア語における〈公・私〉の概念

　いまも生きて働いているクルアーンのアラビア語テクストの場面だけでなく，アラビア語の歴史的あるいは現代的な一般的用法の場面でも，〈公・私〉の概念は，アーンムとハーッスという対概念を基軸として導き出される．〈公的〉にあたるオムーミーは，アーンムの〈公衆の／一般の／全体の〉という意味と重なりあいつつ〈公共の〉という意味を発生させる．こうしてオムーミーヤは〈公共性〉にあたる．同様に，〈私的〉にあたるフスースィーは，ハーッスと同じく〈特殊な／個別の〉という意味をもつとともに〈私人の〉をあらわすこととなり，フスースィーヤは〈私的であること／私的性格〉という意味になる．関連するアーンマが英語のコモンズとも対比される〈公衆／民衆〉にあたり，ハーッサが〈個人財産／要人たち／個性〉を意味するように，アーンムとハーッスという対概念を土台にもつアラビア語の〈公・私〉概念は，多分に〈全体〉と〈個〉との関係性の重視の上に成立しているということができる．

国家ないし政府の立場と個人の立場との対比に基づいて「公・私」に関連する観念も存在することは，フクーミー〈政府の／国の／公式の〉，ラスミー〈公式の〉，ミーリー〈国家の／政府の／公有の〉に対するシャフスィー〈個人の／自身の〉，ザーティー〈自身の／固有の〉の場合に見られるように，これを無視することはできないが，こちらはあくまでも上記のアーンム／ハーッスの〈公・私〉概念に対するある種の「介入」であり「攪乱」であることが，したがってこのことに対するイスラーム的批判の意義が，以下の検討を通じて明らかになるであろう．

2. ファラーイド（信者の義務）の特質

イスラームにおいて，信者の義務は (a) イバーダート（宗教的義務），(b) ムアーマラート（社会的義務）として示される．

イバーダートは神への崇拝・服従の儀礼であるが，それは社会的な場で，公共的性格をもった社会的行為としてなされる．ムアーマラートは社会生活／社会関係／社会的相互行為における倫理規範であるが，それは神との関係において意味づけられ義務づけられる．

それゆえ，「宗教的」と「社会的」とを二項対立的に扱う立場から宗教的義務と社会的義務とを二分法的に対置するような理解は不適当である．ここでは，神と人との関係に主眼を置く場合を〈宗教的〉とし，人と人との関係に主眼を置く場合を〈社会的〉としているのであって，むしろ〈宗教的〉とは〈社会的〉ということであり，〈社会的〉とは〈宗教的〉ということなのだという意味合いが理解されなければならない．

(a) イバーダート

イバーダートは五柱または五行ともいわれ，5項目の義務（1. シャハーダ〔信仰告白〕，2. サラート〔礼拝〕，3. サウム〔断食〕，4. ザカート〔喜捨＝公共福祉税〕，5. ハッジュ〔巡礼〕）からなる．イスラーム成立の当初は，ジハード（神の道に立つ戦い）も信者の義務として重視されたが，これはイバーダートに含めて考えられることにはならなかった．

信仰告白は，〈ラー・イラーハ・イッラッラー，ワ・ムハンマド・ラスールッラー（神は唯一であって，ムハンマドは神の使徒である）〉と言明することである．それは公然たる社会的証言であり，礼拝その他さまざまな機会に述べられる．なお，入信・改宗の際には，これを二人以上の信者の前で表明することをもって必要十分条件とする．

礼拝は，1日に5回，夜明け・正午・午後・日没・夜半の定められた時刻に，定められた方式で，キブラ（マッカのカーバ〔立方体〕の方向）に向かい，神への服従と感謝の念を表現する行為として行われる．地区ごとに，礼拝の時刻の社会的告知としてアザーンが唱えられる．その声を聞くと，人々は礼拝にとりかかる．毎週金曜日正午の礼拝は金曜モスク〈マスジド・アルジャーミー〉での集団礼拝である．個人ごとに清浄な場所であればどこで行ってもよいとされる通常の礼拝の場合も，複数の信者でともに守ることが勧められている．

断食は，ラマダーン月の30日間，日の出から日没までの間は飲食を断ち，神を畏れる心を確かめなおす機会とするものである．

喜捨は，貧者や弱者のために惜しみなく施し支援するために制度化された公共福祉税である．これは，個人の自発的行為として個別になされる施し〈サダカ〉とは異なる．

巡礼は，ズー・アルヒッジャ月の7日から13日にかけて，マッカのカーバの周囲を回り北郊アラファートとの間を往復する過程として，定められた順序・方法に従い，集団的に行われる行事である．これ以外の任意のときに個人として行うカーバ参詣はウムラと呼ばれ，イバーダートの一項目としてのハッジュと呼ばれる巡礼とは区別される．

第1図が示すように，礼拝と断食とはファルド・アインに分類され，一人ひとりが義務として行わなければならないものであるのに対して，喜捨（公共福祉税）と巡礼とは分類上ファルド・キファーヤに属し，社会の中で誰かが実行していればよい（全員の義務ではない）とされる．それと同時に，断食と巡礼には免除規定がある．すなわち，幼児・妊婦・授乳中の母親・病人・身体虚弱者・旅人・戦場の兵士などは断食の義務を免除され，巡礼も経済的に可能な人が生涯に一度これを遂行できればよいことになっている．したがって，信者としての条件に関わる信仰告白を別として，義務としての要求度は礼拝が最も高

いことになる．

　第2図が問題にしているのは，まず，イバーダートにおいて，礼拝と喜捨（公共福祉税）がワンセットのものとして組み合わせて理解され，断食と巡礼とが共通の位置づけを与えられる，ということである．礼拝と喜捨は，いずれも身も心も差し出す献身の表明である．断食と巡礼は，それぞれ敬虔な心をもってひたすら神を思う特別の機会であり，苦しみを超えて目標を達成することに意義がある．しかし，同時に第2図は，礼拝と巡礼，喜捨と断食という組み合わせに対しても目を向けるよう促している．礼拝と巡礼では，定められた時空の形式・プログラムに基づいて，イスラーム世界の社会的連帯がつよく発揮され，また自覚される．喜捨と断食では，ともに，内面の動機，ことに神の恵みへの感謝を社会生活の次元での実践によって証明するものなのである．

　第3図では，神に対する信者の義務が社会的ないし共同体的な内容・形式をもつものであることの含意を整理してみた．若干の説明を補足しておく．タハーラ〈礼拝をはじめる前の身体の洗浄，浄め〉には給水場の整備が必要である．暦学・天文学・地理学の学識，アザーンのための装置，金曜モスクの建設などと並び，礼拝を社会的に成り立たせるための要件であり，よきムスリムとして生きるには都市的環境条件が必要となる．バイアは，集団礼拝の際の説教において統治者の名が挙げられることにより，ムスリム共同体が統治の権威を承認しこれに忠誠を約束する契約行為であるとされる．集団礼拝がこのような政治行為の場となる点は注目に値する．キブラ〈礼拝を行う方向〉は，巡礼における旅行路の安全確保や集合的行事の運営などとともに，イスラーム世界の連帯性の象徴的基軸である．イード・アルフィトル〈断食明けの祭り〉とイード・アルアドハー〈犠牲祭〉とはイスラームの二大祝祭だが，前者はラマダーン月（断食月）の完了を祝う祭りであり，後者は巡礼の最終段階で動物犠牲を捧げる行事に時を合わせてイスラーム世界の各家庭で犠牲の家畜を屠る祭りである．これらは，断食および巡礼への共同体的参加を象徴する．

　以上のように，イバーダートの儀礼空間の公共的性格・意義が強調されるのであるが，神との関係においてこれらの義務に取り組む個々人の主体性（自由と責任）が鋭く問題とされることを忘れてはならない．それはニーヤ〈意図／意図表明〉によく表されている．礼拝前の浄めを行うときも，礼拝にとりかか

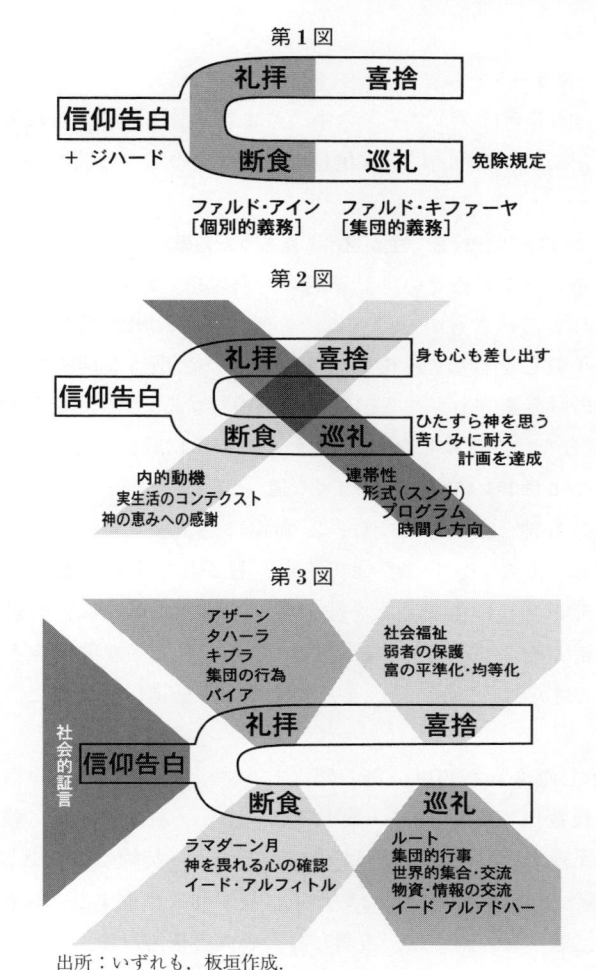

発題 III　イスラーム思想史における公と私　103

第1図

信仰告白 ＋ジハード　礼拝　喜捨　断食　巡礼　免除規定

ファルド・アイン [個別的義務]　ファルド・キファーヤ [集団的義務]

第2図

信仰告白　礼拝　喜捨　断食　巡礼

身も心も差し出す
ひたすら神を思う
苦しみに耐え
計画を達成

内的動機
実生活のコンテクスト
神の恵みへの感謝

連帯性
形式（スンナ）
プログラム
時間と方向

第3図

アザーン
タハーラ
キブラ
集団の行為
バイア

社会福祉
弱者の保護
富の平準化・均等化

社会的証言　信仰告白　礼拝　喜捨　断食　巡礼

ラマダーン月
神を畏れる心の確認
イード・アルフィトル

ルート
集団的行事・交流
世界的集合・交流
物資・情報の交流
イード・アルアドハー

出所：いずれも，板垣作成．

る際も，断食をはじめるときも，長途の苦難の旅を経てマッカに近づきイフラーム（縫い目のない二枚の白布／巡礼着）に着替えて巡礼をいよいよ開始するにあたっても，まずまさにこれから自分はいかなる行為をしようとしているか，その意図を，心の中で，また声に出して明言しなければならない．このようにして選択された個人の主体的・精神的営為が，強い社会性を帯びつつ，神への崇拝の表現となるのである．

(b) ムアーマラート

信者の社会的義務はクルアーンの中のさまざまな箇所で示されるが，ムアーマラートをもっとも要約的に定式化したものは次の二つの箇所だと考えられている．

▽クルアーン 17 章 22-23 節〈主が啓示したもうた知恵〉

1. 神以外のものを崇めない．2. 年老いた両親をいたわる．3. 近親者，貧者，旅人に当然与えるべきものを与える．4. 濫費せず，出し惜しみしない．5. 貧乏を恐れて子殺しをしない．6. 姦淫を避ける．7. 正当な理由なく人を殺さない．8. 孤児の財産を守ってやる．9. 契約を履行する．10. 計量を十分正確にする．11. 納得しないことはしない．12. わがもの顔に威張って歩かない．

▽クルアーン 6 章 151-153 節〈まっすぐな道〉

1. なにものも神と並立させない．2. 両親にやさしくする．3. 貧乏だからといって子殺しをしない．4. 公然とであれ，秘かにであれ，恥ずべき行為に近づかない．5. 正当な理由なく人を殺さない．6. 未成年の孤児の財産に手を付けない．7. 計量を公正に行う．8. 親族に対しても公平な態度をとる．9. 神との契約をはたす．10. これこそ，まっすぐの道．横道にそれると，神の道から遠ざかる．

〈主が啓示したもうた知恵〉および〈まっすぐな道〉には，重複した項目が多い．神の複数化（偶像崇拝）・嬰児殺し・姦淫・殺人の禁止／親へのいたわり／孤児の保護／取引きにさいしての誠実と公正／契約の履行などである．その他，近親者への依怙贔屓はしないが正当な権利は尊重する／貧者や旅行者を助ける／自己顕示を抑制する／浪費と吝嗇の両方を避ける，などとともに，合理主義的な生き方を求めていることが注意をひく．

殺人について〈正当な理由なく〉という条件が付くのは，クルアーン 2 章 190-193 節が述べるように，不信の徒／異教徒／迫害者が向こうから戦いを仕掛けてきたときだけ相手を殺すことが認められるからであり，ただしこの場合も度を越して挑むことは禁じられ，彼らが攻撃をやめたときは敵意は無用とされる．生命の尊重こそ，クルアーン全体の基調なのである．

上の定式では〈××してはならない〉という否定的な形式が多く見える．こ

第4図

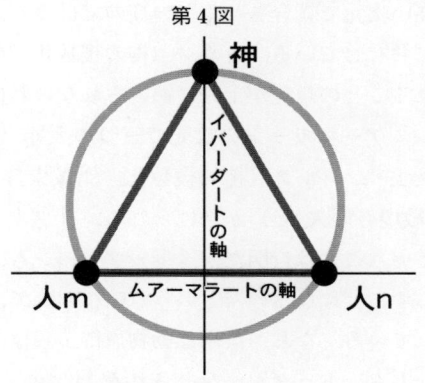

神
イバーダートの軸
人m ムアーマラートの軸 人n

出所：板垣作成.

れら以外にクルアーンやハディースにおいて厳しく排撃されるのは，嘘（虚言）／むさぼり（貪欲）／詐欺／中傷／盗み／強盗などだが，さらにギャンブルや酒はサタンの業とされる．

このようにして，禁止・抑制事項を含む形での社会的義務が，神の命令として定められる．この点は後述する（3. c）が，シャリーア〈イスラーム法〉はこのような社会的義務の定義を基礎に置いている．内容上は神との関係性において意味づけがなされ，形式上は神の命令，神が定めた法として与えられるという点が重要である．

確認しておくべきことは，社会関係をいかに生きるかが本質的に神との関係性において意味づけられる，ということである．社会生活が，即，神との関係の問題だと認識されている．第4図は，人間と神との関係の次元でのイバーダートを縦軸に，人mと人nとの関係（社会関係）の次元でのムアーマラートを横軸に，それぞれ据えてみるとしても，そこに形成される三角形を包摂する円環の積極的な意味を考えようとするものだといえよう．

すなわち，ムアーマラートを社会的義務，イバーダートを宗教的義務と機械的に割り切る立場では，イバーダートの裏付けのないムアーマラートはうわべだけの徳目，ムアーマラートと結合しないイバーダートはうわべだけの信心，という話で終わってしまう．イバーダートが社会的コンテクストの上に実現するように，ムアーマラートは信仰の実現形態なのである．イバーダートとムア

ーマラートがより高い次元で統合されるというのではなく，それぞれが統合の契機を相互浸透的に共有している．シルク〈神の複数化〉の禁止がムアーマラートの筆頭に置かれることの意義が十分に顧みられなければならない．

悪の根源として，ムアーマラートの次元で三つの大罪（1. クフル〔不信仰，神に感謝しないこと〕，2. シルク〔神の複数化，偶像崇拝〕，3. トゥグヤーン〔専断／傲岸無礼，敬虔さの欠如〕）が挙げられる．クフルとシルクが神との関係を直接問題にしていることは自明だが，トゥグヤーンも，神をないがしろにするから威張りちらすことになるのだという意味において，同じく信仰のあり方の問題と理解されている．なお，無用な動物虐待・殺傷，乱獲・乱伐，自然破壊，生態系破壊なども，トゥグヤーンとされる．

3. イスラームにおける〈公・私の問題〉の周辺の偵察

以下の四つの視角から問題のあり方を探ることにしよう．(a)信仰と行為，(b)社会と個人，(c)シャリーアとスーフィズム，(d)ジェンダー（男と女）．

(a) 信仰と行為の不可分性

イスラームにあっては，信仰が内面〈バーティン〉の問題，行為が外形〈ザーヒル〉の問題というように，二分法で理解されることがない．したがって，前者が私的局面，後者が公的局面に結びつけられることもない．すでに述べたように，イバーダートとムアーマラートとは相補的なもので，前者が信仰，後者が行為と分類できるわけではない．イバーダートは行為によって，ムアーマラートは信仰によって，裏付けられなければならないからである．また，イバーダート〈神に対する崇拝・服従〉の次元で礼拝（神への行為）と喜捨（人への行為）とが不可分のものとして組み合わせて考えられていることにも，それは表れている．

アラビア語の〈イスラーム〉は「神に対して無条件降伏し，神の意思に身を委ね，神との関係を平和なものにすること」を意味し，被造者のあるべき姿・立場だとされるが，これは実践によって確証されることが求められている．クルアーンが指示する挨拶の取り交わし〈アッサラーム・アライクム（平和があ

なたの上にあるように)〉／〈ワ・アライクムッ・サラーム（あなたの上にも平和があるように)〉は，社会的平和が神と人との間の平和と結び合ってはじめて確実なものとなるという信仰の表明を社会的に共有することなのである．安全と公正という社会的価値は，こうして信仰上の意義を与えられる．

(b) 社会と個人の連結

社会と個人とを分離して，社会を公的局面，個人を私的局面に引き寄せるような見解に対して，イスラームは反対する．個人はあくまでも社会的存在なのであって，社会は個人の拡張としてあり，個人という存在そのものに社会の仕組みやネットワークが内包されていると考えるからである．

イスラームは砂漠の宗教などではなく，アーバニズムにその特質があり，人間を都市化する性質をもつ．都市化・商業化・政治化を進めることにより，個人の内側にある多様な社会的存在様態を開発し，意識化する．これを私はアイデンティティ複合と呼ぶが，状況の中で，状況に応じて，集団意識を時々刻々，自在に組み替えるアイデンティティ選択のたえざる過程がダイナミックに展開するのである．

社会的個人は，主として族的結合＝家族〈アーイラ〉／〈ウスラ〉と宗教コミュニティ〈ミッラ〉／〈ウンマ〉という場で顕著に発現すると考えられている．家族および宗教が個人の社会的座標軸をなしているが，家族／宗教のいずれもがいちじるしく可変的なものであり，それらのはげしく伸び縮みする性質に注目しなければならない．

第5図が示すように，家族の最小の規模は家族ポテンシャルをもつ個人であり，最大の規模はアーダムの子孫共同体〈アダム族〉としての人類である．つまり，この場合，アイデンティティ選択は自らの家族を自由自在に伸び縮みさせることであり，選択の幅は個人と人類との間ということになる．そもそもアラビア語でものを考える人々であるアラブの社会では，男女とも，名前は通常は〈①本人の名＋②父の名＋③祖父の名〉の形（すなわち，「③の息子〔イブン／ブン〕たる②の息子〔イブン／ブン〕あるいは娘〔ビント〕であるところの①」という形）をとるとしても，①以外の後段はつねに状況の中で多様に変動するのであり，その変動は，基本的に，人類の祖アーダム以下の任意の父祖

第5図　家族の可変的なかたち

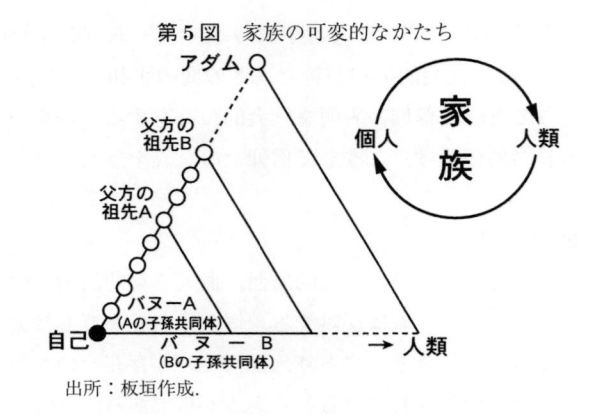

出所：板垣作成.

を起点とする族的結合（子孫共同体，家族）意識の自由な組み替えによって起きる．預言者ムハンマド自身，アブド・アッラーフの息子，アブド・アルムッタリブの孫であるとともに，ハーシムの子孫であり，クライシュの子孫であり，アーダムの子孫なのであった．既婚女性の場合，社会的通称としては息子の名を用いて〈ウンム××（××の母〔おっかさん〕）〉と呼ばれることもあるように，一個人は家族関係の中で子・まご・ひまご，親・祖先，甥／姪，いとこ・またいとこ等の複合を一身に体現する存在なのである．このような命名法および名称の組み替えの思考法はイスラーム化を通じて非アラブ社会にも拡大し，イスラームの普遍主義＝人類主義とともに〈都市〉空間を形成しつつ生きる人間の政治行為としてのアイデンティティ選択の主体的責任が教えられることになる．

　上述の族的結合の考え方は，その擬制としての柔軟な性質をも含めて，イスラームの発明ではなく，ユダヤ教やキリスト教の展開の中で培われてきたものである．それはイスラエルの民（ブネイ・イスラエル，すなわちヤコブ〔別名イスラエル〕の子孫共同体）やユダヤ教団（ブネイ・イェフーダ，すなわちユダの子孫共同体）という集団形成の理念をはじめ，ユダヤ教の聖書（キリスト教の旧約聖書）の創世記における地上諸民族の形成の物語に明らかであり，またキリスト教の新約聖書のマタイによる福音書やルカによる福音書に示される「アブラハムの子，ダビデの子，イエス・キリスト」の系図にも明らかである．

　ここでのイスラームの寄与は，究極的に〈バヌー・アーダム（アダムの子孫

発題III　イスラーム思想史における公と私　109

第6図　中東における宗教・宗派

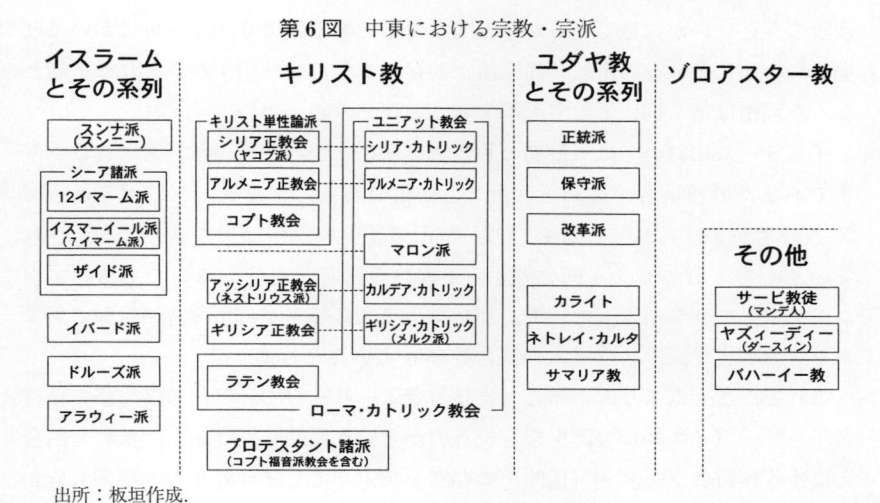

イスラームとその系列	キリスト教		ユダヤ教とその系列	ゾロアスター教
スンナ派（スンニー）	キリスト単性論派	ユニアット教会	正統派	
	シリア正教会（ヤコブ派）	シリア・カトリック		
シーア諸派	アルメニア正教会	アルメニア・カトリック	保守派	
12イマーム派	コプト教会		改革派	
イスマーイール派（7イマーム派）		マロン派		その他
ザイド派	アッシリア正教会（ネストリウス派）	カルデア・カトリック	カライト	サービ教徒（マンデア）
イバード派	ギリシア正教会	ギリシア・カトリック（メルク派）	ネトレイ・カルタ	ヤズィーディー（ダースィン）
ドルーズ派	ラテン教会		サマリア教	バハーイー教
アラウィー派		ローマ・カトリック教会		
	プロテスタント諸派（コプト福音派教会を含む）			

出所：板垣作成.

第7図　n回繰り返された神の啓示

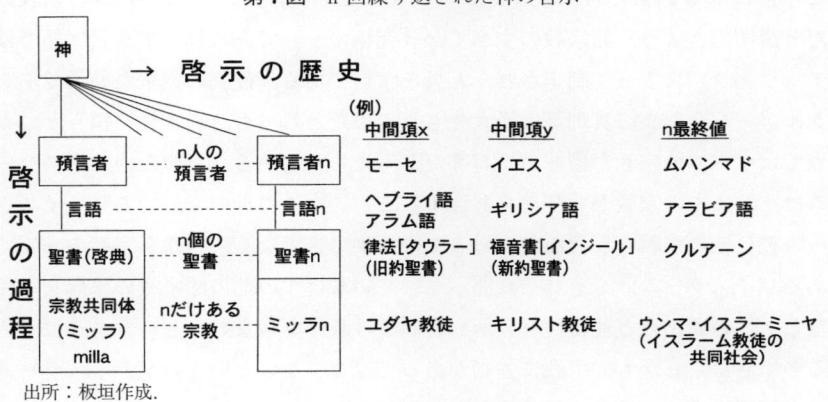

```
神
↓    → 啓 示 の 歴 史
啓                               （例）
示   預言者 ―n人の― 預言者n      中間項x      中間項y      n最終値
の          預言者                モーセ       イエス       ムハンマド
過   言語 ―――――――― 言語n      ヘブライ語    ギリシア語   アラビア語
程                                 アラム語
     聖書（啓典）―n個の―聖書n    律法[タウラー]  福音書[インジール]  クルアーン
                 聖書             （旧約聖書）  （新約聖書）
     宗教共同体 ―nだけある― ミッラn  ユダヤ教徒   キリスト教徒   ウンマ・イスラーミーヤ
     （ミッラ）    宗教                                      （イスラーム教徒の
      milla                                                   共同社会）
```

出所：板垣作成.

共同体）〉に属するという人類的立場の自覚を徹底化することにより，宗教（つまり言語）の異なる文化的多様性をもつ人々が出会う〈都市〉的・〈世界〉的な場を平和裡に，かつ公正・誠実に，生き抜く生き方としての個人主義・合理主義・普遍主義の意義を，言い換えれば人間の都市化・商業化・政治化の意義を明確にしたところにあるといえよう．

　第6図は中東における宗教・宗派の一覧表であり，第7図はイスラームが諸

宗教の存在をいかに見ているかを説明する図である．第6図は中東において歴史的にいかに多様な諸宗教・諸宗派が共存してきたかを示すが，それが可能となった理由は第7図によって理解することができる．

イスラームにおいては，最初の預言者アーダムから最後の預言者ムハンマドまであまたの預言者が遣わされたことが信じられ，クルアーンにはそのうち27人の名が挙げられているものの，啓示の歴史の総体は神のみぞ知るとされているから，第7図はn回の啓示，n人の預言者としているのである．アダム，ノア，アブラハム，モーセ，ダビデ，イエス等々から預言者の封印であるムハンマドまで，イスラームの預言者がn人いるとしよう．

これで，なぜムスリムが年ごとに預言者ムーサー（モーセ）の誕生祭や預言者イーサー（イエス）の誕生祭を祝うのかという疑問も解けるし，仏教と出会えばすぐ預言者ブーザー（仏陀）の存在を想定してしまう考え方の秘密も分かってくる．神がn種の言語でn個の啓典（聖書）を人類に送りつけたので，この世にはnの数だけ宗教が生まれたのだというのが，イスラームの宗教観だと説明できよう．諸宗教のすべてが「究極の一」である神（アラビア語ではアッラーフ）によって制定されたと見なすのである．最終の完全な啓示であるクルアーンにおいて真理量は最大化されるのだとしても，真理性を担うという点ではすべての宗教が横並びに対等だと考えられている．このため，イスラームは，あまたの宗教が並び立ち共存することこそこの世の常態であり，イスラーム教は他の宗教を邪教などと言って排撃すべきでなく，神から宗教の本質である〈イスラーム〉をそれぞれ開示されているはずの他の諸宗教の啓典をも尊重し，他の諸宗教と連帯性を分かち合わなければならない，というように考えるのである．しかも，宗教に強制があってはならないというのが，イスラームの大原則であった．

実際に，アラブのキリスト教徒やユダヤ教徒もアッラーフを拝している（重ねて念をおせば，アラビア語で神を意味する語が〈アッラーフ〉であり，アッラーフは決してイスラーム教だけの神ではない）．前述のイスラームの信仰告白（シャハーダ）の前半部分は，ユダヤ教・キリスト教・イスラームの共同綱領というべきものであった．イスラーム成立の初期には，その信者はただムーミン〈信者〉と呼ばれ，〈イスラーム〉の立場の独占とまぎらわしいイスラー

ム教徒〈〔男性〕ムスリム／〔女性〕ムスリマ〉という自称が適当か否かが議論された．東方諸教会のキリスト教の多くはキリスト単性論の立場（神そのものか，人そのものか，いずれにしても「一つの性質」とする）に立つから，イエスの預言者性つまり〈人〉性を主張するイスラームの立場にはそれと共通するところがあった．

イスラーム教徒はユダヤ教徒およびキリスト教徒に対して，これらをアフル・アルキターブ〈啓典の民〉と位置づけ，仲間同士としての共同性を確認する．

こうして，宗教コミュニティを軸とするアイデンティティ選択においても，個人としてのムスリム／ムスリマは，アイデンティティの根拠をイスラーム教（アラビア語で定冠詞つきの〈宗教〉である〈アッ・ディーン〉）とするだけでなく，縮小の方向では，例えばシーア派，しかもさらにその中の12イマーム派だとか，あるいはスンニー，しかもさらにそこでの特定の法学派であるシャーフィイー学派だとかいうように，また拡大の方向では，ユダヤ教徒・キリスト教徒との一体性の表明である〈啓典の民〉だというように，ここでも自在な組み替えをダイナミックに行うのである．他の宗教の場合でも，これと似た組み替えが可能なのは，第6図に明らかである．こうして，西暦7世紀のイスラームの成立とともに，一つの家族の成員の中に複数の異なった宗教に属する個々人が厳然と存在するというモダニティ現象が生じた．

社会と個人との連結に関連して，次に社会契約の問題にも触れておきたい．検討すべき二つの局面がある．

一つはイスラーム共同体〈ウンマ〉局面である．ここではイマーマ〈指導者性〉が問題の焦点であり，統治的権威の正統性が共同体のシューラー〈合議〉あるいはイフティヤール〈選挙〉によって保証されるべきだというタテマエが働いている．そこで，先述したように，集団礼拝に集合する信者個々人の宗教儀礼参加と結合した共同体的行為として，バイア（本来は商取引きにおける手打ちを意味する）という形式で，毎週金曜日ごとに統治者のイマーマの再確認が行われるのである．

もう一つは諸宗教コミュニティ間の関係局面である．ここでは，社会契約は，イスラーム共同体〈ウンマ〉が他の宗教共同体〈ミッラ／ウンマ，複数形はミ

ラル／ウマム〉群に対し，いわば安全という商品の取引きとして，税収と引換えに行われるズィンマ〈安全および自治の保障〉の多角的契約ネットワーク・システムが恒常的・安定的に機能するという形で現れる．このような宗教共同体間の〈契約〉関係が恒常的・安定的に成り立っている場をダール・アルイスラーム〈イスラームの家〉と呼ぶが，それこそがフィトラ〈人間の本性〉への信頼に基づいて多様な宗教に属する個々人が渾然と混じり合う〈都市〉空間としての〈市民の社会〉の成立と持続を保証するものだと考えられていた．さらに，ダール・アルイスラームがその外界と関係する局面はイスラーム法でスィヤル〈国家間法〉の領域とされるが，16世紀以降，オスマン帝国がフランスをはじめキリスト教徒国家としてのヨーロッパ諸国に対し，スィヤルを適用して居留・通行・航行上の安全，商業活動の自由，免責特権などを保障したのがキャピチュラシオンであった．この学習を通じて，ヨーロッパでは「国際法」が成立する．これにより，もともと多文化空間としてのダール・アルイスラームに生きてきた個人が，新たな異質の参入者としてのヨーロッパ諸国民と対面・対決することを迫られることになる．

以上により，イスラームにおける堅固な約束事として，人種・血統・宗教・文化・老幼男女・貧富を問わず，相互に平等な存在と位置づけられる個人が，おのおのの責任事項として引き受けることになる公共的立場が，さまざまな局面で確認されることとなった．

(c) シャリーアとスーフィズムによる社会統合

イスラーム思想の歴史的展開は，以下のような時期区分に即して理解することができよう（世紀はいずれも西暦）．

    (1)   7世紀初頭……………預言者ムハンマドの宗教改革
                                 ⇒ウンマの成立
    (2)   7-9世紀………………シャリーア〈イスラーム法〉の確立
                                 ⇒ウラマー〈イスラーム法学者たち〉の活動
    (3)   10-19世紀……………スーフィズム（〈タサッウフ〉＝イスラーム神秘主義）の展開
                                 ⇒タリーカート〈諸教団〉の形成と発展

(4) 18世紀半ば-現在……イスラーム運動〈サラフ主義〉
　　　　　　　　　　⇒回復されるべきイスラームの原点とは何か
　　　　　　　　　　という問い

　イスラームにおいては，シャリーアが神の法であり，神のみが立法者であって，いかなる権力者といえども法を定めることはできない，という原則がある．人間にできることは法を解釈し適用することだけである．ウラマー〈イスラーム法学者たち〉は価値的知識人として，権力のチャンネルにもなり得るが，むしろ民意を代表して恣意的な統治者の手足をたえず縛りながら，法の解釈と運用にあたる専門家集団として働いた．

　彼らの合理主義的活動を通じてシャリーアの体系が確立していくと，法治は転じて形式主義・官僚主義・管理社会化を招き，口だけうまくて理屈をこね他人を言い負かすような人間ばかりが出世することになる．これに対してスーフィズムが内心から燃えたぎる信仰によって強烈な現状批判を革命的に提起する．

　スーフィズムは，神への愛のために自己を無にしようとする努力（例えば，神に心を集中するズィクル〔称名〕）によって，光を求める蛾が炎の中に消滅するように，唯一者たる神の臨在の内に帰一し，魂の救済を体験するという，内面的な自己陶冶の修行である．

　その道の達人を慕い，その徳にあやかろうとして，墓などを中心にあまたのタリーカ〈教団〉が形成される．スーフィズムが聖者崇拝，病気直し，安産祈願，祭礼・縁日などに埋没して，俗信の日常性へと変質してしまうと，こんどは，サラフ〈祖先〉の原点に復帰しようとするイスラーム復興運動がこれへの根本的な批判・告発を突きつけるのである．

　以上の経過に対して，非ムスリムの観察者・研究者の側からは，法と制度にかかわるシャリーアは「公的ないし公式イスラーム」であり，信者の内的沈潜や庶民生活の習俗にかかわる「民衆イスラーム」としてのスーフィズムは「イスラームの私的／私秘的側面」を表象するという解釈が生まれてきた．ここでは，国家ないし政府の「公」と「私人」とを対置して，イスラームを「公的領域」と「私的領域」に配分する考え方が前提となっている．しかし，このような「公・私」区分は，イスラームの立場に合致しない上に，イスラームの歴史的展開の実態に照らしても問題がある，といわなければならない．

シャリーアとスーフィズムとは対立するものでなく，相互に無関係・無媒介に分立するものでもない．これは，上述した歴史的トレンドとしての前後関係とは別のことである．

　神の命令への服従と内に燃える信仰とは支えあうものであり，11世紀の神学者ガッザーリーが代表するように，積極的にスーフィズムの道を探究するウラマーもあった．

　神の法としてのシャリーアは出来合いの固定した権威的規範としてあったのではなく，ウラマーの学的努力によって柔軟かつ弾力的に構築されてきたものであった．預言者の先例を伝える伝承群について研究するハディース学は，おのおのの伝承の経路や本文テクストについて厳密な批判的検討を加えつつ，作為や欺瞞の山の中から真正の珠玉を精選するという作業であった．ウラマーは広く社会的に学識を認められ尊敬されている知識人たちであるが，閉鎖的な専門家集団をなしていたわけではなく，ましてや聖職者や僧侶などではなく，ときには商業・手工業の生業をもつ人たちですらあった．庶民の日常生活と密着した法学者たちが法の解釈・適用に関してイジュマー〈合意，コンセンサス〉を形成すれば，このイジュマーが法となる．それは社会的合意を反映するものであり，文字通り民の声は神の声なのである．ウラマーは，クルアーン・ハディース・イジュマーをもってしても解決できない問題について法学上の判断を導き出すために，キヤース〈類推〉の方法を駆使したが，これも規範創造の原動力となった．特別の尊敬を集める法学者が神の命令を理解する上で理性を働かせて独創的な解釈をきりひらくこと，またその努力を〈イジュティハード〉という．こうして，学者たちとこれを支える社会の知的活動がきわだった公共的性格を発揮したのである．

　統治者／国家の側で制定する法令・法規は〈カーヌーン〉と呼ばれるが，それはあくまでも法ではなく，シャリーア適用のための付随的・補完的な規則に過ぎないとされた．しかし，この事実上の立法行為は，為政者が行う裁量的措置／行政行為としての〈スィヤーサ〉とともに，財務官・徴税官・書記などの官僚機構〈ムバーシル〉や警察〈シュルタ〉をともなって肥大化する．しかも，こうした国家的「公務」〈ウムール〉は，重層的請負システムによって次々と下位の代理人／エージェントに代行されることにより，拡張し増殖する．シャ

リーアの規範の下にあるはずの政治の現実は，このようにして，恣意と腐敗，私利私欲と貪り，悪徳と暴力を生み，ズルム〈不正／圧政〉やイスティブダード〈専制〉を結果した．ウラマーが牙を抜かれて権力の横暴を制肘できず，バイアが社会契約の実をともなわないとき，任俠無頼の徒〈アイヤール〉集団が正義を実現したり，乞食集団〈ハラーフィーシュ〉が権力者に抗議の声を挙げたりした．このとき，アイヤールやハラーフィーシュの行動は実質的にシャリーアを救出し，〈ウムール〉を担ったのである．ウムールは自動的／本来的に「公務」なのではなく，たえず〈公・私〉が問いなおされる争点なのであった．それゆえ，シャリーアの機能をめぐる抗争，したがってイスラームの社会的実現をめぐるせめぎあいの，動態的な把握が必要なのである．

　スーフィズムが個人の内面において神の存在を実体験するための修練であるとされたことは確かだが，そのためにも多様な広域的〈教団〉組織が形成され，そのいわば「氏子」集団的な成員大衆が〈アスナーフ〉と呼ばれる職能ギルド群や〈フトゥーワ〉と呼ばれる「講」的結社などの仲間組織のネットワークを編み出していくのである．スーフィズムの社会統合的機能を見落としてはならない．しかも，インド亜大陸，中央アジア，中国，東南アジア，アフリカの諸社会におけるイスラーム受容は，決定的にスーフィズムを媒介としてであった．インドや中央アジアでは，仏教徒はスーフィズムを通じてイスラーム教徒に変身する．そしてインド亜大陸，中央アジア，東南アジア，アフリカでとくに顕著なことは，スーフィズムの社会的展開こそがそれらの地域における政治社会の発展の基盤となったという事実である．したがって，「イスラームの私秘的側面」／「民衆イスラーム」／「底辺のイスラーム」というスーフィズムのとらえ方は，すこぶる一面的である．

(d)　男と女の役割分担と両者の接点

　イスラームに対する誤解から，イスラームは男を優位，女を劣位に置き，男性に社会活動の「公」的場面を，女性に隔離の「私」的場面を割り当てる，という通念が一人歩きしている．しかし，イスラームの思想のコンテクストからは，これとはまったく異なった立場が見えてくるのである．

　イスラームは両性が自立・対等のものだという立場を徹底的に強調する．ク

第8図

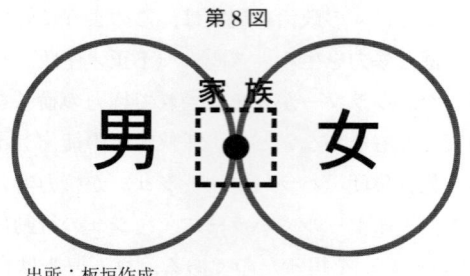

家族

男 ● 女

出所：板垣作成.

　クルアーン2章187節は〈夫は妻の着物，妻は夫の着物〉と述べ，夫婦は息をピタリと合わせて相互に守り合うべき存在だとしている．クルアーン9章71-72節〈信者は男も女も相身互いで，善行を勧め，悪事を禁じ，礼拝を守り，喜捨を行い，神とその使徒に服従する．…神は，男の信者にも女の信者にも，下を河川が流れ，そこに永遠にとどまるべき楽園と，エデンの園の中のよき住まいとを約束したもう…〉や同16章97節〈男でも女でも，信じて善を行う者には，われらはよき生涯を送らせ，その行った最善のものに応じて報酬を与えてやる．〉は，救済における両性の平等と対等性を明示するものである．

　クルアーン24章30-31節は〈わが身の飾りとなるところをあらわしてはならない〉という言い方で，女性の〈ヒジャーブ〉すなわち〈覆い隠すこと〉について，またそれが解除される場面について，規定している．これにより，第8図が示すように，それぞれ対等・独立の両性世界が〈家族（近い親族を含む）〉という場でオープンな接点をもつのであり，ここに集合的な〈私〉空間が出現する．男の信者には，女を盗み見して不倫の思いを抱いてはいけない，女の信者には，慎み深くして近親者以外に自分の体の美しさを見せびらかしてはいけない，というのがヴェールやチャドルやハレムの趣旨であり，それらを教材とする教育なのである．

　もっとも重要なことは，伝統の慣性や周辺環境からの圧力に抗して，イスラームが女性の人権擁護の基本事項を法的に規定した点である．女の嬰児殺し（間引き）が禁止され，また女性の遺産相続権が保証された．この後者の点については，クルアーン4章11-12節などに基づき，ウラマーは遺産相続の精密な規定を整備する．イスラームは，長子相続制のような遺産の集中を排して関

係者間の配分に留意するので，男系親族・女系親族など補充的相続人も加えて複雑な規定となるが，法定相続人のうち息子はおらず娘一人だけならば二分の一を相続する．娘二人と父母の場合は娘 A 三分の一，娘 B 三分の一，父六分の一，母六分の一となる．息子一人，娘二人で相続する場合は息子二分の一，娘 A・B 各四分の一となる．女性の場合は，後述の婚姻時の〈マフル〉という条件もあり得ることが考慮されている．西暦7世紀初め，イスラーム共同体〈ウンマ〉の成立が社会的に識別されたのは，上述のような女児殺しを禁止し女性の遺産相続権を法的に確立した集団が出現したということであり，それは人類史上はじめての画期的事件なのであった．

このほか，離婚にあたっての女性の権利規定も，微細にわたる神の啓示として与えられた．離婚する男は，婚姻契約の際渡した婚資〈マフル〉を取り戻すことはできず，離婚後も一定期間の扶養義務を負い，妊娠中の妻を離婚するときは生まれる子の授乳費用を負担すべきである，等々である．そもそも〈マフル〉は，婚姻契約時に二分の一，解消時に残りの二分の一を支払うのが一般である．さらに，女性を中傷や流言から保護する措置も定められた．クルアーン24章4節〈貞淑な婦人を中傷しながら，4名の証人をあげることができなかった者は，80回鞭打て．以後，これらの者は証人となる資格を失う．〉のごとく，セクシャルハラスメントに対する防護が講じられていた．

こうして，公的人格としての女性の立場が明確に問題とされた．相続についてはすでに述べたが，男も女もまったく同等に，財産の三分の一に限り〈ワスィーヤ（遺言）〉によって遺贈を指定することができる．クルアーン2章282節は金銭貸借の記録人，証人に関するものであるが，女性も証人として立ち得ることを規定している．預言者ムハンマドの最期をみとった妻アーイシャは，その四半世紀後カリフ・アリーに反抗する戦闘（駱駝の戦い）で敗れ，捕えられた．イスラームにおけるジェンダー問題については通念の総点検が必要であり，「公・私」問題への安易な読み替えは批判されなければならない．

4. イスラーム的論理の検証

ここでは，(a)タウヒード，(b)イスラーム経済論，の2点について，イス

ラーム的論理の特質を明らかにしつつ，この面から〈公・私〉という問題の立て方へのイスラームの基本的スタンスを検討することにしたい．

(a) タウヒード

アラビア語ではごくありふれた単語である〈タウヒード〉は，〈一つにすること〉，〈一と決めること〉，〈一化〉を意味する．イスラームの基本的立場とは何かと問えば，イスラーム教徒は〈タウヒード〉だと答えるであろう．この場合，それは〈神の唯一性を確信すること〉，言い換えれば〈宇宙万物・森羅万象がおのおのの存在因を《究極の一》に負うものだと確信すること〉ということになる．これは，気も遠くなるほどの多様性／差異性／個別性が〈一に化すること〉，つまり〈多と一の統合〉であり，私が使っている表現法では〈多元主義的普遍主義〉である．

牧野信也『アラブ的思考様式』は，同じラクダをあらわすアラビア語の語彙がラクダの性別・年齢・特徴・用途・状態・群れの数などによってどれほどに多彩であるか，そのごく一部に過ぎぬ33語を例にとって，〈個物の重視〉をアラブの思考様式の特質として論じるが，私は〈タウヒード〉の基礎にあるものとして〈枚挙による個別的認識〉の論理を挙げたいと思う．

したがって，〈タウヒード〉の立場は，二分法（二項対立）的論理に対して厳しい批判を提起する．例えば，「心・身」を二項対立的に扱う見方に対してイスラームは反対する．心のともなわない身体，身体のともなわない心はともに無意味であり，統合的な人間存在をこそ問題にすべきだというのが，イスラームの立場なのである．同様にして，イスラームは「霊と肉」，「物質と精神」，「聖と俗」，「現世と来世」，「政治と宗教」，「国家と教会」，「宗教と科学」，「信仰と行為」，「人間と自然」，「運動と状態」，「自己（自我）と他者」，「全体と個（あるいは部分）」，等々の二分法の問題の立て方を批判する．それゆえ，二項対立としての「公・私」の設定も，イスラームにとって異議申し立てを解除すべき例外ではない．

ここでまず，〈ファルド（個）〉的存在の意義づけが検討されなければならない．神が創造したすべてのもの，すなわち時間・空間を含むいっさいの被造物にとって，創造主＝神との関係こそが問題なのである．そこで被造物のあるべ

発題III　イスラーム思想史における公と私　119

き秩序として，〈イスラーム（無条件の帰依・服従）〉というあり方が定められた．ここから，イスラーム教においては，a. 一頭の羊のイスラームも，一木一草のイスラームも，太陽のイスラームも，一個の人間としての私のイスラームも，神の前ではみな対等なのだということ，さらに，b.〈個〉として存在する被造物が相互にとり結ぶ関係性もまた，神の前に〈イスラーム〉化されなければならないということ，が教えられる．このことをより深く理解するには，創造と終末における〈ファルド（個）〉にあらためて着目する必要がある．

　徹底的に〈個〉的な〈存在〉が全体の中での〈関係〉とともに創造されるという点が重要である．〈個〉的とは差異的ということである．異なるものが相互に繋がり合うから個別性が生じる．クルアーンが宇宙は〈アーヤ（徴）〉にみちみちているというのは，個別性・差異性が充満するファジー集合としてのこの宇宙の森羅万象をいわば現象学的にたゆみなく枚挙しつつ観察することによって〈イスラーム〉へと導かれることを指している．

　イスラームが，現実を精神的に超越する悟りなどによってではなく，神の創造した〈世界〉の多様性を客観化して理性的に観察し研究することこそ，真理へのアクセスだと説くことは，注目に値する．しかも，関係性の創造への視座は〈共生〉の生態系の認識へと導くであろう．

　イスラーム教徒は，神が創造の仕事を終えてあとは休んでいるのでなく，つまり例を人間にとれば，神がアダム〈アーダム〉とイヴ〈ハワー〉を創ったのち人類はみずからの生殖行為によっておのずと増えていくというのではなく，神の創造の仕事は休みなく続いているのだと信じている．ありとあらゆる個体・個物が創造され，人間の行為が創造され，ハイテクのフェムト秒の計測や操作など足元にも寄れないような瞬間が創造されている，と信じるのである．

　神の創造につぐ創造という場合，〈無からの創造〉がいかにあり得るかについて，ウラマーの間で論争の歴史があった．人間が創られるときには，泥（土），一滴の精液，血の塊りという素材があって，人間とはいえない状態から人間になる移行のプロセスがあるとされている（クルアーン76章1節）．われわれの知識に合わせていえば，社会の中の人間，人体の中の臓器，臓器を形づくる細胞，細胞の中の核やミトコンドリア等，そして分子，元素，原子，原子核，素粒子…と，A. ケストラーの用語を借りればホラーキー構造，すなわちど

で切ってもかならず全体性とともに部分性が宿っているような層状連鎖の，ある（また，いくつかの）特異点が〈ファルド〉つまり〈個〉的存在なのだ，ということになる．宇宙万物の個別性は，そのような特異点において生じる．神が関係性をも創造するというとき，もろもろの〈個〉の共生や相互依存だけでなく，特異点としての〈個〉を成り立たせている構造の総体が，関係性として創造されてもいるのである．

関係の中に創造された〈個〉にとっては，〈公〉であることは〈私〉を徹底することであり，〈私〉であることは〈公〉を徹底することであって，〈公〉的あり方と〈私〉的あり方とを統合する，つまりこの場面での〈タウヒード〉の実現こそ，イスラームに生きることなのである．

エスカトンとしての世の終末，すなわち審判の日には，死者が甦らされ（再度の創造），善行と悪行が秤にかけられる．クルアーンにおいて，神は商業用語を駆使して警告する．終末がカタストロフィであるのは，〈個〉が全面的に〈公〉的存在と化するという事態のためである．関係的・社会的存在だった〈個〉が，みずからをとり巻く関係性を解体されて，いわばむき出しの〈個〉としてとり出され，〈個〉としての神に対する説明責任（〈マスウーリーヤ〉，アカウンタビリティ）を問われる．それまでの存在と関係の〈タウヒード〉の実績について，〈公・私〉の〈タウヒード〉の責任担保について，帳尻を確かめる決算が行われるのである．

(b) イスラーム経済論

クルアーン2章275節〈神は商売を許し，利息をとるのを禁じたもうた．〉によって，利子生みの活動は禁止されるが，経済活動は人間としての全面的な自己開発のための努力〈ジハード〉として評価される．クルアーン53章39節〈人は誰でも，自分で努力したものだけを得る．〉は，貪欲／富の退蔵／利子生みを排撃しつつ，正当・公正な経済行為のイスラーム的意義を積極的に認めるものである．

あらゆる被造物が被造物として神の前に対等であることと矛盾しない形で，クルアーン2章30節は人間〔個人／集団〕が地上における神の〈ハリーファ（代理者，エージェント）〉であるとしている．そのような立場において，人間

第9図

在　来　型　　　　ムシャーラカ

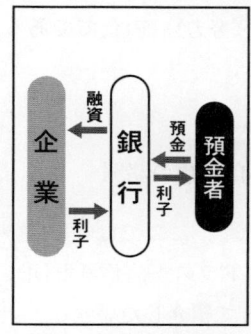

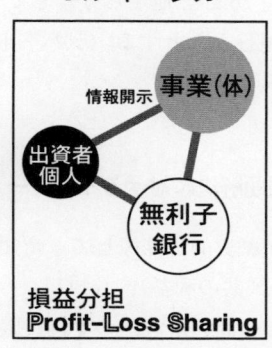

出所：板垣作成．

は神からの〈アマーナ（委託物）〉である資源の活用・保持の義務と責任をもつのだ，という．人による〈私的所有〉とその権利は，この〈アマーナ〉に関する義務・責任とつねに関係づけるようにして説明される．環境・生態系と調和する公正で節度ある経済活動への要求も，これに関連する．

　イスラーム経済論の重要な柱は，(a)福祉目的税としての〈ザカート（喜捨＝公共福祉税）〉の制度的充実であり，(b)不労所得としての〈リバー（利子）〉の禁止，それにともなう無利子銀行の活動であり，(c)情報ネットワークを通じたコミュニケーションの増殖による〈ムシャーラカ（パートナーシップ）〉の展開である．すでに述べたように，喜捨＝公共福祉税は個人の宗教的義務〈イバーダート〉の一項目であり，「かね」に「かね」を生ませる利子生み活動は知力・体力をフルに発揮して人間としての全面的開花をめざす努力とは相容れない不真面目さ・堕落・不信仰の行為であるとして神が禁止するところである．無利子銀行と〈ムシャーラカ〉は密接に関連するので，上記の(c)は(b)の一環として理解することも可能である．第9図が示すように，出資者としての個人と銀行と事業プロジェクトが連携・協同し，各パートナーの自己責任において損益が分担される（PLS方式）．このような情報の公開と共有，出資者の責任ある参加によって，利子生みが回避されるだけでなく，〈私〉の〈公〉化および〈公・私〉の統合を達成することができる，と考えられている．ここでは，いわば高度情報化人間こそイスラームにおける人間の理想というこ

とになろう．イスラーム経済論は，人間のホモ・エコノミクス化の性向を自覚しつつ，「経済」分野を他から分割して一人歩きさせることを拒否して〈タウヒード〉を実現しようとする〈ジハード（努力）〉の企てであるということができる．

5. 公共的問題解決に対するイスラーム的知恵の諸例

イスラームが歴史的に発揮してきた知恵を，ここでは(a)ヒスバ（勧善懲悪），(b)マスラハ（公共の利益），(c)ワクフ（トラスト，信託財団），(d)都市における居住をめぐる問題解決，の4例に限って紹介したい．

(a) 勧善懲悪を意味した〈ヒスバ〉は，現実には，警察の機能を指すだけでなく，むしろたえず商業活動の公正を保障する管理・監督に結びつけて理解されてきた．〈ヒスバ〉の担い手としての〈ムフタスィブ（市場監督官）〉は現在もなお健在であり，ソ連解体後のウズベキスタン共和国では，ブハラやサマルカンドのバザールにあらためてムフタスィブが復活した．

(b) イスラーム法学〈フィクフ〉における重要概念である〈マスラハ〉は，法学上の判断の拠るべき根拠の一つとして，膨大な論議・検討の積み重ねを通じて確立された．前述のウラマーの合意に盛り込まれた社会的合意〈イジュマー〉や類推による推論〈キヤース〉において，このマスラハ〈公共の利益〉という概念は正当かつ有効な判断基準として活用され，神の命令を聴き分けることに役立てられてきた．

(c) イスラーム法学において特徴的な財産寄進制度である〈ワクフ〉は，個人財産を神に寄託する法的手続きによって，その資産から生じる収益を，宗教的／教育的／社会福祉的諸分野の特定公共施設の維持・運営上の特定目的のために，永続的に充当することを保証するトラストつまり信託財団である．国家は，このような〈神の財産〉に対して，課税はもちろん，いかなる介入・干渉もなし得ない．例えば，現在のエルサレム旧市街の景観のほとんどは，千年を越えて形成されてきた〈ワクフ〉群のコングロマリット的集合に支えられていると言ってよい．カイロ，ダマスクス，アレッポ，イスタンブル，エスファハーン，バグダード，カイラワーン，フェース，マラーケシュ等々の都市は，

〈ワクフ〉と切り離しては語れない．広くイスラーム世界において，モスク建設とその維持・運営，病院，孤児院，公共給水場，学校，そして学生の奨学金など，このトラストの制度に負うところが大きいのである．日本人イスラーム教徒がカイロのアズハル大学に留学するさいの奨学金は，数百年前にカイロで死没した富裕な未亡人が生前ジャワからの留学生のために設定した〈ワクフ〉からの恩恵にあずかる形で運営されている，とのことである．

(d) 都市のハビタットに関して，その公共空間とプライバシー空間とをどのように設計するかは，もっとも重要な問題である．建築・都市計画上のさまざまな問題，すなわち道路の幅員・高さ，境界線，建物の隔壁，原状変更や修理をめぐる利害関係人の不一致，煙・騒音・悪臭などの害，プライバシー侵害，その他，に関するさまざまな紛争をどのように解決・処理するかについて，イスラーム法適用上の知恵が蓄積されてきた．ベシーム・ハキームの著書の邦訳（佐藤次高監訳）『イスラーム都市，アラブの町づくりの原理』の中で，アラビア語対訳部分を見ると，クルアーン，ハディース，その他が問題処理の拠るべき根拠としていかに巧みに活用されたかが分かる．そして，それが20世紀末の日本社会の現実にも通じる普遍性をもった知恵であることも理解されるのである．

6. 結　　論

これまでの検討を経て，暫定的結論として以下の諸点を確認しておきたい．

(a) 「おおやけ性」認識そのものをイスラーム化する要求がたえず働く

万物の創造者・支配者であり終末の主宰者である神に対し，つねに人間のアカウンタビリティが問われる地点で，〈公〉が問題として発生する．〈頸動脈より近く〉にあって〈よく知りよく聞きたもう〉神の前に，あらゆる意味で，個人情報は公開され記録されている，つまり神様は全部お見通しだ，という状況認識から逃げられないところでは，自己の存在がただちに，それ自体として〈公的〉存在と意識されるのである．被造物一般の存在とこれを取り巻く関係性が，神との関係によって規定されるのだということ，さらに被造物宇宙の環

境を無視して人間関係・社会関係の場にのみ視野を限定してはならないということ，これら〈タウヒード〉の教育とそれにともなう確信が，〈公〉のイスラーム化の要求を導くことになる．ここでは政府や為政者が設定する「公」はまったく色あせる．

(b) 歴史的に〈公共性〉の観念を成り立たせてきた土台として，イスラームのアーバニズム・近代性が注目される

イスラームのアーバニズム・近代性の展開において注目されるのは，〈アダーラ（公正・正義・つりあい）〉と〈マスラハ（社会成員全体にとっての利益・福利）〉という観念が基軸的な意味をもっていたことである．国家的秩序とは別次元で，むしろそれを離れたところで，〈公共性〉の場が存在し機能することが予定され，〈アーンマ（一般の人々）〉がその担い手であり受益者でもあることが認知されてきた．毎週金曜日の昼に金曜モスクで行われる集団礼拝こそ，〈アーンマ〉の〈公共性〉がもっとも印象深く象徴される場なのであって，国家は出る幕がない．為政者も信者の一員として集団礼拝の列に加わるのみである．いかに恣意的暴力をふるう凶暴な政治権力であっても，人民の合意の上に成り立つ〈イマーマ（指導，指導者性）〉であるという装いが必要だというイスラーム的原則に縛られていた．

クルアーン5章44節の末尾〈神が下したもうたものによって裁かない者どもこそ不信の徒である．〉，同45節の末尾〈神が下したもうたものによって裁かない者どもこそ不義の徒である．〉は，神の啓示に基づかない統治者を不信仰者だとする，今日のいわゆるイスラーム原理主義者らがたえず引用する章句である．これは，クルアーン13章11節〈神はある民族が自分の状態を変えないかぎり，彼らの状態を変えたりされない．〉とともに，インドネシアのスハルト大統領の権威を脅かすものであり，エジプトのムバーラク大統領，シリアのアサド大統領，イラクのサッダーム・フセイン大統領も，これらに照らせば，みな足元は危機的だということになりかねない．統治のレジティマシーを鋭く問いなおす〈公共空間〉が，ウラマーの学知の活動から庶民の〈ヌクタ（痛烈な政治批判を含むジョーク）〉の世界まで拡がっている．

〈ダール・アルイスラーム（イスラームの家）〉と観念される〈公共空間〉で

は，イスラームのウンマと社会契約関係によって結ばれた他宗教のコミュニティ群およびそれらの成員が，本来的に不可欠の構成要素として厳存することが自覚されていることも見落としてはならない．この世には神によって定められたn個の宗教が存在するということを現実として承認するところに，〈公共性〉が生じてくるのである．

(c) 〈私〉領域は〈公〉領域を蚕食する

神と向かい合う個人の主体的・自律的立場がおかすことのできない〈私人性〉の根拠として強調される．しかし，同時に個人主義に基づく〈私的〉領域の拡大・増殖は避けがたい人間的現実であるということも，また強く自覚されている．

〈私的〉領域の囲い込みと確保，〈私〉権の擁護と拡張のために，さまざまな論理とプラクティスが開発されることとなった．その主要戦略は法学上〈ヒヤル〉と呼ばれる〈法的トリック〉であって，それはシャリーア的枠組みの転用あるいは辻褄あわせであった．

その代表例は，〈家族ワクフ〉である．先述のように公共目的で〈ワクフ〉を設定するにあたり，設定者がみずからの子孫を受益者あるいはトラスト管理者に指名することにより，相続にあたっての資産分割を回避して一族の財産をまもる手段とするのである．しばしば，これが地主制経営成立の基盤となった．また，別の例としては，質入れ契約の多様な形態を開発することにより，実質的な抵当を実現する方式が挙げられる．利子を禁じるイスラーム法のもとでは抵当権は本来は認められないものだったが，19世紀エジプトにおいて，シャリーア体系の全一性・自己完結性を否認し破壊するヨーロッパ諸国が主導して設置された混合裁判所がヨーロッパの法典に依拠して抵当権を正式に導入するにいたるよりもはるか以前に，限りなく抵当権に近づく質権の諸形態がすでに土着のイスラーム教徒の手で，しかもイスラーム法の枠組みを利用しつつ発明されていたのであった．

さらに，さきに述べたように，〈ウムール〉の「公的」機能を請負や「持ち分」権の下降的分割という形式で拡張し増殖させることは，おしとどめがたく〈公〉領域の虫食い化，あるいは〈私〉領域のスプロール現象を結果すること

(d) 〈ハリーム（女性の居住空間）〉に代表されるプライバシー空間を社会的〈私〉領域として保護する装置の重視

それぞれ自立的な男の世界と女の世界とが〈家族〉という集合的な〈私〉空間において接点をもつことはすでに述べたが，そのような集合的〈私〉空間の確保・保全という課題が〈公共性〉実現の鍵であることが強調される点には，特別の注意を払うべきである．

(e) 〈公・私〉の対立，〈公・私〉の双方向的相互浸透，さらに両者の間の逆転現象という現実に対して，厳しい反省の目が向けられる

世界の終末というカタストロフィに向かって，〈個〉としての人間存在は，〈私的〉であることによって〈公的〉であり，〈公的〉であることによって〈私的〉であるというアポリアを耐える〈ジハード（努力）〉に突き進まなければならない．ここでは，〈公〉と〈私〉との緊張関係をはらんだタウヒード的〈統合〉という課題が強烈に自覚されることになる．イスラーム教徒は，〈アッサラーム・アライクム（あなたの上に平和があるように）〉と挨拶をかわす日常の中で，〈私人〉であり〈公人〉であることのタウヒード的〈統合〉の課題への取り組みの困難性にひるみつつ，〈公〉と〈私〉とをバランスよく（適正・公正なつりあいがとれるように）配分・配置することのできる節度と知恵が授けられるよう，ひたすら神の〈ヒダーヤ（導き）〉を希求するのである．

注　本発題の中で登場する人名，事項名等の原綴については，『イスラム事典』（平凡社）および『イスラーム研究ハンドブック』（講座イスラーム世界・別巻，栄光）のラテン文字転写を参考にしてください．

発題III を受けての討論

藪野祐三　西洋的なキリスト教の考え方からすると，宗教というのはすべて私的なことであると思うのです．宗教そのものが非常にプライベートなものであり，宗

教戦争もあれば「信仰の自由」もある．キリスト教の場合は，イエスが捕えられようとしたときに，神のものは神に，皇帝のものは皇帝にというように，いわゆる政治と宗教との分離をやったわけですね．

イスラーム教でも仏教でも公的に布教活動をやっているわけで，それを「パブリック」と言ってしまえば「公」なのですが，イスラームの場合に，ある一つの外圧に対して内面を守っていくという意味での，世俗権力に対する宗教権力とでもいうべきものとの対立軸が見えるのかどうかをお尋ねしたいのですが．

板垣雄三 イスラームでも例えばムルク（王権）という実際上の世俗権力が様々に展開するという歴史がある．しかし建て前としては教会と国家とか，政治と宗教とかという分け方をしてはいけないというのがイスラームの基本的立場だ．例えばカリフとかスルタンが世俗的な権力を持ってしまう場合も含めて，そういう権力が働く場面を宗教的な意味で成り立たせているのがバイア，つまり毎週金曜日に信者の共同体が全員で，その人でよろしいと確認する．そういう意味でイスラーム的に正しい権力だ，政府だということにするわけです．

金泰昌 板垣先生の述べられた「終末のカタストロフィとしての意義」（社会的存在としての「個」をとりまく関係性の解体→むき出された「個」ごとのマスウーリーヤ〈アカウンタビリティ・責任〉が問われる）というところが，私は大変大事な問題だと思う．

イスラームにおいて普通一般論としては「公」と「私」を分けるのには厳しく批判的だと先生はおっしゃいましたね．ある意味では普通に日常生活をしている間は国籍の相違の問題などもあまり意識していない．しかし，これがどういうときに問題になるかと言うと，一種のカタストロフィになったときにだ．

例えば今我々は資本主義市場経済と法治国家という枠組みの中に住んでおり，その世界での公私ということが主な議論の対象になっている．ではそのときの認識と判断の主体は誰なのか．それが行動と責任の主体になる．発動主体は誰であるかを確定しないことには責任を負うべき帰属の主体につながらない．そういうときに例えば一人の人間が主体になるわけです．あるいは重大な関係をもつ或る種の集団が責任帰属の主体になる場合もある．

裁判になれば，何に違反したから違法なのだということを見極めることになる．裁判では「私」と「公」が画然と分かれ，「公」によって「私」に違法があれば裁かれる．そうすると（「信教の自由」との関係で）反論が出やすいのは，「法」によって裁かれたくない「私」（プライベート）もあるのだという主張だが，果たしてそれがどこまで許されるのか．オウム裁判などはまさにそういうことだ．裁判の結

果として，これは自由で神聖不可侵な「プライバシー」の領域だということが明らかになるとしても，明らかにするためにも公的な手続きをとらない限りその判断が形成されない．

　板垣先生がおっしゃった中で一番肝心なところの一つは，やはり我々が今，「公」と「私」の問題を初め，「個」と「全体」の問題とかいろいろな二項対立的な見方が出てくるのは，カタストロフィではない場合です．そういうとき（平穏無事な事態）は一応どういう文化圏であれ，西洋近代ですら，これらを分けて考えるということはそんなに意識的にしていなかったと思う．

　カタストロフィのときに，むき出しにされた個とそのアカウンタビリティが問われる．それは板垣先生のお話をお聞きすると「神」に対してアカウンタビリティを持つようなのだが，公共性との関連で言うと，例えば「世代に対する責任」はどうなのか．今我々が行っていることが次の世代に弊害を与えるとしたら，イスラーム的に考えた場合，次の世代に対して責任があるのでしょうか，ないのでしょうか．

　もう一つは，例えば科学の研究の成果が弊害をもたらすことになったときに，誰に対して責任を問うのかという問題だ．科学者が集まったときにその議論をしたことがある．この問いに対して，ある科学者は「究極的に科学者共同体に対して責任を負うのだ」と答えた．しかしそれはおかしい．それは「科学者共同体」のエゴです．それは「私」なのです．もっと広い国民全体というか，地球人全体に対する責任を負わない限りあまり意味がないのに．

　そういう意味での責任はどうなのか．ただ「神」に対する責任ということだけでいいのか．責任を負う相手の中に「人類」も入り，「世代」も入り，一切が入ってしまうという言い方をしてしまえばそこから前へ進まないが，そうではなくて，もう少し確然とした見方が何かあるのかどうか．それを教えていただければ有り難いと思います．

板垣雄三　金先生は今，質問の形で大事なポイントを指摘して下さったと思う．

　全部神様との関係に預ける．このことは本当は大変厳しいことである．しかし神様との関係の問題に預けてしまうことによって，イスラーム教徒自身もいい加減になり，堕落してきた，そういうことなのではないでしょうか．

　ただ理屈の上では，そういう将来世代の問題に関しても，環境その他の問題に関しても，それらは神との関係の次元で非常に重要な問題になるという装置にそもそもなっているのである．しかし，それにもかかわらず，タウヒード（一つにすること）を強調してきたはずのイスラーム教徒自身が，イバーダート（宗教的義務）とムアーマラート（社会的義務）の結合の人間論的な問題処理というか，誤魔化しに

絶えず落ち込む．そういうことがあるだろうと思う．

宇野重規 今日の板垣先生のお話の中で，様々なアイデンティティの複合を許す，その複合の中での組み替えを許すというようなことを聞いて，なるほどと思った．昨日の話にもあったように「パブリック」という概念には様々なアイデンティティの複合を許すというか，それを包み込む空間をつくるというようなニュアンスがある．そういうことを思い知った．

そのことに関連して少しお伺いしたい．この場合のアイデンティティの複合というのは，私のイメージではイスラームの場合はかなり同心円的，つまり家族の場合もアダムから延びてきていて，どの段階の先祖を選ぶかで集団が決まってくる．それから宗教の場合も，最初に「神」の啓示があり，そこからどの段階の預言者まで認めるかで変わってくる．こういう論理であって基本的に非常に同心円的かつ連続的であるというのが，今日のお話を伺った印象的なイメージです．ですから二項対立的な「公」と「私」とか，「外面」と「内面」とか，「公的」と「私的」とかという区別をしないで，いつももう一段階，もう一段階，もう一段階というような論理であるというように私はお聞きして理解した．

これはいわば「人類みな兄弟」という部分が最初からある意味で組み込まれている論理であって，聞いていて「ああ，うまいな」と思う．いろいろな複合があるが，同心円というのを押さえ込んでいる．その意味でイスラーム教というのはかなりよくできている宗教だと思いました．

反面，お伺いしたいのは，非同心円的な存在というのも世の中にはあるかもしれないということです．必ずしもアダムで括られていない，そういう人もひょっとしたらいるかもしれない．同じ家族，同じ宗教として括れない存在というのは，このイスラーム論理から認められ得るのかということだ．さらに，もしそういう存在がいた場合にどうするのか．

つまり，「パブリック」という概念も同心円的に括り込んでいくという論理もあれば，全然違っていて相共有するものがない場合もあることを前提にして，それを包み込む「パブリック」をつくろうという発想もあると思う．

板垣雄三 イスラームでは，例えばジン（精霊）というものの存在を信じていることになっている．これもやはり神の被造物で，それ自体が一つの社会というか，世界を形づくっている．我々からは見えないだけで，その考え方でいけば，この部屋の中にもどこかにジンがいて，我々の動きを見たり，介入してきたり，ちょっかいを出したりしているかもしれない．それをこちらが自覚していないだけである．今，アダムに繋がるのとは違う存在というお話を聞いて，すぐにジンのことを思い

出したりした．

　「人間」ということで言えば，アダムという出発点を持っているのはイスラームだけではない．この点ではユダヤ教もキリスト教もイスラーム教もみんな一緒なわけで，イスラームの論理に関することというようには限定できない．この約束はかなりきつい約束ではないだろうか．

　ただ同心円と言われたが，もっといろいろ自由な組み替えがあり得るわけで，バヌー何々というような括り方あるいは集団意識そのものも，擬似的な血縁意識であって，決して単純な血縁で成り立っているものではない．もっと自由に外部を取り込むということが行われる．だから，そこはあまり同心円とばかり考えなくてもいいのではないかと思う．

金泰昌　全て同心円的であるということをあまり強調すると，「公」はあっても「公共」の意味はなくなるかもしれない．しかし，「パブリック」というところに「公」的な面と「公共」的な面を一緒にして，溝口先生がおっしゃったように，これをつながりとしての「公」というように捉えたとき，中国思想史でずっと一貫して「通じる」という意味で使われている「通」とか「共」とかに意味が出てくる．こういうものが繰り返し強調されるのは，ある意味では，大きく宇宙全体を見て同心円という見方も成り立つが，しかし実際は必ずしもそうではなく，全然違う存在がバラバラにあるからこそ，何かその間で起こる紛争や葛藤や，そういうものをできるだけより高い次元から解決していく必要に迫られる．そういうときに「私」と「公」の問題が出てくると思うのです．

　ですから同心円的な見方だと，溝口先生がおっしゃったように「公」を二つの軸に分けると，軸の一方だけが捉えられてもう一つの軸の方が排除される．日本に伝わったときと同じになって，上の方に合わせるのが「公」で，下の方は「私」になるような形になってしまう．それなりの論理はあるが，横につなげる「公共」というところがあまり必要ではなくなるのではないか．

　同心円ということで私がつくづく感じるのは，日本での経験と，例えば他の国に行ったときの経験で違うのは，日本では「和を以て貴しと為す」という，聖徳太子以来の一種の「和」尊重思考があって，それが一つの流れとして社会全体を包み込むようなところがある．それは日本人だけが，日本という島で長い間住んできたという共同体的な生活空間の特色からそのようになるという論理もあると思う．

　しかし，最初から異民族が一つの空間の中で一緒に住まざるを得なかった場合は，同心円的な要請はあるが，事実として，現実として，果たしてそういう見方だけですむのか．

「パブリック」「プライバシー」ということを考えても，どうしてもそこが文化圏ごとに違わざるを得ない一つのポイントになるのだなという感じだ．
　つまり一方には共同体志向の公共性の考え方があり，もう一方には脱共同体志向の公共性という考え方がありうるということです．
　今，宇野先生も同心円ということに対する疑問をあらわされたが，それは要請ではありえても現実ではありえないということではありませんか？
　もしかしたらイスラームが，砂漠でばらばらに散らばっている移動民族を何か一つにまとめる必要があって，それをアダム以来すべて兄弟だというようにしないとまとまらなかったということではないでしょうか．

板垣雄三　アイデンティティ複合（多様な自分）という話と「一と決める」（タウヒード）などのイメージから，同心円的な感じで私の話が受け止められたのかなあという気がする．今，金先生のお話のように，イスラームにとっての都市ということになると，そこで一番大事な点というのはタウヒードだと思う．「一」だと決めるところでの「多」と「一」の統合においては，同心円という考え方とは全く違う論理が働いている．むしろ先程の「公共」に近いのであって，蟻一匹も，野の百合一本も，太陽も，一頭のラクダも，それらが気も遠くなるほど多様に存在する場で，自分というものも，千差万別の差異性の中にある自分である．そういうことになると，同心円などの話とは全然違う次元の話になっていくと思うのです．

花岡永子　板垣先生はイスラームの社会的義務（ムアーマラート）のところで，「正当な理由なく人を殺さない」というのを引かれているわけだが，これは結局「パブリック」と「プライベート」，「神の国」と「この世」，「聖」と「俗」の区別がないところでのイスラームの考え方なんでしょうか．

板垣雄三　そうです．文字通りそうです．神にあい対してこの現世を最も現実的に生きていく上でどうするのかという，そういう考え方だと思います．

花岡永子　では神のためが「パブリック」ではなくて，また私事が「プライベート」ではなくて，全くそれがこの世の次元という，そういうイスラーム独特の考え方でしょうか．

板垣雄三　この世をどう真面目に生きるかということが来世につながっている．

花岡永子　そうすると「聖」も「俗」もないような両者の根源のところで「聖一つ」，あるいは「俗一つ」というようなところで考えられているということですか．

板垣雄三　聖俗の二分に反対なのです．

間宮陽介　先程，「同心円」が人間と神の縦の軸という少し堅苦しいようなイメージで捉えられていたが，私の場合はむしろ「人」と「人」というか，例えば「都

市における居住をめぐる問題解決」というところですね．

　都市論ではよく公共空間としてのイスラーム都市というのがあげられ，いろいろなバザールとかがあげられている．テレビなどを見ても同心円的というイメージとは全然違う．先生にお聞きしたいのは，都市における居住でシャリーア（神授の法）的解決とあるが，都市におけるいろいろな公共的な問題の解決，あるいは都市自体が何か一つの公共的な空間というものをつくっているような気がする．それとイスラーム教とは何か接点というか，関係はあるのでしょうか．

　板垣雄三　実は十年程前まで数年間，文部省科研費重点領域研究として，私が領域代表者になってイスラームのアーバニズム（都市性）についての共同研究プロジェクトを実施しました．そこで取り組もうとしたことは，今まさしくご質問になった点だろうと思う．そこで答えが出たというわけではまだありませんが．

　それに関連して最初に申し上げておきたいのは，従来の「都市」に関する議論というのは著しくヨーロッパ中心主義で，ヨーロッパの中世都市をモデルにして考える，ということが出発点としてあったと思う．そういう都市の典型からは外れた別の種類の都市として，「イスラーム都市」という概念が作り出されてきた．これは20世紀の半ばあたりのことで，殊にフランス人研究者によってマグレブ都市の研究といったものが社会学的に展開される．そういう中で「イスラーム都市」という概念が構築されたのです．

　ある独特のタイプの都市としてイスラーム都市というものがあり，それは複雑に入り組み曲がりくねった街路に背を向けるように，外側に向かっては閉じた中庭付きの異様な家屋が立ち並ぶ迷路・迷宮の真ん中に，金曜モスクがあり，マドラサというイスラームの大学があり，スーク（市場）がある．外周には城壁と城門がある．そんなある種のイスラーム都市のタイポロジー（類型学）がつくられた．

　しかし実際にはイスラーム世界の中にはいろいろな都市があるわけで，中央アジアとかインド亜大陸，アフリカ，中国…で様々．バルカンはボスニアのサラエボもムスリムの都市だ．土地ごとにいろいろな都市の形がある．ただし，都市についての考え方とか，都市を生きる市民の生き方とか，そういう点ではかなり共通した基準というものが観察できる．

　例えばムフタスィブ（市場監督官）という制度がある．また礼拝をどうするか，断食月にはどうするか，そういう類のことで様々な都市が形態的にもある共通の特性をもったムスリムの都市として展開する．「都市」を生きる生き方ではイスラームのある一つの原則的な考え方（イスラームのアーバニズム）が広がっていく．こういうところに私自身は重大な関心を寄せています．

ではイスラームにおける「都市」の考え方とは何か．あるいは都市的に生きるとは何であると考えるのか．また都市を生きる人間こそイスラームにおける人間の理想像だということの意味をどのように考えたらよいのか．それは古代ギリシア・ローマからのどのような発展だったのか．都市に住む人間が普遍的に遭遇する問題を処理する方式として，どのようなイスラーム法の適用の仕方が開発されてきたのかというような問題も考えられるべきだと思う．

「都市」を発明したのはメソポタミアだと思う．西アジアの長いアーバニゼーションの歴史の中のイスラームを，脇から観察するという立場に立っての話になるが，イスラームという宗教は数千年来，ウルとかウルクとかいった古代メソポタミア都市にはじまり，遺丘となって累積してきた都市の歴史の中で，しかもソドムやゴモラのような都市の滅びを経験してきた中で，いわばアーバニズムの一つのイデオロギー的達成として出現したと考えることもできるのだと思う．

したがってイスラームと都市という問題を考えるときには，かなり大きなパースペクティブをもつべきで，それは20世紀末の現在は世界全体がアーバニゼーションに覆われている，そういう中で出てきている一般的な問題に対して，イスラームがいったいどういうメッセージを送っているのかという考え方にまで拡がるのではないかという気がしている．

小森光夫　「4. イスラーム的論理の検証」というところで述べられている「多」を前提するゆえの「一」化ということに関連して，国際関係論的な側面からお伺いします．イスラーム世界あるいはイスラーム諸国から見て，他の国際問題との関係では統合化の方向性というものを理念的にはどのように考えているのか．また統合化の中でどの程度の強さを確保しようとしているのかをお伺いしたい．

国際法の世界で言うと19世紀以前のイスラーム世界というのは野蛮国である．例えばマルテンスの本にも出てくるように，「捕虜の待遇を戦争で認めないような国は野蛮国である．したがって，国際法の主たり得ない」という扱いで，国際法の当事者になり得ない．そこで「キリスト教国」であるというのを幾つかある国際法上の条件の一つとして入れた．

ところが1856年の露土戦争のあとのパリ宣言では，条約を結んでしまったために，キリスト教国という基準を外さざるを得なくなる．そこで「文明国」というようにしたが，その文明国という概念を維持することが難しいので，ヨーロッパ的なイデオロギーに支えられているというところは実質を全部取り外してむしろ形式的に扱おうとしていくわけです．

そのようにして，かつて自分たちが持っていた実質基準を状況に合わせてどんど

ん失っていくわけですが，ヨーロッパが提示してきた国際法の世界から見ると，イスラーム世界が統合化されていく．適用の範囲を広げるということは統合されるという意味になるのですが，イスラーム世界はそのことをどれぐらいの強さで説明しようとしているのでしょうか．

もう一つはそれと関連して，イスラーム経済論には様々な規律がある．例えば外国資本を導入して経済活動を行っていくということについて，それを原理的に説明するということと，国民に対してそれをどのように説明するのかということを，もしよろしければお伺いしたいのですが．

板垣雄三 イスラーム教徒の世界認識では以下の三分類が問題になります．

ダール・アルイスラームは様々な宗教コミュニティがそれぞれの自治を保持しつつ，イスラーム共同体との間で安全保障の契約関係を安定的に結んでいる．これが「イスラームの家」地域（ダール・アルイスラーム）である．つぎに，そのような契約関係に移行する過程にある「平和条約の地域」がダール・アッスルフ，そういう契約関係がまだ成立していないか全く問題にならないところをダール・アルハルブ（「戦争の家」地域）という．このように世界を三つに分けて考える．

ダール・アルハルブ，つまりイスラーム世界の安全保障ネットワークの外側にある地域に対しても，例えばフランスのキリスト教徒に対しても，彼らフランス人がオスマン帝国の領域，つまりイスラーム世界にやって来て活動するという場合，外交や商業活動において，また地中海を航行する船舶の安全などの問題において，ある種のコンセッションとして特権を認めて安全を保障する．そういう形で，宗教が違う者同士の関係でもちゃんと法は働いているのだということをヨーロッパ人に教えたのは我々なのだと，イスラーム教徒は考えるわけだ．

だから，国際法（イスラーム法におけるスィヤル）の考え方は，自分たちがヨーロッパ人に教えたのであって，確かにその後19世紀以降になると，おっしゃるとおり現象的には，ヨーロッパの国際法的秩序というものの中にイスラーム世界が統合されていくという過程があることは否定しようもないわけだが，ただ国際法的秩序の全く外側にあったイスラーム世界がようやく文明化されて，国際社会の中に引き入れられ，教育されていく，というようなこととは違うというのである．

捕虜の問題に関しても，これは歴史の問題になってしまうが，サラディンの事例となると，これにはヨーロッパ人は何も言えなくなってしまう．確かにイラン・イスラーム革命の中でのアメリカ大使館占拠・人質事件とか，湾岸戦争のときのイラクがとった人質とか，そういう話になると，「この連中は国際法のコの字もわからないどうしようもない人たちだ」という話が出てくる．しかし，いわゆるオリエン

タリズムといいましょうか，なぜヨーロッパ側でイスラームを一生懸命非文明化して扱わなければならないか．なぜ野蛮国扱いを一生懸命することになるか．イスラームというと，その途端やたらとムキになって，非常にエキセントリックに敵対的にならざるを得ないのはなぜなのか．ここではヨーロッパ側が二分法的にヨーロッパ対非ヨーロッパ，ヨーロッパ対オリエント，ヨーロッパ対アジアと分割して考えるところで，イスラーム的アジアに対する態度の問題が基調をなしている．お話をずらしてしまうような感じもしますが，国際法的秩序への統合という問題をめぐって，イスラーム教徒の側がどう反応するかということとその背景は，絶えず考えに入れておかなければならないということを指摘しておきたいと思う．

小森光夫 植民地化されたイスラーム国もある．第二次世界大戦後の例を見ればわかるように，そういうことから解放されなければいけないということもあるのだろうが，基本的にはヨーロッパ国際法の基本原則に則って，自らの立場を保護する方向を選んでしまっている部分がある．確かにイスラーム国際法というイスラーム世界に通用するような法律を，彼らの中の秩序として作ろうとしています．

板垣雄三 かつてはですね．

小森光夫 それ以外に対しては，どういう利益を保護するかという点で見ていくと，今説明された過去の歴史とそういう正当化の仕方とか，ヨーロッパ的な態度の問題性ということは抜きにして，現実的な選択でいく．「国家の権利」というものを基本に作り上げた国際関係の中に入っていくという選択を選んでいく．その部分をどう説明していくかという問題が出てくるかと思いますが．

板垣雄三 19世紀以降の世界の現実の中で，公正への要求から現状の不正を指摘するものとして，ズルムという概念が非常に重要さを増す．

私の発題資料には，批判されるべき社会悪として挙げられるもののうち，アサビーヤ（部族根性）とか，ムナーフィクーン（偽善者たち）などと並んでズルム（不正）という概念がある．ズルムの反対概念がアドルで，アドルはちょうど秤にかけて釣り合いがとれている状態に象徴される公正というものだ．社会的な正義といってもよい．ヨーロッパ的な秩序のあり方をズルムとして捉え，そこでアドルを要求する，いわば反体制的プロテストの話になるのではないだろうか．

ただ国際法というか，国家間の法というか，あるいは宗教が違うもの同士の間の法という，そういう問題に関しては，自分たちは自分たちの論理を持ってきた．ヨーロッパにも影響を与えてきた．そういうことを前提にしながら，現状の不正を告発する．その是正を求め，アドルの回復を要求する．そういう形になると思う．

それから現在イスラーム諸国と言われているものについて触れたい．現実にジェ

ッダに本部があるイスラーム諸国会議機構という国際組織もある．この場合，イスラーム諸国とは多数のイスラーム教徒人口をかかえる国という程の意味だが，これに対しては現在のイスラーム運動のいろいろな立場から批判がある．局外者がイスラーム原理主義と単純化して捉えているよりは，もう少し広がりのあるものとお考えいただきたい．

今日のイスラーム運動は，私の話した「イスラーム思想の歴史的展開」の「18世紀半ば-現在」というところをご覧いただきたい（113頁）．現在存在しているのはイスラーム国家ではない，あるべきイスラーム国家はこれから実現を目指すのだというのが，今日のイスラーム運動の全般的な主張なのです．

現実には毎週金曜日にいわば官憲の監視のもとで，集団礼拝の場の説教で，エジプトでならムバーラク大統領に祝福や健康が与えられるようにというバイアが行われているが，しかしエジプト国民のかなりの部分がエジプト国家は即イスラーム国家とは言えないと考えているといえる．

ですから現状の悪ということについては，こんな状態は長続きしないとみんなそう思っているわけです．そういう国家が国際社会の中でいったいどういうビヘイビア（行動）をとるのか，などという問題について，そのままイスラームのあり方の問題に直結させるわけにはいかない．

次に経済論の方だが，確かに現実の国際経済の網の目の中でイスラーム教徒はどのようなパフォーマンスを示すのか，イスラーム国家ではないがイスラーム国家を僭称する国家の経済運営はイスラームの経済の考え方に照らしてどういう意味を持つのか，これらは確かに大きな問題です．すでに20世紀の最初のあたりから，利子生みと結びついた外国銀行の金融活動も，いろいろな理屈をつけて実際上認めていく動きがあった．先程述べたヒヤルですが，リーガル・トリックを様々に理屈だけ組み立てて，理屈が固まれば，それでいいことにする．ここは非常に面白い点なのですが．

実際には「非常におかしい」とみんな思いながら，しかし理屈としてはそうも言えるのだから，ある種の解釈法学テクニックなのだが，それでいいんだという，そういう式で銀行活動における利子生みを認める．20世紀を通じて，そういった類の議論が様々に出てきた．そういう方式をうまく使い分けながら，現在の世界の経済機構に適合して，動けるようにしているのが現状です．

ただ，それに対して非常に根本的な批判というものがある．マレーシアやパキスタンが中心だが，イスラーム経済論というものが20世紀の70年代，80年代あたりから非常に強く出てきている．そういう新しい動きが現在の国際経済体制に対す

るかなりラディカルな批判であることは確かだ．

今田高俊 いろいろなイスラームの話が出てきて頭でうまく整理できていないが，最終的に「おおやけ」性のイスラーム化というのは，我々日本人の頭で考えてわかるように言うとどのように考えればいいか．タウヒードというのは「一」と決めることであるとおっしゃったが，それは具体的な現代の日常生活の中でどういうことになるのか．「公」と「私」が区別できないのだという話もあったと思うが，その辺も含めてお答えいただきたい．それと，イスラーム社会では「公」と「私」の観念の区別が本当にないのでしょうか？

それから「おおやけ」のイスラーム化が制度として具体化されているのかどうか．空間があるというのはわかるが，それは我々がお寺に行くのと同じような意味なのか．少し違うのだろうとは思うが，その辺の感覚を，日本人の目からするとどんなふうに考えればいいのでしょうか．

板垣雄三 「公」認識そのものをイスラーム化する要求というのは，簡単に言ってしまえば「公」の徹底的な私化，「私」の徹底的な公化，これらがともに神と自己との関係を基軸に据えて考える場合に起こらざるを得ないということを自覚化することだ，とも言える．

公共性という場合，「公」と考えられる場面とは，決して国家ということではない．個人と人類とをつなぐ家族の模式図のように，国はどこにも落ち着く場所がない．民族も固定した枠組みとしては働きにくい．国・民族への固執はアサビーヤ（部族根性）として批判される．特定の集団意識で凝り固まる，そういうナショナリズムというか，バーチャル・ネーション・ステートへの愛とか，そういう話を全部拒否する考え方です．家族の伸び縮みを操作して，個人が主体的に生きようという考え方だ．

だから国家とか政府とかの次元とはまったく別のところで，むしろ神との関係という場で人間には公的な場面が四六時中ついてまわっている．そういう考え方をするので，金曜日の昼の集団礼拝のための大きなモスク（マスジド）から，モスクと言っても小さなモサッラと呼ばれる礼拝所のようなものまで，いろいろなレベルのモスクがあるが，そういういわばイスラームのお寺に公共空間があるといった単純なことでは決してない．

「公」の徹底した私化と，「私」の徹底した公化の具体例をイメージするとすれば，ザカートという公共福祉税のケースはどうでしょうか．

だれもが施しをしなければならない．これが信者の義務ということになっている．実際には年毎に自分の収入の一定のパーセンテージを，それこそ「おおやけ」に納

めるという形態をとるわけだが,そればかりではなくて,日常生活の中で道を歩いていても,富や財の平衡に心を配る.乞食が寄ってくれば,あるいは社会的弱者に出会えば,自分のものを惜しみなく差し出す.そういう行為そのものが神に対する信者の義務になっている.私的行為というものが持つ公的な意味というか,神との関係という次元で徹底した公共的意味づけが与えられることになるわけです.

今田高俊 欧米でも日本でもそうだが,神との関係がなくてもそのような行為はやりますよね.困っている人がいたら,援助するというのは.

溝口雄三 財産を神から預かっているという考え方が基礎にあるとすれば,やはり日本とは違うのではないでしょうか.

今田高俊 その考え方があるかないかだけという違いですか.

板垣雄三 あるかないかというのは決定的に重要なことですね.乞食は恵んでもらうときに,特別の恩恵にあずかるとか,人間的に恥ずかしいと思いながらもらうとかいうのではない.あなたに天国行きの切符を買うチャンスを売ってあげますよという,そういうチャンスを販売する商人として振舞っている.

溝口雄三 それは中国も一緒ですよ.乞食も「天からの権利」と思っていますから.

佐々木毅 結局これは非常に独特な 'jurisprudence'(法律学)の世界ですね.

板垣雄三 そうです.

佐々木毅 'Jurisprudentia' という形で,先程今田さんがおっしゃった問題,皆さんがおっしゃった問題を全部処理していく.トリックもある.したがって先程ここでテーマになっている「プライベート」と「パブリック」の問題は具体的にどうなっているかという話になってくると,みんなそこで処理されていく.しかし,それはいわゆる世俗的な法ではないから,全部「神」を中心とした一つの巨大な,今お聞きしたような言葉のもとに多の統合が図られる.

そういうシステムだから,結局このディスコース(言説)のジャンルというのが,仕方がないから我々は仮に法的と言うのだが,本当は法的であるかどうかわからない….

板垣雄三 人間の生き方なのですね.

佐々木毅 人間の生き方が法という媒介を通して,いわば生き方そのものがある意味では具体化される,そういうシステムであると思う.

だからそこは「公」と「私」という抽象論ではなくて,それがさらにどの世界ではどういう形で媒介の重要な担い手になるか,という点では大変特徴のある世界をつくっているのではないか.あるいは我々としてはそういうような受け止め方をす

べきではないかと私は思う．

板垣雄三 そういう形で考えていただいて有り難いと思います．私が言いたいのは，そういうことです．だから最後は結局，知恵と節度ということになる．

佐藤錬太郎 一番個人的に関心のある問題についてお尋ねしたい．非常に現世利益的な宗教だという印象を先生のお話を伺って持った．人生の目的と死，霊魂とか葬送の意味，それは共通理解としてあるのでしょうか．あるとすれば，どのように捉えていたのかということを伺いたいのですが．

板垣雄三 それは宗教ですので，殊にスーフィズム（イスラームの神秘主義）などになると，我々にとってはかなりわかりのいい場面がある．病気を治すのにどこかの聖者の墓へ行って，その周りを回ってくると病気が治るとか，どこそこに触ってくると子供が生まれない女性は子供が授かるとかという類いのことだ．人の死をどう考えるかという点でも，そんなに特別のことがあるわけではない．

ただし問題を分割することに反対するわけだから，霊魂と朽ち果てる身体というふうにして問題を分けては考えない．そういう点では著しいこだわりが出てくる．それと徹底した個人主義．個々人が神とあい対するというか，つまり一つの家族の中にもいろいろな宗教があっていいのだという考え方だ．

佐藤錬太郎 信仰をせず，神への帰依をしないで生きた場合にどういう事態になるのか．そういう強迫観念がないと人間というのは怠け者なので頑張れないと思う．例えば仏教やキリスト教にもある天国（極楽）と地獄の設定はあるのでしょうか．

板垣雄三 天国と地獄はあります．クルアーンはそういう最後の日に関する脅迫文のようなものです．最後の審判でどう裁かれるかということに備えなさいという警告だ．

ただ，例えばキリスト教などとの違いで言うと，イスラームは原罪ということは考えない．人類がそういうものを背負い込んでしまっているという立場をとらない．アダムやイヴの犯した罪は，エデンの園から追放されたことによって，すでにその判決の執行によってその罪は償われたという考え方だ．法の正義は充足されたというわけです．

それから三位一体論などの問題でも，イスラームは西方のキリスト教とは厳しく違うのだと主張するが，しかしそういうことがあるにしても，キリスト教徒は神から聖書，啓示の書を受け取った人々であって，仲間同士である．一つの神から出てきた諸宗教のタウヒード，そういう認識のもとでの仲間同士だという考え方だ．一つの家族の中で，ある人はイスラーム教徒，ある人はキリスト教徒ということがあり得るという，そういうあたりになってくると，これは他の宗教とは少しどころか

かなり違うでしょう.

　そこで, イスラームの独特な面を見分ける必要はあるが, と言って生と死というものの考え方について, イスラームだけが何か全然飛び離れて違うものだとか, 他の諸宗教とイスラームとがそれぞれ別個の存在だというようには言えない. 非常に共通した宗教一般の立場があるというように考えるのです.

　むしろ特定宗教の宗教名としてのイスラームとは別の次元で,「イスラーム」こそあらゆる宗教の本来の基本的立場であるはずだとイスラーム教は考えている. いろいろな宗教はいろいろな主義主張, 神学大系をもつように見えるが, 宗教の本質をそれぞれの宗教の人がみんなまじめに考えていくと, 結局はイスラーム (神に対して無条件降伏して, 神の意思に身を委ね, 神との関係を平和なものにすること) という立場をあらゆる宗教が分かち合うことになるのだというある種の楽観主義を持しているとも言えるだろう.

　福田歓一　佐々木さんと佐藤さんがおっしゃったことで大体尽きているかと思うが, 要するにシャリーア, 神の立てた法というものをそういう意味では宗教的であるにもかかわらず, 世俗生活の中でしかし現実に合わせて融通無碍に解釈をしなおしていく. そういうことで対応はしているわけだが, その場合に現実に合わせるという操作をやっているのがイスラーム法学者なのか, それぞれの例えばエジプトならムバーラクなのか. 聖職者というのは二分法を排斥するという意味でいないということになっているのだが, 現実にはアヤトラとか, そういうものが存在することは事実ですから.

　それから片方ではその融通無碍さに対して, 強烈な原点回帰志向があるということから, いわゆる原理主義と言われるような批判が出てくる. その場合に, そういう弾力的な解釈をやる担い手というものも, 状況によって様々であり得る. ある程度の腑分けができるものなのか. この点が伺いたいことの一点です.

　もう一点は二項対立の批判として現世と来世, 霊と肉というものを批判されているという場合, しかし今のお答えのように霊魂不滅, 来世があって, そこで天国と地獄がある. このことは先程のアカウンタビリティの問題ですね. カタストロフィにおけるアカウンタビリティと, これが最後の審判ということと重なるのか.

　つまり個人のアカウンタビリティということが出てくるのはユダヤ教でも随分あとになってからで, それまではユダヤ人を迫害した民族が裁かれるというのが終末への期待であった. エスカトロギーはずっとあるわけだが. これが, イエスが出てくると, イエス自身は刑死してしまうわけだが, 終末はそういう意味でまたあとに延ばされる. しかし最後の審判という信仰がある.

発題III を受けての討論

ところがイエスは先程の三位一体の話ではないが，神様ですから，それに比べればムハンマドは預言者という立場にいるわけですね．そういう場合に，これがエスカトロギーと結びついて，個人のアカウンタビリティというのが考えられているのか．先程のカタストロフィということと来世の存在，来世における賞罰ということとに関連があるのかどうか．これが二つ目の質問です．

あとは私の発題との関連で言うと，つまり古典古代の文化遺産というのは，実はゲルマン世界よりははるかに多量にイスラーム世界に伝えられた．アリストテレスについて言えば，『オルガノン』以外のものは全部改めてイスラーム世界から迎え入れたということがあって，そういう古典古代の遺産が伝えられたということが，イスラーム世界における文化にどういう影響を持ったか．もしこれが「公」「私」の観念と関わりがあるという部分があれば，お聞かせいただきたい．

板垣雄三 基本的には，そこでウラマー，法学者集団はあくまでも機能集団で，固定した職能的な神官・僧侶などという類の聖職者ではなく，並の信者です．ですから普段は例えば穀物問屋さんで商人として働いている，しかし非常に学問があって，周りからあの人の学識は大したものだと尊敬されている．そういうことで時々自分の商売を少し休んで，裁判所に行って裁判官をやるとか，モスクへ行って説教をするとか．みんなの集団礼拝の先頭に立って，ちょうど我々のラジオ体操を思い出せばいいのだが，その人がお辞儀をすると，みんなが一斉にお辞儀をする，そういうイマーム（礼拝の導師）を務めるとか，そういう類のことをやる．

それで，簡単には解決できないような法的な紛争を，例えばこれはマスラハ（公共の福利）原則を当てはめればこういうように処理するべきだとか言って，法学上イジュティハードと呼ばれる独創的な判決文を書くとか．そういう式のことを普段商売をやっているような人がやっている．

みんなが一目を置いて，「あの人はえらい」というような社会的評価が成り立っている価値的機能集団がウラマーなのである．これが社会的価値を代表する知識人で，そういう人たちがお互いに各地の仲間と文通したり，ユダヤ教徒もそういうことをやるが，法学上の判断についてのレスポンサ的な意見交換や情報交流・周知徹底や論議・論戦をやりながら，ウラマー集団全体としての合意というものが形成されていく．こうして，それはほとんど社会の成員全部の合意形成にいたることを意味する．学術と社会との関係の興味深い事例です．

その限りで，為政者の見解と対立することもあり得るわけだ．

そういうウラマーが非常に重要な役割を歴史的にずっと果たしてきたとは思うが，ただ19世紀の末ぐらいからは，パリやロンドンに留学して学位や資格を取ってき

た人が法律家，法曹として弁護士をやるなど，そういう新しい職能人が出現してくる．様々なテクノクラート，プロフェッショナル・エリートが登場してくる．当然ウラマーとの摩擦も生じるが，それが先程の国際法，国際経済の秩序の問題とも関係して，だんだんとそういう新しい型のエリートの方が勢いを持ってしまうところで，ウラマーの権威が傷つけられることになっていく．法の二重過程がイスラーム法の体系の全一性を破壊し，フラグメント化する．

それからスーフィについても，これは神秘主義教団のリーダーたちで社会を束ねていく重要な役目を担っていたわけだが，ギルドの壊滅のもとで，この人たちもだんだんと，日本で言えば縁日や祭礼がすたれるのと同じような感じで，社会的な発言権，組織力，影響力を失っていった．

ということで，今や新しい今日的なイスラーム運動というのは，20世紀も殊に後半から末になればなるほど，大学の工学部を出たエンジニアとか，お医者さんとか，サイバーネットを操作するSEとか，そういうような人たちがイスラーム運動のイデオローグとして，先程お話しましたように，クルアーン5章44節をたてに「啓示に従わない為政者は不信者だ」という格好で，今の政権は批判すべきだ，あれは除去すべきだ，という方向で，世論をひっぱるオピニオンリーダーになっていくわけです．

昨今はむしろそういう自然科学や技術の人たちがイスラーム運動のリーダーを輩出する．そういう人たちがインターネットを使って，世界大のイスラーム運動を展開している．

カタストロフィと終末については，日常的には「公」の私化，「私」の公化を問われ続けている人間が，「公」でもあり「私」でもある「個人」としての責任を最終的に問われるようなある特別の事態がいずれ発生するぞという，そういう警告です．大カタストロフィという終末状況の持つ意味は非常に大きいと思う．

福田歓一　そうすると最後の審判と等置できますか．それともカタストロフィというのはそれに関わらず起こり得るものですか．その点が，お話を伺っていてよくわからなかったようなところがあって…．

板垣雄三　たしかに一般的には，先程金先生も言われたようにいろいろなカタストロフィがあり得るでしょうが，そういうアナロジーではなくて，イスラーム教徒の論理からすれば，それはヤウムッディーンとかヤウム・キヤーマとかいう，最後の審判の日のことです．

福田歓一　個人のアカウンタビリティが最終的に問われるのはそこだということですね．

板垣雄三 そうです．霊魂不滅というようなことではなく，そのときが到れば，それまでに死んだ者の身体も心も全部復活させられると信じられています．そのときに生きている人間はそのまま審かれる．

だから身体ももとに戻った格好で天国に行ったり地獄に行ったりするわけで，恐るべき復活の日なのです．

福田歓一 でもキリスト教にもありますから．

板垣雄三 それはそうです．その意味でも，ユダヤ教，キリスト教，イスラームは一つの宗教であるとも言えます．イスラームが古典古代をそのまま受け継いでいるという福田先生のお話は，私もそのように考えている．したがって，今度はイスラーム世界経由で受け取った古典古代をヨーロッパが再解釈するという格好だろうと思う．

福田歓一 そういう古典古代における「公」「私」，例えばアリストテレスのような考え方をゲルマン世界よりも先に受け取った．

アリストテレスの『ポリティカ』はもちろんイスラーム世界から再導入するわけだから，それがイスラーム世界の秩序観の形成に何らかの意味を持ったかどうか．これは「公」「私」の観念の上で重要であれば今伺っておいた方がいいと，そういうように考えたのです．

板垣雄三 都市，市民という問題をめぐって，かなり重要だと思います．

ファーラービーという人の「哲学者が統治者でなければならない」という考え方などともつながり合っているといえるだろう．

もう12-13年前のことだが，新疆ウイグル自治区に行った時にウルムチの中国共産党党学校副校長のウイグル人（専門は哲学）に「あなたが一番偉いと思う哲学者は誰ですか」と聞くと，マルクスとかエンゲルスと答えるかと思いきや，イブン・スィーナーと並べてファーラービーを挙げました．

金泰昌 今回公共哲学共同研究会の第一回目の発題と議論の中にイスラーム思想史の観点を入れたのは次の三点で大変興味深いことだと私は個人的な意見としてもっています．

その第一点は普通西洋思想と東洋思想というふうにいわれる場合，何となく視界からまったく外されているもう一つの思想空間（ある人は中洋思想という用語を使っている）の独自性とその比較思想研究上の意味を理解することが可能になるということである．

第二点は，従来の西洋思想，東洋思想の二元論的発想と議論の限界を生産的に超えるための新しい地平が開かれたということだ．公私問題においても同じことが言

えると思うのです．

　そして第三点は，欧米思想，中国思想，そしてイスラーム思想の脈絡から例えば国家を相対化する公共性，国家を「私」の立場に置いてそれより高いレベル――地球とか人類というレベルをシンボリックなかたちであれ要請的命題であれ――から判断するという公共性の次元が開かれているのですが，日本では公共性は国家を超えられないという考え方が今なお強いということをどういうふうに考えていくべきかということです．すくなくとも理念としては地球的・人類的公共性というのを想定出来るということです．

発題 IV
「おほやけ」「わたくし」の語義
「公」「私」, "Public" "Private" との比較において

渡 辺 　 浩

はじめに

　本稿は，近代日本語の基層をなしている江戸時代の日本語における「おほやけ」「わたくし」の語義を，漢語における「公」「私」，英語における "Public" "Private" の語義——このよく似た三者は，一部で重なりながら，他方でそれぞれにずれている——との比較において，説明しようとするものである．そして，それに尽きる．したがって，第一に，本稿には，「公共性」なるものを論じて「公共の哲学」を構築しようなどという意図は，さらさら無い．第二に，本稿は「日本的『公』概念」などを定立しようとするものでもない．「公」ではなく，「公共」でもなく，少なくともある時期の日本語の「おほやけ」という語の特徴的な意味と発想を，他と比較して示そうというだけである．第三に，本稿は，何の独創性も主張しない．むしろ，江戸時代の常用語の常用の意味を再現し，そこに何の独創も創造もないことを目指すものである．それ故，その内容は，江戸時代の文書に親しんで来た人々には既におそらく周知である．『日本国語大辞典』（小学館）のような大辞典の関連項目を引くだけでもかなりのことは解る．漢語の「公」「私」との比較には，溝口雄三・田原嗣郎両氏の『中国の公と私』(研文出版，1995年) という専著もある．本稿もそれらから多くを学んでいる．ただ，現代日本語では，例えば「公」と書いてもその三つの由来による意味が混在し，今なお，時に思考の混乱を招いているように思われる．そのため，本稿も少しは交通整理の役に立つかもしれない，というだけのことである．

1. "Public" と "Private"

代表的な英語辞典, *The Oxford English Dictionary* (Second Edition, Clarendon Press, 1989 年) は, 形容詞 "public" を, まず "In general, and in most of the senses, the opposite of PRIVATE" とした後, "Pertaining to the people of a country or locality" と説明し, さらに "Of or pertaining to the people as a whole; that belongs to, affects, or concerns the community or nation; common, national, popular" と敷衍している. それは, 特異な説明ではない. 他の英語辞典でも (また, 仏語辞典の "publique", 独語辞典の "öffentlich" でも), この基本的語義の説明はほぼ同じである. つまり, "public" の語の中核的意味は, 「広く人民全体, 国民全体, 住民全体に関わる」ということであるらしい. そして, 国家とは "public affairs" (res publica) に関わるものだという建前と結びついて, 国家に関することについても, (時には, 例えば "public sector" のように「民間」に対するものとしても), この語が用いられる.

ここで, 相互に重なりつつずれている「公」および「おほやけ」との比較において, 特に注意すべきは, 次の三点であろう.

第一は, "public" の語の根本には, そのラテン語の語源 (publicus) に忠実に, 「人々」があることである. 現に, "the public" といえば, 官職などについていない普通の人々を指す. 「お上」ではない (一方, 後述するように, 「おほやけ」の定義に「民」の語は登場しない. 登場しえない). それ故, 確かに "public" は, 国家に関わることに多用されるが, あくまで, 「広く人々に関する」という中核的意義から派生して「国家」にも適用されるという, 「下から上へ」の意味構造になっている. それは, 背景にある国家像・政治観と関係しているのであろう.

第二は, "public" は, "private" と対をなし, 広く人々に関することと, そうではないこととして, 観念上の領域性をもって並存していることである. "public sphere" 等の語も, それを示唆している. しかも, "private" なるものは, "public" なるものの一部ではない. それに包摂されてはいない. むしろ, 包摂されないものを言う. そして, 個人の内面の信仰のような private 中の private なるものが, 一切の public なるものよりかえって貴重でありうる. し

かしそれでいて，必ずしもそれに反するベクトルを持って，敵対し，背反しているわけでもない．後述するように，その在り方は，「わたくし」とも「私」とも，異なる．

第三は，"public" は，ある拡がりと開放性を感じさせるが，元来，"the people of *a country or locality*" に関するのであって，直接に人類全体に関わるという意味ではないことである（いわんやそれは「天地万物」に関わりはしない．その意味で「公」とは異なる）．それは，ある（比較的大きな）単位を明示的もしくは暗示的に前提している．例えば，"public interest" を「公共の利益」という日本語に訳せば御立派に響く．しかし，それは "national interest" と必ずしも遠くない．それは，内容において当該 "people" や "nation" の特殊利益にすぎないかもしれない．町で "public-spirited" であるとして評判の紳士は，同時に偏狭なナショナリストかもしれない．"public" は，前掲の *The Oxford English Dictionary* の指摘するように，拡張した意味でのみ，"Of or pertaining to the nations generally, or to the European, Christian, or civilized nations, regarded as a single community" にも適用されるのであり，しかもなお例示のようにあからさまに「外部」を持っているのである．

2. 「公」と「私」

日本語への漢語の影響は深い．漢字の意味が，その漢字に（多少とも無理に）当てはめられた日本語の意味に浸透している場合も多い．逆に，漢字で書かれていても，その意味はその漢字に当てはめられた日本語の意味であることもある．その場合，漢語としては奇妙となる．逆に，漢語では普通でも，その漢字に浸透した日本語の意味で理解すると奇妙に思われることもある．その奇妙さが，一見重なっている二つの語のずれを露呈させ，二つの語の意味の構造の違いさえ示唆する貴重な手がかりとなる．現代語でも，江戸時代語でも同じである．

現代に例をとれば，「公司」（おおやけのつかさ？）という日本語では官庁に関わる何かのように感じられる語は，現代漢語では会社・企業体を意味する．「巴黎公社」とは，「住宅供給公社」などとは無関係に，パリコンミューンの訳

語である．民間会社の経営であっても，乗り合いバスは「公共汽車」である．「公筷」とは（実際の中国人の食卓ではあまり使わないが），お取り箸をいう．したがって，「公」は，「people 全体に関わる」という意味でもない（"public chopsticks" という語はあり得まい）．「公」は，英語でいえばおそらく "public" よりは，"common" により近い．しかし，一方で，「公所」は同業者の事務所であると同時に，役所である．「公」が「官」と置き換え可能である場合もある．いずれにせよ，現代漢語における「公」という漢字の意味の幅は，（"public" のみならず）現代日本語における「公」という漢字のそれと異なる．

江戸時代と同時期の明朝・清朝期における「公」字の用法もまた，現代・江戸時代どちらの日本語ともずれる．岸本美緒氏は，次のように総括している．

　明清時代の「公」の用法の広がりを見るならば，それは，官の事業，地方エリートの共同行動，大衆的行動，などのいずれについても用いられ得た．それは，明確な価値判断を含む政治用語として，「私」を弾劾する文脈の中で用いられることもあれば，溝口雄三氏が指摘するように，各個人の「私」の調和的実現こそが「公」であるという議論もあり，また価値中立的に，単に共同の事業や財産を示す語として使われる場合も多かった．（中略）問題は，「公」の「多義性」が展開する思考の場そのものにあるように思われる．

岸本氏によれば，当時の人々の思い描く「調和的理想状態」とは，次の如くである．

　全体社会の福祉を図る皇帝の意図は，皇帝の命令を待つまでもなく，地方官や有力者によって自発的に遂行され，人民は熙々としてそれに随順し社会の安寧が自ずと実現される——それは，全社会を代表する「公」権力がどこに帰着するのか，という問いが既に不必要な世界である．それは，皇帝一個人の意志がストレートに社会の末端にまで及んでいる状態としても解釈でき，官僚や紳士といった選良の意志に主導される秩序と見ることもでき，また，広範な民衆の意志こそがこの社会を成り立たしめていると考えることもできる．そしてそのいずれの見解もが矛盾無く共存し得る世界である[1]．

発題 IV 「おほやけ」「わたくし」の語義

　これを言い換えれば，民の地平から皇帝の高みまで，「天下」におけるどの広がりにおいても，共通の，共同の，協同の，そして協働のものは「公」であり，人々はそのことによって生きていくものであって，それに反し，それを妨げるものは時に「私」として非難されるのだ，ということになろう．それは，人々が協同し，選良がそれを助け，皇帝が全天下の総世話人としてそれを助けるという当時の中華世界の建前と，照応している．
　ここでは，次の三点に特に注意したい．
　第一に，「公」は，ある「人民全体」に関わるといった具体性を有しない．かといって，（王家を「公家」ともいうものの）本来専ら国家について言うというわけでもない．その意味で，"public" におけるような意味の構造性を持たない．意味が「下から上へ」拡張するのでもなく，その逆でもない．いかなる境位においても，「公」と呼びうる行為や心情はありうる．同様に，「私」もまた，（その「外」は存在しないはずの「天下」以外については）いかなる境位でも存在・発生しうる．当然，「仮公営私」の偽善も，どの境位でも，起こりうることになる．
　第二に，それでいて，ある「公」と他の「公」が矛盾・衝突することは予想されていない．そういうことが起きるならば，それはどちらか，あるいは双方ともが「公」たりえず，「私」であることを意味する．論争になれば，双方が真の「公」たることを主張することになろう．「公」への競り合いである．その論理的結果としては，ついに万人に共通の，完全に透明な「公」の立場に至ることになろう．それは，普遍的であるはずである（これは，中江兆民が気づいたように（『民約訳解』），ルソーの，より正確にはディドロの volonté générale の概念に似たところがある）．一方，そのような言論の力学的場の中では，実際上，それに含まれない奇妙な少数意見を維持することは，困難となろう．それは朱子学における「理」に似ている．「理」は具体的には「万殊」の形をとるものの，「理」同士が衝突することはありえない．どうしてもそう見えるとすれば，それらは「理」ではない．「天地公共の道理」ではない．万人共通の「情」をもたっぷり含みこんでいるはずの「理」に敢えて背く者に，いったい誰が同情しようか．

第三に,「公」と「私」は,観念上の領域や空間に当然に並存する対であるというよりは,反対の方向を向いた相反関係として観念されていることである. 後ろ暗い「私」なるものを一切撥無した「公」の立場に立つことが,倫理的自己完成を意味する(「破私立公」「大公無私」)という朱子学やある時期までの中国共産党の主張は,それを前提としている. そのような主張からすると,例えば現代英国の代表的政治学者による,次の「政治」の定義は,仮に "public" "private" を「公」「私」と訳すならば,ほとんど理解不能となろう.

 Politics are the public actions of free men. Freedom is the privacy of men from public actions[2].

「自由」とプライヴァシーが表裏をなし,その「自由」が政治を可能にするという近代自由主義の信念は,おそらく「公」「私」の語では甚だしく語り難いのである.

3.「おほやけ」と「わたくし」

少なくとも江戸時代の日本語では,「おほやけ」「わたくし」とは,(漢語の意味を,この日本語に託して言う場合を除けば)人の行為や心情の質の形容語ではない. 相対的な「上」「下」,「外」「内」,「表」「裏」に関わる語である. 漢字の「公」を使っていても,往々その意味である.

それを,当時の政治社会構造を背景において考えれば,「おほやけ」は「お上」に近い.「下」から見上げて,奉って言う語である.「わたくし」は逆に「下げ」て言う語である. この語自体がそうした視線の方向を有している. そして,見上げられた「上」なるものは,相対的に大きな広い範囲に関わり,見下ろされた「下」なるものは相対的に小さな狭い範囲に関わる. しかも,この「おほやけ」なるものと「わたくし」なるものとは,それぞれを一種の箱のように思い描くならば,横に並ぶのではなく,入れ子構造をなしている(実際,当時の「藩」「町」「村」や,それらの構成単位である「家」は,それぞれに,箱のようなコーポレーションの性格を持っていた). 大きな「おほやけ」の中に複数の「わたくし」があるが,その「わたくし」も,その中なる小さな「わたくし」に対しては「おほやけ」であり,以下同様に相対的な「おほやけ」

発題 IV 「おほやけ」「わたくし」の語義

「わたくし」の連鎖をなしつつ，最少の「わたくし」に至る．自分個人を指す「わたくし」という表現が，相手を「おほやけ」と暗示する謙譲語として，一般化した所以である．それは敢えて自分で自分を下げた表現である．単なる丁寧語ではない．

例えば，江戸の政府は「御公儀」[3]「おほやけ」と呼ばれ，少し気取って「公辺」等とも呼ばれた（「幕府」は，江戸時代末期を除けば極めて稀れにしか用いられない）．その主宰者は「公方様」「おほやけさま」と呼ばれた．そして，その直轄領は，「公料」「御料」と称された．それに対して，大名の所領は「私領」である．しかし，大名の家中からは，その大名が「おほやけ」「公儀」と呼ばれることもある．彼等にとっては，それが直接の「おほやけ」だからである．その場合，江戸の政府は「大公儀」と呼ばれることにもなる．

そして，どのレヴェルにおいても，「下」なる者が「上」に仕えて働くことが，「奉公」である．主人持ちの武士を「奉公人」と呼ぶが，町人・百姓の家に仕える人も「奉公人」である．（漢語の「破私立公」と違って）「滅私奉公」が，自己を押し殺すつらさと敢えてそれをすることへの賛美とを含意するのも，当然であろう．同様に，「公用」とは（中国語で，広く皆で使うことを意味するのとは対照的に），要するに「御用」のことである．「お上」の「御用」のことである．現代日本語でも，「公用車」に乗れるのは特別な人だけである．

さらに，私企業であっても勤務先を「公」と表現することがあるのは，この発想の持続であろう．それは「奉公先」である小さな「おほやけ」である．それ故，会社のコンピュータを「私用」すれば「公私混同」と非難される．しかし，会社の都合が家庭生活を犯しても，それをそうは呼ばない．この「公」と「私」は，並存するのではなく，上下にある．「下」なる「うちの事情」を，「上」へ，「外」へ，「表」へ持ち出すことは，褒められたことではない．"public" な領域と "private" な領域のどこに境界線を引くべきかという問題の立て方は難しい．非難されるべき「混同」は常に「下」から起こるのである．

但し，「おほやけ」は，単に「奉公」の対象ではない．例えば，「公辺に持ち出す」「公儀にする」「公儀へ上げる」等の表現がある．それは，「内輪」のもめ事を「わたくし」に済ませ，「内密」の内に「内済」とすることができず（あるいは，せず），「表沙汰」にすることをいう．そして，「お上」に訴えて裁

きを求めることをいう．それが「公事」である．「公事」とは，江戸時代では（主に民事の）訴訟を意味する．中世にはある種の税負担を指したその語が，急速に意味変化したのである．それは，かつては専ら税を徴収する存在であった「おほやけ」が，今や，いざという時に訴えれば裁いてもくれる強い権力に変わったことを示唆するのかもしれない．

また，「表」としての「おほやけ」には，より一般的な用法もある．例えば，「公装束」の「公」に「はれ」と仮名を振った例もある（竹田出雲『仮名手本忠臣蔵』三段目「大名小名美麗を飾る公装束」）．「公儀なれ」とは，広い世間や晴れの場の付き合い・振る舞いに慣れていることである．「大かたの人の子共は，男女倶にもはや十歳ばかりの時分より，大みやうの御かたへ奉公いたさせたるは然べし．公儀なれたる人はいとめでたし．」（『子孫鑑』），「国侍ハ，無公儀ニ見ユルト云ドモ江戸詰ノ輩ハ，公儀ナレテ不見苦．」（『土芥寇讐記』）といった具合である．そして，「公儀を張る」とは世間体を張ることである．「家業はようおさまり，女家主なれば公儀ははらず，半季のたなおろしに金が三百両づつのびまし…」（『立身大福帳』）という表現が成り立つ．さらには遊女の勤めを「公儀」とも言う（「奥方様」「奥様」と対照的である）．それは（国事などに貢献する男を "public man" と呼ぶのと対照的に）"prostitute" を "public woman" と表現することのある英語と似ている．（従来よくあることであるが）女性にかかわる時，男あるいは人一般にかかわる表現の意味が逆転するのである．

以上が正しいとすれば，特に次の三点に注意すべきであろう．

第一に，江戸時代の日本語における「おほやけ」とその漢字表現としての「公」との意味の中核に，"people" はいない．同様に国家に関連して用いられても，国家が "res publica" であるという建前から "public" の語を冠せられるのと，そもそも見上げられる「大きな家」が「おほやけ」であるという違いはある．"open to public" であるものには誰でも接近できるが，「おほやけ」の物に無闇な手出しは憚られる．そもそも，良かれ悪しかれ武家政権に偽善は少ない．彼らは，"res publica" "commonwealth" とも中国王朝とも異なり，「民」のために存在すると標榜したりしない．「奉公」は常に上向する．むしろ「民」が「おほやけ」のために存在するのである．

「公」と「衆」を結びつけた「公衆」という近代日本語が，電話と便所と衛

生以外ではほとんど用いられないのも，江戸時代以来のこの二つの観念の相性の悪さを示唆しているのかもしれない．"reading public" に至っては，未だに訳しようがないようである．ハーバーマス氏によれば，それこそが西洋近代においては重要な意義を持つのではなかったろうか[4]．

第二に，漢語の「公」「私」と異なり，「おほやけ」「わたくし」は観念上の領域性を持つが，それは "public" "private" と違って並存する関係にはない．大と小の包摂・被包摂の関係である．"people" 一般に開かれているという意味で "public" であるのと，小さな「内」を包摂して存在する「外」なる，「表」の世間をいう「おほやけ」とは，発想が違う．その「おほやけ」は，自分たちのものではない．よその人たち，「えらい」人たちのものである[5]．

第三に，「おほやけ」「わたくし」は，倫理的な善悪正邪ではなく，権力的な大小強弱に関わる．「おほやけ」は共同・協同ではない．「御公儀」が衰弱した時，（「公武合体」というように）京都の「公家」が政治の前面に登場したものの，それは，そこにより「公平」なる実質があったからではあるまい．より「上」であったからであろう．

「おほやけ」「わたくし」の語（とその江戸時代日本語における漢字表現）は，漢語の「公」「私」，英語の "public" "private" に翻訳できそうな場合も多い．確かにそれらはさまざまに意味の重なった類義語である．しかし，とりわけ社会と国家の建前や在りようを背景に置くとき，異なる発想や意味構造も見えてくる．しかも，江戸時代の現実の日本語はその二者を，そして現代日本語は，その三者を混合し，融合させ，また並存させている．それを意識せずに漫然と日本語のみで考えていると，意外な混乱に陥ることもありそうである．「公共性」を論ずるような時は，特に要注意であろう．

注
1) 岸本美緒「比較国制史研究と中国社会像」（『人民の歴史学』第 116 号，1993 年 7 月）11 頁．
2) Bernard Crick, *In Defence of Politics*, Penguin Books, 1964, p. 18.
3) 「儀」は「こと」である．現在でも改まった挨拶文などで，「私儀，この度…」等

と書くが，それは「私こと，この度…」とも言い換えられる．
4) Jürgen Habermas『公共性の構造転換：市民社会の一カテゴリーについての探求』（細谷貞雄・山田正行訳，未来社，1994年）．
5) 寺尾美子氏の指摘する，ゾーニング等の都市計画の実行をも不可能にする現代日本での土地私有権の主張の強さは，このような，自分を含まない「おほやけ」への不信に由来するのかもしれない．参照，同氏「都市基盤整備にみるわが国近代法の限界：土地の公共性認識主体としての公衆の不在」（『岩波講座現代の法9　都市と法』，岩波書店，1997年）．

発題IVを受けての討論

金泰昌　ありがとうございました．昨今の公私議論の洪水現象とそこでの概念混沌状態を深刻な問題だと思ってきたので，渡辺先生の交通整理は何よりも必要かつ時の要請にふさわしいからである．渡辺先生の発題から聞き取れるのは日本語の「おおやけ」「わたくし」自体は中国から来た「公」「私」や英語の「パブリック」「プライベート」とは概念的に接点がすくないということのようだ．そしてその理由は「おおやけ」「わたくし」という言葉であらわしている表象内容というか意味時空間が違うからだということである．ただ儒学思想の受容とその定着の過程でどちらかと言えば中国的な発想としての「公」「私」が日本語固有の発想としての「おおやけ」と「わたくし」の漢字表現として使用されるようになったという事実から思想史的にも意味のある公私論――「おおやけ」「わたくし」論が考えられるのではないか．

第一の質問は，ご指摘のように，確かに違うでしょう．しかし，日本語の「おほやけ」と「わたくし」が，英語の「パブリック」と「プライベート」を通した西洋の考え方や，中国の「公」と「私」と重なる部分が全然ないのかどうか．もしあるとすれば何でしょうか．

第二の質問は，これはイスラーム圏のお話を聞いたときも感じたのだが，ある意味の規範（ノモス）というものが一方にある．他方に現実（事実）がある．双方は必ず一致するというわけにはいかない．日本で「おほやけ」と「わたくし」の間で紛争や葛藤が起こったときに，「規範」か「現実」のどちらかから一方的に強制するのではなくて，両方を調整するというか，何かうまく調和させる別の原理，原則というものがなかったのか，あったのか．あったとすればそれは何か．それを教え

ていただきたい．

　第三の質問は，日本的だというのが何なのか．私にはわかりそうでわからない．例えば儒学でも仏教でも，また西洋のものでも一緒だが，日本に入ってきてそれが相当の数の日本人によって受容され，日本における思考や発想や議論や研究や生活の一部になったとすれば，それは日本的と言えないのか．

　儒学とともに「公」と「私」というものが入ってきた．それが日本語の「おほやけ」「わたくし」と構造的に違うと言っても，それがどこか日本でも機能するから使われ続けたのではないか．そうすると，日本語の「おほやけ」「わたくし」と中国の「公」「私」とは「関係ない」のだ，と言い切ってしまっても良いのだろうか．それは結局，日本的だというものをどのように見るかによってももちろん違うが．

　「箱」という形で見ることについても，私は中国のことは自信を持っては言えないが，韓国の場合は「箱」だというように見れば，見れないこともないのではないかと思う．結局，ある意味ではこれは解釈である．だからその見方が現実との多様な関係でどのくらい強力な説明になるのかという差異はもちろんあると思う．しかし，「箱」が日本の事実というか現実の強力な説明原理になるのであれば，「小さい箱」と「大きい箱」の両方を共通の土台で説明できるような，別の説明原理があってもいいように思う．

　この三点はあとの議論をしていく上での出発点として提起した．間違っているところがあれば直していただきたいと思う．

　渡辺浩　第三のご質問の中で，具体的，個別の問題として韓国の村もある意味では「箱」と言えるのではないかというお話だが，日本の村の場合は，政治構造的に見ても「箱」と言える．

　税（年貢）をどのようにして賦課しどのように納めていたかというと，村請け制度だった．個々の家に直接年貢を出せと言ってくるわけではない．この村は何石出せという文書が秋になると城下町から送られてくる．村の中には武士は住んでいない．村民の中に代表者がいて，村役人となっている．村役人に届けられた文書に従って，どの家がどれだけ負担するのかという割り当てをする．割り当てられた年貢は「村」としてまとめて納める．

　御触れの場合も，村役人のところに文書が来る．それの写しを取って次の村に回す．しかもその回す順番が決まっている．回覧板と同じです．これは統治する方からすると非常に能率的，効率的です．町についてもそうで，全部の町に命令を出さなくてもいいようになっている．

　法的にも政治的にも経済的にもそういう単位になっているという意味で，非常に

明確な箱としての性質を持っている．そして村が村として動く．そういうことがいろいろな形でなされる．

例えば村と村の間で紛争が起きる．しばしばあるのは村境の線が違うという論争，紛争だ．それはその上の「おほやけ」に訴えて裁判をしてもらう．よく問題になるのは入り会い地になっている山だ．山のどこで境界の線を引くかということで裁判になる．両方が被告，原告になって延々と争うということをする．

江戸時代にそういう裁判のことを「公事」と呼んだ．「おほやけ」に訴え出て裁いてもらう．

そのように一つ上の「おほやけ」が裁判をする．大名領と大名領の境目で紛争が起きれば，江戸において「御公儀」が裁判をする．そういう段階的な形になって解決されるわけだ．

金泰昌 それは江戸時代のことですね．

渡辺浩 全部，江戸時代の話です．

また，私は「日本的」ということを言ったつもりはない．日本語の「おほやけ」「わたくし」はどういう意味か．漢字の「公」「私」を当てて書くこともあるので，その意味が見えにくくなっているけれども，江戸時代の日本でのこの言葉の使い方からするとこういう意味ではないかと言ったわけです．

日本にはおっしゃる通り儒教，仏教，その他いろいろなものが入っているわけで，それはいわば日本の伝統の一部と化しているわけだから，そういう意味では，それらも含めて日本的です．

実際に江戸時代の人が言葉を使う場合には，むろん融合，混合で使っているということはある．しかし，今から遡って眺めると，日本語の「おほやけ」「わたくし」の意味に「公」「私」の漢字を当てたものだとか，ここでは漢語の意味で使っているのだなというふうに腑分けすることは大抵の場合はできるように思う．

第一のご質問の「おほやけ」「わたくし」と「パブリック」「プライベート」，「公」「私」の意味の範囲が重なる部分はないのかということについては，これはあると思う．あるから訳語に自然に当てられていったわけだ．

しかし，そのもともとの意味，本来持っている意味の幅を考えると，三者三様にずれていると私は思う．

金泰昌 本来の意味から見れば別々だが現実の使われ方から見れば接点はある．だから翻訳されて使われた．私はこういう二面性をまずきちんと捉えておきたい．そして公事の話が出たが，私の二番目の質問に関連して，公事のときの解決の原理，説明の原理というのは上の方から一方的に下がるのか．それとも下と上と両方一緒

に力動的に解決していく何か別の原理があったのか．

渡辺浩 先ほどの村境とか国境の例だと，それぞれが証拠となる歴史的文書を出す．いつ書かれた地図だとか，いつ何々様からあてがわれた証拠の文書とか，そういう歴史的由緒を両方が言い立てる．「おほやけ」が，どちらが事実かということを判定して判決を下す．

小林彌六 日本思想史的脈絡から見ての「公」「私」という問題設定から来ているのでそういうことになるのかなと思うが，箱構造でいくと，近世の日本社会というのは随分寂しいなという感じもしないではない．イスラームの世界から見ても，非常に閉ざされた世界だったのかなあという印象もある．印象論として言えば，家族というのも箱のようであるが，同時にコーポレーションみたいなものでもあるとおっしゃっているのは当たっているように思う．その一方では結構かなり日本文明的なというか，東洋文明的な「気」というか，家を継ぐとかといった「倫理」に支えられていたような面もあったように思う．

私も日本史に関心を持っているが，奈良朝，平安朝を見てみると，律令制度が敷かれてはいるが，結構制度でおおいきれない穴が開いているところもいっぱいあったように思う．あるいはルーズであった．家制度などについても多分そうではなかったかと思う．

それから国家体制ができる以前の弥生とか最近はやりの縄文とか新石器時代等の日本文明の辺になると開かれた部分がかなりあったように思う．つまり開かれた日本社会に朝鮮あるいは中国から文明の流入があり，飛鳥あたりから律令制度が始まって統一国家体制の確立が試みられたと思う．

渡辺先生は一番最後の方（統一国家体制）をおっしゃられているのだと思う．しかし日本の歴史全体を見ると，私はかなり開かれた部分もあるようにも思っている．その辺のところでもう少しお伺いしたい．

渡辺浩 先ず，ずっと日本文明というものがあるという前提が成り立つのかどうか．縄文時代には日本という言葉はありません．そもそも，まとまりとして「日本」を考えることが適当かどうかという問題がある．

それから今言った家は，江戸時代に特異に社会の底辺まで含んで確立したものであって，こういう意識を奈良・平安以来ずっと持っていたということは全くない．一部には似たところがいろいろな意味であると思うが，今申し上げたのは江戸時代の話です．

次に，家はコーポレーションの性格を持つということを言ったが，それはもちろん倫理，道徳観によって支えられている．

「家業道徳」という江戸時代の言葉もある。『家業道徳論』という本も実際に書かれていて、結局道徳というのは家業に勤しむ(いそ)ということに帰する、ということを論じている。つまり、人は必ずどれか一つの家に所属して生きる。複数の家に所属することはない。箱ですから。どの家にも属していないというのは例外的で、当人からいっても寂しいことだ。人はどれか一つの家に属して生きる。

養子に行けば、生まれた家から人生の所属を変えることになる。女性がお嫁入りしても同じことです。そこでアイデンティティが切り替わる。そして人はその家のために生きる。人のために家があるというよりは、家のために人が生きる。

そして家のために努力すれば、家の先祖への孝行になる。その先祖はDNAが繋がっているとは限らない。赤の他人かもしれないが、家業に励めば親孝行になる。また奉公をしている家の家業に励むことが「忠」にもなる。つまり家業に励めば忠にもなり孝にもなる。忠孝は家業において一つである。家業に励むということは、上は「将軍様」から貧しい百姓に至るまでそうであるはずであって、家業に励むということがすなわち道徳であるということが真面目に説かれている。これは恐らく江戸時代の坊さんだろうと、神主さんだろうと、儒者だろうと、そのことについてはそれが善いことだと言ったと私は思う。「親に孝行、主人に忠義、家業に励んで、何事も倹約」。これは江戸時代の人は誰でも賛成する基本道徳で、そういう倫理意識によって支えられている。

この倫理意識は、時には人情にとっては非常に厳しい帰結を生む。例えば石田梅岩という庶民向けの道徳を説いた人が弟子から次のような仮説的な質問を受けたことがある。「自分は養子に行った。たまたま自分の実父が自分の養父を殺した。私はどうすべきでしょうか」。こういう道徳的ディレンマに関する質問だ。

日本人は見当がつくのではないかと思うが、中国の方や韓国の方は見当がつきにくいかと思う。石田梅岩が与えた答えは「父の敵を討ち、その首を父の廟前に手向くべく候」というもので、そこで言っている父というのは養父のことだ。つまり自分の今所属している「家」への忠誠が一番だから、自分の養父を殺した実父を殺して、その首をちょん切って、赤穂浪士のようにお墓の前に供えて「見事に敵は討ちましたよ」と言いなさい。心情においていくら辛くても、それが人としての義務であると、真面目に説いている。

それが家業国家という構造の倫理的帰結です。だから非常に厳しい倫理的義務を課せられることにもなるわけで、その意味では、倫理によって支えられたコーポレーションであると言える。

小林彌六　中国には「天」という倫理があり、日本にも八百万の神々というのが

あったと思うが，徳川時代の「家」中心の倫理にはそういうのは抜けていたわけでしょうか．

渡辺浩 家業が「天」職である．人は基本的にはその家に生まれるわけだから，家業は「天」に与えられたものである．それをきちんと励むということが「天」に対してもいいことであり，「忠」にもなり「孝」にもなる．

溝口雄三 江戸時代の人口が3300-3400万人で横這いだったから育った子供は二人だったということだが，それは間引きがあってのことでしょうか．

もう一つ関連して伺いたいのは，男・男の家は四分の一で，うち一人は養子か出稼ぎに出る．そうすると人口の流動性が大体四分の一ぐらいであまり高くなかった．都市と農村との人口の流動性の状態などで統計的にどの程度のことが分かっているのでしょうか．

それから今のお話は要するに，日本が中国と非常に違う点は農村が非流動的で定着的状態を可能にしている状況なわけだが，田畑であれ家業であれ，長子であるかどうかはともかくとして一人に対して非常に安定的に継承されていく．そういう中で日本では私有財産意識が中国と違う形で非常に強く成長したと思う．もう一つは職業意識が倫理としても確立した．この私有財産意識と職業意識というものが中国には見られない日本的特徴だと思うが，これと日本における資本主義との関係について何かお考えがあればお聞かせいただきたい．

渡辺浩 江戸時代の人口の流動性の問題と，ある時期から人口が横這いになったということについては，速水融さんを中心とした人々の数量経済史あるいは日本の人口史のご研究で非常に優れた成果が出ています．それを御参照下さい．

溝口雄三 芝原拓自氏がその著書で，人口規模3万ぐらいの小都市が幕末にはかなり分布していて，これが日本資本主義を支える一つの土台になっているというようなことを書いている．

あの頃の日本には門前町とか，宿場町とか，市場町とか，城下町とか，中国には見られないいろいろな形態の都市がある．こういう都市も農村から人口が流入して来なければ成立しないと思う．

渡辺浩 そう思います．

溝口雄三 小都市が生まれるのは，男二人を家に置いておけないという日本独特の要因による．こう考えることはピント外れではないわけですね．

渡辺浩 ええ，一つの要因だと思います．家産を維持するためには非常に強い働きをするし，できなければ養子をとってでもつなぐ．当時の「家」は，資本の不断の分散を避けるというシステムにはなっていると思う．

溝口雄三 侍の場合，息子が二人いれば一人は部屋住まいになるわけだが，そのような家督が継げない侍の場合の職業転換はどうなのでしょう．

渡辺浩 もちろん一番いいのは養子に行くということです．基本的に養子は同格の家柄で，横滑りが原則．お金がある家だと持参金を付ければ，より格の上の家に行けるので，養子という形で出世していくという方法は，一つ縦の流動性のルートになっていた．

養子に行けない場合には，例えば医者，儒者．儒者は医者ほど儲からないが，医者が儒者を兼ねている場合が多い．儒医という．

それから坊さんになる．福沢諭吉のお父さんが次男である諭吉を将来坊さんにしようと思ったという話があるが，江戸時代は坊さんと遊女だけは世襲を原則としない珍しい職業だった．だから野心的な親は子供を坊さんにするということはあり得た．

儒者，医者としてもやっていけず，出家もせず，養子の先もないということになると，その家に留まることになる．家に留まっている限りは結婚できない．日本は一世代一夫婦が原則なので，男兄弟がそれぞれ結婚して一緒に住むということは原則としてはあり得ない．同居している限り弟は結婚できない．そういう人のことを「厄介」と呼ぶ．

溝口雄三 先程の二番目の質問に移ります．強い私有財産意識と職業意識．それとこういう知識人層の基盤として成立した，そういったものと資本主義の関係ということで何かお考えになったことはありますか．

つまり私の質問の前提になっているのは，いわゆる封建・地方分権制あるいは地方割拠制というものが商業を非常に盛んにしたことは間違いない．そういう形態を持っているのはアジアでは日本だけです．これが偶然ではなく資本主義と結びついているというふうに，私はヨーロッパの例から考えていて，なぜ中国で資本主義が成立しなかったかという問題とも絡むのだが，そういうことについて何かお考えがあれば．

渡辺浩 問題は非常に大きいので難しい．まず江戸時代というのは，商業が非常に盛んであるということを前提にして成り立っている社会だ．つまり村からとるのは年貢であって，主として米だ．食べるのはその一部で，あとは武士が米を売る．米の市場というのを前提にしていて，そこではもちろん先物買いやら，いろいろな取り引きがなされる．武士は米を売ったお金で他の必要なものをすべて買う．武士はみな都市に住んでいるから，自分で作ることはできない．箸一本でも町人から買う．

米を買った町人は米の一部は食べて，あとは売るということで，都市で基本的に米を消費する．同時に，売買によって得た利益によって，他の物を仕入れる費用に当てる．ここは全部お金でやりとりがなされる．非常に分厚い町人層を前提にして成立しているわけだ．

武士は政治的ヘゲモニーと軍事的ヘゲモニーは持っているが，経済的ヘゲモニーを持つ気持ちはないし，文化的ヘゲモニーを持つ気持ちはさらさらない．現在の日本で考えている江戸文化というのは，すべて町人文化です．都市に住んでいた分厚い町人層が，小説も浮世絵も芝居も全てを生み出した．

3300万人というのは，当時，全世界的に見てヨーロッパにもあまり例のない巨大国家だ．そこの分厚い都市の町人というものが商売をし，文化的活動の中心になっていた．こういう構造によって成り立っていたわけだから，為替とか先物取引とか，そういう類のことは習熟している．そのための手引書も出ているという状況だった．

それが近代に結びついたということはあると思う．でも，それぐらいなら中国にもあると思いますが….

溝口雄三 いや，ないですね．同じ兄弟の中に官僚と地主と商人がいるというようなケースとか，一代のうちのある時期は官僚をやっていて，ある時から商人をやってというようなことで，「家」としての業というものはない．今でもそうです．台湾や大陸に行けばわかるが，三年目に行ってみたらその店はなかったなんてことはザラにある．

渡辺浩 中国や韓国には老舗(しにせ)という概念がないという話がありますね．

溝口雄三 あるいは先祖代々の土地とかという観念はありません．

間宮陽介 「公」「私」の箱の入れ子構造に関連してお尋ねしたい．

一つは，「公」「私」がツリー状になっていますね．これは思想というよりは，実際がそうだったということだと思う．仕える，仕えられるという感じが，ちょうど磁石にピンをくっつけると，ズラズラとプラス，マイナス，プラス，マイナスとつながるように「おほやけ」と「わたくし」が鎖になっている．しかし，「公」「私」という思想の上では意識されたということはないのでしょうか．海保青陵の場合には，「わたくし」というのは自分の家のささやきごとであって，「おほやけ」というのは天下のことだというようなチェーンではない形で，つまり「公」と「私」が思想的に考えられてきたのではないかということが一つです．

もう一点は都市のゾーニング．先生は最後に寺尾さんの都市についての考え方をお話されたが，私も賛成で，日本の都市がいいとは思わない．確かに悪い．だから

といって，例えば先生がおっしゃったゾーニングの思想というのは，入れ子状態の町づくりだ．町があって，商業地区，住宅地区，官庁地区と分ける．箱が先ず出来る．住宅地区の中には集合住宅地区と一戸建て地区とにまた分ける．そのようなツリー状の都市が公共的な性格を持つかと言うと，必ずしもそうは言えない．

ある箱とある箱が交わっていて，その交わりのところが一つまた別の箱だというふうに考えると，ツリーではない．これをグラフに書くと，一つの△の上に二つの△が付くということも可能なわけだ．二つに属している．例えば商店街というのは住宅地区にも属するし，ビジネス地区にも属する．そうした二つの箱の交わった部分が都市の一つのエレメントになっていた方が，むしろ公共的な観点からはいいのではないか．完全に分けてしまうと，ちょっとおかしくなるのではないでしょうか．

渡辺浩 海保青陵は「聖人ノコトバニハ」と書いているように，儒学的な言葉の説明をしている．ですから，そういう論じ方が，だんだん江戸時代後半になってくると増えてくる．そして最後には「公論」，「公議」というのが一般に通用するようになってくるという変化があった．それは日本語の「おほやけ」「わたくし」とずれた次元の話であって，日本の「おほやけ」「わたくし」というのは社会的事実の表現としてそういう言葉が使われていたということだ．

間宮陽介 それは海保青陵だけではなくて，多くの人がそれを論じてきているわけですよね．

渡辺浩 そのとき「徳川様」は「わたくし」と見えてくる．公論に反すると…．つまり「御公儀」の「公」は「公」じゃない．「公論」によっていない．あれは「私」である，ということになって，だんだんレジティマシー（正統性）が揺らいでくる．そして徳川自身が最後には公論を味方につけようと努力する．もちろんそれは不可能で，結局「公議」「公論」を掲げた新政府によって取って替わられたというわけです．

間宮陽介 要するに「公」「私」のチェーンがあって，一番上の「公」が大公儀．それが幕末になってくると「公論」の「公」というのと結びついてくると…．

渡辺浩 御公儀が公論に反すると非難されることになる．御公儀の公は「おほやけ」，公論は中国語の方です．

間宮陽介 中国的な「公」に近づいてくるわけですね．

渡辺浩 儒学的観念が浸透することによって，「公議輿論」とか「公論」という言葉が通用力を持つようになってきた．つまり，「おほやけ」の漢字化したものである「公儀」を，「公論」や「公議」が打ち倒すという現象が起きたわけです．

難波征男 今先生がおっしゃられた「公儀を，公論・公議が倒す」という問題で

伺いたい．「五箇条御誓文」に絞って質問をさせていただく．つまりそこに出てくる「公」はどのような意味なのか．その場合に，私は二つの意味があると思う．

一つは「広ク会議ヲ興シ」と言われるように，いろいろな人が集まって，一緒に討議する．その結果，結論が出た場合にそれを公論とする．

もう一つの意味は，「五箇条御誓文」で言うと四つ目になるが，「旧来ノ陋習ヲ破リ，天地ノ公道ニ基クベシ」という，公道という意味の「公」だ．会議を興して公論を決めるとか，天地の公道に立って行動すべきと言ったときの「公」というものが議論されるときの主体は「個人」だと思う．ある意味では「わたくし」というか「私」である．その「私」はどのように形成され，「私」の意見がどのように保障されていくか．そういう辺はどのようになっているのかということなんですが．

「五箇条御誓文」を草案したのは由利公正（三岡八郎）です．この人と一緒にこういう案を考えたというか，作り上げた人に横井小楠がいる．

渡辺浩 由利公正は横井小楠の弟子ですから．

難波征男 彼らは福井藩で学校をつくって，「公論に決すべし」ということを実践した．そこで決せられた公論は，彼らの考え方から言うと天地の公道でもあったのだろうと思う．

それには身分の上下，男女，長幼，そういうものには一切関係なく討論すべきであり，そこで決定されたことを為政者は必ず実行すべきだというようなことを言っている．それが実際どのぐらい行われたのかについてはいろいろな問題があったのだろうと思いますが．この学校での討論は，松平春嶽が後に江戸に出て，政事総裁職になっていく基盤になっていったと思う．

そこでお聞きしたいのは，「五箇条御誓文」に出てくる「公」はどういうものであり，その際に「私」というのはどのように構築されるのかということです．

岩崎輝行 今のご質問に関連して教えていただきたいのですが，私の理解では，公議輿論というのは恐らく自由民権運動，社会主義というふうに引き継がれていったのではないか．一方，幕府の公儀というのは維新政府に引き継がれていったのではないか．

「公」は二つ違う意味で同時に存在した．つまり公議輿論における公議というのは，恐らく村制における村の行政の実態をある程度反映していた，というのが私の印象なんですが．

渡辺浩 「民撰議院設立建白」の「天下ノ公議ヲ張ル」もそうだし，普選運動もそうです．実際，繰り返し繰り返し「五箇条御誓文」は引用される．それから日本語の「おほやけ」の方は維新政府に引き継がれたというのは，ある意味でこれもそ

のとおりだと思う．例えば教育勅語で，「一旦緩急アレハ，義勇公ニ奉シ」，あの「公」は何かというと，戦前文部省が作った英語訳がある．それを見ると「公」のところは 'state' という訳語になっている．ぴったり「御公儀」と合っていると思う．

一方，「天地の公道」の「公」は公論の「公」と同じで，儒学的な色彩を強く帯びた言葉だと思う．

そこでの「わたくし」は？ というご質問だが，これは基本的には儒学の発想だから「私」的なるものは捨てて，「公」の立場で公論を述べなければならないということです．

難波征男 「天理を存して人欲を去る」ですか．

渡辺浩 はい，天理の「公」です．つまり公論と言う限りは，自分一人が得をして他の人には損になるということであってはならないはずである．それは誰から見ても公平な，誰にでも都合がいい議論であるはずなわけです．

つまり，それは会議を興すことによって，何が本当の至当の公平な議論であるかということを発見するという営みであって，それは単なる妥協でもないし，私的利益のもみ合いの結果，この辺で決着しようというものでもない．それはどこかに存在するはずの正しい公論を発見するための手続き，というふうに理解されていたと思う．それは自由民権の人もそうだし，中江兆民もそうだったと思う．議会というのは，正しい結論を導き出すための手続きであった．そのように思う．

難波征男 実は，私が横井小楠を持ち出したのは，議会の前に学校があるわけです．学校でいわば「おほやけ」に討論する．そしてそこで公論をつくっていく，決めていくということがある．なんのために学校をつくるかということを，横井小楠は考えている．

渡辺浩 小楠が熊本で書いた『学校問答書』のことですね．

難波征男 そうですね．朱子学者には一つのテーゼがある．「修己治人」すなわち「己を修め，人を治める」，この二つのことが一体になるというのがあたかも当然のことのように考えられている．ところが，横井小楠から見れば「己を修めること」と「人を治めること」はそんなに簡単に結びつかない．それが結びつくための条件を満たした場が学校だと言うわけです．

学校では「わたくし」の意見，「私的な見解」がもし「公正」を得ていたとすれば，それが他の人と議論することによって学校全体の意見になる．それが実行されるならば，公正が個人的なものから全体のものになっていく．そのような「学校」が，「五箇条御誓文」段階までくると「会議」と言い，坂本龍馬では「議員ヲ置キ

テ万機ヲ参賛セシメ」という議会のようなものになり自由民権運動になっていく．そのように私は思うが，その根底に今言った自己と他者，自他を一体にしていく場として学校があり，議会がある．そして，そこで生まれてくるものとして公論があり公道がある．そこで問題になるのが「わたくし」だ．学校で討議し，また議会で討議する「個人」がどのようにしてつくられていくのか．そこが問題だと思う．これがいわば日本の明治の出発点で出された．それがどのように「現在」につながっているのか，または屈折しているのか．そこら辺についてお聞かせいただければ．

渡辺浩 横井小楠は学校で議論をして，公論を生み出すということも言っているが，そのあと松平春嶽に仕えて，彼の政治顧問になるわけです．例えば文久3(1863)年，いわゆる攘夷論が非常に強くなっていて江戸の方でもそれでたじたじになっていたときに，彼が次のようなことを書いている．「日本が攘夷すべきかどうか．いったん結んだ条約を破棄して，攘夷をすべきかどうかということは非常に重要な問題である．ところで，こういうことは日本一個にとって都合がいいかどうかということで決めるのでは天地公共の道理とは言えないだろう．天地公共の道理を見出すためにはどうすればいいか．これは日本だけのことに関わることではないので，地球上の全論（全世界の必是とか，いろいろな言葉を使っているが），要するに全地球討論をしなければいけない問題である」と．

つまり宮中だけでやってもいけないが，その外でやるだけでもなく，外国人も含めて全地球の議論をすることによって「天地公共の道理」を見出さなければいけない，ということを言い出す．彼はこれを上書させる．この論で押していけば攘夷論は潰れると睨んでそういうことを言っていたわけだ．そのための具体的な制度については，この場合は言っていない．必ず何か制度化されなければいけないというものではなくて，「公共の道理」をいかにして見出すかという問題の答えとして，ともかく議論によるということをいろいろな場で繰り返し言っている．

ただ横井小楠が西洋で議会が制度化されているということを知ったときには，非常に感心している．彼の考える儒学的ないいところは，西洋においてこそ今は実現されている，ほとんど夏・殷・周三代の治教である．中華よりも中華的であり，現実の清国よりも中華的なものが今西洋において実現している，というわけだ．

金泰昌 横井小楠に来て大事なポイントが出てきたので，私はこの上なくありがたく思う．ここでもう一度日本思想史という脈絡の中での「公」「私」というところに少し戻って，渡辺先生にお答えいただきたい．

公議と公論，その対の中で，日本思想史的脈絡において「おほやけ」と「公」とがどのようにずれ，どのように重なるのかということが，思想史的な観点から明確

な形になって現れた局面だと思う．

　領域としての「おほやけ」という溝口先生の見方は，渡辺先生からご覧になったときはそうではない部分もあるのではないか，というお話があった．その違いは少し置いておくとして，横井小楠が実際使った言葉として「公共之道」というのがあり，「天地公共の（実）理」という観点から，幕末期までの長い間「公」の担い手として認められてきた徳川幕府が「私」の立場に置かれ「公」としての立場に復帰された朝廷との関係という新しい枠組の中で批判されるようになったということは，それが横井小楠における特殊例外的なことであったとしても改めて考えてみる必要がある問題だと思う．それは中国の公私観にも明確に言及されたことがないのではないのか．

　渡辺先生がおっしゃるように「おおやけ」がそのまま小楠が言う「公共」ではないでしょう．「おおやけ」とは一応区別した上での「公」も「公共」とはちがうと思う．しかし江戸時代の思想空間の中に「大開言路，与天下為公共之政」という「公共」が論じられたということを思想史的脈絡から再考察する必要を改めて強調したいのです．

　もう一つの点は，領域としての「おおやけ」という認識様式をはじめ空間概念で公共を捉える見方に対して私は少し付け加えたい．空間という媒体の中で行われる活動は，またある意味では媒体がなければいけない．例えば渡辺先生がおっしゃった，侍と農民と町人の間で用いられるお金です．西洋の学者はあまり指摘しないが，私から見ると，やはり貨幣は私の言葉で言えば媒介としての公共性の一つだ．どんな人でも（平等に）ある種の取り引きというか，相互関係を結ぶためにお金がどれくらい大事な役割をしているか．それと言語，郵便もそうだ．そういうものを「場」として捉えることもできないことはないが，場の中で行われる一種の活動というか，相互作用である．

　だから三つに分けてみることができる．一つは活動主体としての「人間」という側面から見た公共性，パブリックがもちろんある．もう一つは「空間概念」としての公共性がある．三番目は，その中で行われる活動を支える媒体としての公共性．そういうパブリックの概念が，渡辺先生が今日とても詳らかにご説明なさった中のところどころで感じる．もちろん江戸時代の社会構成様式や権力構造及び支配―被支配の関係が今日の日本社会とは大きくちがうのでいろいろ問題はあると思う（例えば市民の立場ではなく支配者の立場）けれど，発展的思索も可能ではないのかというのが私の言いたいことだ．

　渡辺浩　第一の「おほやけ」と「公」とのことだが，徳川体制にとって儒学は危

険思想だった．徳川の世をもたせたかったなら，儒学を入れたのはまずかった．侍は別に民・百姓のために戦ったわけでは全くない．民・百姓のために天下をとったわけではない．そのように称しもしなかったわけであって，侍のために町人がいて，侍のために百姓がいる．そこへ儒学を持ち込んだらそれはまずい．いろいろの儒学的理屈が持ち出されるようになり，その挙げ句に倒されたということだと思う．

例えば，「公」「私」などというようなことが言われだしたら，侍の負けは見えているわけだ．侍の支配は元来私的支配だから．

それから二番目だが，確かに西洋における「パブリック」と，とりわけ横井小楠などの議論を見ていると，いろいろ重なる感じがする．

ただハバーマスなどとの関連で気をつけるべきことは，横井小楠の時代の人には文化相対主義はなく，まして価値相対主義はないということだ．「正しいこと」ということはある．あらゆる事柄について基本的には一つあるのであって，それはだれでも，どこでも，いつでも従うべきことだった．ある同じことについて評価が違ったら，どちらかが間違えているわけで，私が正しいのだったらあなたが間違っているし，あなたが正しかったら私が間違っている．だから時々儒学者は，断乎として意見を変えることがある．「公」の立場に立って，「私の今までの考えは間違いでした．私は常に道理の立場に立つのだから，そしてこの件についてはあなたに道理がありますからあなたの立場に立ちます」と変わり得る．それは自尊心を持ってできることだ．

ところが，「道理」ではなくて「価値」と言い出したら問題が難しくなってしまう．つまり価値観というものがそれぞれ自由に選べるものだということになってくると，天地公共の道理を発見するという発想自体が奇妙なものになる．天地公共の道理を信じる立場からすると，「あなたの意見は客観的に間違っている．あなたは客観的に悪い」と言えるが，価値相対主義で「それぞれの価値観は自分が選ぶものだ，ところで私の立場からはこうです」と言うようになると，そういう表現自体が成り立たないことになる．そうなったときにどうするのかというのは，新しい20世紀的問題であって，中江兆民や横井小楠は知らなかった問題だと思う．

三番目に，確かに，もしかすると貨幣も郵便もシビル・ソサエティを成り立たせる公共的な活動というふうに言えるかもしれない．しかし，江戸時代について言えば，貨幣は政治権力が造るものだった．政治権力が発行する．金貨，銀貨，銅貨，すべてです．

江戸時代の郵便は二種類に分かれていた．いわばお上の郵便と民間の郵便で，別のシステムになっている．民間の郵便はかなり発達していて，小さな荷物でも中身

が取られる心配なしに，江戸から鹿児島まで送れるというふうに江戸時代の人が書いた例がある．その程度には郵便は発達していた．そういう意味でのある種のシビル・ソサエティ的なものはあったと言えるかもしれない．

　文芸的なものについても出版業は非常に盛んだった．京都，江戸，名古屋の三都市の本屋が共同出版をして全国で売る．場合によっては例えば八戸に住んでいた医者が京都の出版社から本を出すということもあって，こういう形で本が流通する．本は方言を超えて読めるわけです．かつ江戸時代は字体も非常に統一的で，官庁公文書，あるいはお上に差し出す文書は字体から文体まで決まっている．それで書けばある程度の人はだれでも読める．そういう状況ができていたということは，その後の展開に何かつながったということはあるかもしれません．

　金泰昌　昨日，渡辺先生から天変地異は不公平だというお話があったが，例えば阪神大震災のときにこれを天災と捉えますと，政府のいわゆる公的責任がなくなってしまう．天災と人災に関連した話ですが，エスカトロジーというのはキリスト教の神学では，究極的に人間の行為とその結果が神の前で神によって裁かれる．その裁きを通して神の正義が圧倒するということがはっきり現れる歴史上の時点を，いわゆるエスカトスと捉えるわけだ．カタストロフィはそうではなくて，人間と人間，人間と社会の間で日常性が切断されてしまった究極の状態を語るときにカタストロフィという場合が多い．

　例えば阪神大震災はエスカトロジーではなく，一種のカタストロフィということです．ところで大震災に対して三つの考え方がある．一つは，これは天災なのだから「おほやけ」（政府）としてどうしようもない．被災者の一人ひとりが対応するしかないという見方．もう一つは，先ほどの渡辺先生のお話にあったように，村という箱の中で一家族が潰れたときに，他の村人が一定枠の中で共同して対応するというやり方．三つ目は，政府が税金を取っているのだから，そういうときにこそ税金を使うべきではないかという考え方だ．

　徳川時代の日本において，こういうカタストロフィに対応する幕府のレスポンシビリティ（アカウンタビリティではないが）というものがあったのでしょうか．

　渡辺浩　何度も申し上げているように「おほやけ」という言葉は今言う「公共性」という意味はほとんど含まない．しかし実際上は「徳川様」が「公共的」なることはするんですね．

　例えば河川の氾濫を防ぐために大規模な治水工事をする．大きな河川，いわば第一級河川については江戸の政府の責任．もう少し小さい川についてはそれぞれの大名の責任というふうに責任分担があって，それぞれについて治水をする．

もともと治水工事というのは，戦国の世にそれぞれ大名が富国強兵を競って，生産力を上げるために始めたことだ．それまでの日本では安定した田んぼをつくるというのはかなり難しいことだった．ところが16世紀の途中あたりから，政治権力が大動員をかけて立派な堤防をつくり，新田開発をするということがどんどん行われるようになる．それが17世紀の100年間でさらに進行して，広大な新田が開発された．

人口が横這いに転じるのは18世紀の頭ぐらいであって，江戸の初めの100年間は人口急増の時代で，2倍以上に増えている．治水工事による新田開発によって，反当り収穫量が上がると同時に耕地面積が拡大した．17世紀は，人口が2倍以上に増えたのに，一人ひとりの生活水準も上がっている．日本人が一日三回，米を食べるようになったのは17世紀末と言われている．

結果としては武士は公共事業をやっている．そして公共の利益になっている．でも，そのもともとの発想は違う．民・百姓のためにやっているわけではなく，生産を上げて，より豊かな，より強い大名になる，より強い将軍になるためにやっているわけです．河川管理を政治権力がきっちりやる．増えた年貢がその財源になる．

日本の城下町をご覧になるとわかるが，町人が住んでいるところは堀と城壁の外だ．町人は守らない．町人はいざ攻められたら勝手に逃げなくてはいけない．堀の中に住んでいる人と城を守るためにすべてのものはできていて，必要なものを提供するために町人はそばに住まわされている．結果的にそれが町人のためになっている場合もあるが，構造はそのようになっています．

金泰昌　何か地震のケースはなかったのですか．

渡辺浩　地震の場合でも，「お救い」ということをすることはある．人口が減ると困るので．それと同時にボランティア活動というのが結構行われる．儒者はしないが，例えば石門心学の人たちは炊き出しなどということをよくする．

これは溝口先生がお話になった中国と同じだが，村の長者はお米をたくさん抱えていて，いざというときに出さないと後が怖いから，そういうときには出すということもする．そういう形である種のボランティア活動，施行が，宗教的義務としてではなくてなされる．

金泰昌　それは中間集団と言えるものですか．

渡辺浩　実は江戸時代はあの箱だけで全部ができていたわけではなく，他の人間の繋がり方というのもある．石門心学の社中もそうです．ボランタリー・アソシエーションと呼べるようなものが江戸時代に幾つもある．例えば講．それから座とか社中とか連とか連中とかです．ちなみに明治の初めに，「ソサイエティ」の翻訳に

「社中」が当てられたことがあった．まさにそのとおりで，今でも花柳社中とかいろいろあるが，あれは地縁でも血縁でもなく，何らかの目的，例えば遊芸のためにつくったボランタリー・アソシエーションを呼ぶ名前だ．それは無数にあり，活潑に活動していた．

岩崎輝行 先程，明治初期の頃に，「公」と言っても二つの意味が同時に存在したということに関してお答えをいただいたが，もう一つ，公議輿論に関してお聞きしたい．理念としての公議輿論のほかに，公議輿論の理念が実現される場というのは江戸時代にあったのではないだろうか．

それは村の自治がどのようにして行われていたかということです．つまり一揆とか直訴というのがある．この一揆，直訴はどのようにして決定され，行動に移されたかと言うと，村の自治には恐らく全員一致，合議制というシステムがすでに確立されていた．それが背景にあって，公議輿論という形でその実態を伴ったものとして，そこで提案されてきたのではないか．ただ，それが，もう一つの公儀である明治維新政府によって潰されていく．そういう解釈でいいのでしょうか．

林勝彦 引き続いてもう一問，花岡先生お願いします．

花岡永子 入れ子構造の最も小さい単位としての「私」と，江戸時代の一番大きな構造上での「おほやけ」という立場ですと，本当にプライベートな「私(わたくし)」と，もっと広い場で世界的な次元での「公(おほやけ)」とが全く中立的に言われており，これは大変日本の面白いところだと思う．今遊芸的な（公共性の）世界ということで，お答えは半分いただいたような気がしているのだが．

だからこそ，日本ではそういった「公(こう)」「私(し)」ではなくて，プライベートの「わたくし」と「おほやけ」の開けの場にどんな枠組みも課せられないような「自由なる世界」をひとつに追求していくような文化に結実したと言えるのではないか．江戸時代は遊芸だったのかもしれませんが，奈良朝でも平安朝でもたくさんの女性の文学者が出たとか，鎌倉時代の大変封建的な時代や室町時代に能楽が流行り，あるいはいろいろな仏教の宗派が花咲いた．そういう入れ子構造での「公」「私」であったがゆえに，日本が世界中の法政史の裏面として成り立っているということが言えないでしょうか．イスラームの世界だと「タウヒード」ですね．すべての両極概念が「一」化して見られるような場を求めるということが日本文化の中に見られるのではないか．思想の中にもそれが大変特徴的に開けたのではないか．そのような見方はできませんでしょうか．

渡辺浩 まずあとの方のご質問の趣旨をよく理解できたかどうか自信がないが，遊芸が，ある開いたもの，身分を超えた，箱を超えたものだというのはその通りで

す．何でも積み込める性質を持っている．女性ももちろんです．遊芸の世界は「個人」として入る．だからそういう性質が可能になっているということはあった．それは入れ子の箱とは別の原理だったからこそ可能であったのではないかと思う．

　溝口雄三　私は「領域の公」ということも言っているので，その関連で今のご質問への渡辺先生のご回答を含めて補足させていただきたい．私は日本の公が「領域の公」しか文献の上では現れて来ない，とは言ってない．横井小楠ももちろん知っているし，もっと遡れば，早くから朱子学も入っていたわけだから，そういう「公」が使われていることは確かであるわけだ．

　しかし問題は二つあって，一つは，思想家の言説をどのように継承するかという立場に立つ場合は，横井小楠の先ほどの宇宙的な地球規模の行動という主張は継承すべきものとしてまず大事にしなければならない．

　もう一つは，日本に実態的に「公」概念がどのように定着したかということになると，これは歴史的事実の問題になる．その場合には，例えば福沢諭吉を全部丹念にお読みになればわかりますが，そういう「公」はいっさい使っていない．むしろ彼はそういう「天地の公道」などと言っているのは，うかつも甚だしいと言って，「国家の公」を主張する．あるいは「政府の公」を主張する．それが日本の政府全体の思想の流れだ．

　では一般に民衆の場ではどうであったか．いわゆる「道理」と「理」の二つがあり，日本人は「道理」によって決めるわけです．ここで言う「道理」とは何かと言うと，はっきり言って「妥協」です．どのように妥協し合うか．少数意見も日本では必ず容れられる，強く主張すれば．ただし，それをどこまでも言い張ると，「あれは理に勝っている」，あるいは「理張っている」と言って嫌われる．これは日本社会の特性です．

　「年寄り」とか「談合」というのは江戸時代の言葉で，実際に村の寄り合いの中でいろいろな利害が調節され合う．そういう場合に「理」を張らない．お互いが全体として，なんとなく，ぼんやりとまとまっていくのを待って，「じゃあそれでいきましょう」というのが「道理」の世界だ．

　中国の場合は「理」の世界だ．どこまでも言い張る．AとBがそれぞれの「理」で戦う．絶対に譲らない．譲ったら，それは自分が間違っているということを認めることになるわけだ．そこで仲裁が入る．どちらかが正しいわけだから，仲裁は真ん中をとるということはあまりない．

　そういう文化の違いがある．先程の学校の話にしても，やがてそれは地方議会に移っていくわけだが，升味準之輔さんの『日本政党史論』をお読みになるとわかる

が，実際に日本の地方議会が非常に早く成立したということの裏側にあるのは，村の談合の文化なんです．それがそのまま日本の村議会に存続している．ボスの話し合いによって決まっていくというパターンです．だから形の上だけでそれを公論と言っていようと，何と言っていようと，実体的には日本の「おほやけ」(＝わたくし）である．だから昨日金先生がおっしゃった「和を以て貴しとなす」という場合の「和」は，諍い（いさかい）として「理」を言い張らない文化だということは押さえておく必要があると思う．

渡辺浩 今の点にもう少し補足したいのは，日本人が全部そうだということではもちろんないということだ．ある条件に置かれると日本人はそのように行動する傾向があるということであって，儒学的な教養を身につけた武士というのは断乎として言うということもする．

なぜ村では違うかと言えば，箱になっていて，生まれたときからお互いに知っているという状況で，このあとも代々住んでいくものだと思っているわけだから，そんなにきついことはできない．恨み骨髄というような人間を村の中に一軒でもつくったら，夜中に田んぼに何をされるかわからない．ですから，やけのやんぱちにはさせない．お互い様のことであって，お互いにあまりきついことは言えないけれども，お互いにあまり馬鹿なこともできないという形で，お互いにぎゅーっと縛り合って，なんとかかんとかやっていく．

いくらでも自由に出て行って，何でもできる社会ならばそんなことをしないですむわけだが，こういうシステムである以上はそういう行動をするのが合理的行動と言うべきものだ，と私は思う．

だからそれは一般的な文化の違いと言うよりも，制度の違いがそれぞれに違う行動を選ばせたんだと思う．

溝口雄三 定着性の強い文化と流動性を前提とする文化との違いはやはりあると思います．

金泰昌 渡辺先生が強調している点として「おほやけ」は「公共性」という意味合いをほとんど含まないというのは徳川時代の思想空間を念頭に入れた解釈・理解としてはわかりますが，現実的な使用例から言えば，今我々が日本社会における公私議論を通して必ずしも明確に区分して考えたり論じたりしているとは思わない．非専門家の日常的会話はともかく専門家の間でかわされる高度の学術討論の中でも，公≒おおやけ≒パブリック・私≒わたくし≒プライベートという対立項が定着しているという傾向があるのではないのか．渡辺先生から改めて問題提起された点として今後の我々の考察を必要とするのは，まさにそういう見方・考え方を脱構築・再

構築するという知的作業ではないかと思うわけです．
　そして現在我々が「おほやけ」と「パブリック」をある種の接点をもった概念として使いながら江戸時代の日本の事情を考えてみると私の質問に対する渡辺先生のお答え——前の議論でも出ましたけれど——にもありましたように徳川時代にも接点は十分あったし実際そういうふうに使われていたと考えるべきだと思う．そういう方法やそういう見方が渡辺先生には気に入らないかもしれませんが．
　しかし私どもが今ここで議論しているのは現代の問題としての「公」と「私」の問題を見直すということですし，そういう観点から例えば江戸時代の日本のことを参考にするのですから，どこかに問題を考えていく上での相互関連を想定しないと江戸時代の日本を語る意味が何なのか曖昧になる．

総合討論 II

コーディネーター：金泰昌

公共性と世俗化

金泰昌 総合討論をするに際して，二つだけ確認しておきたい問題があります．

一つは藪野先生から出たご質問だ．公共問題を語るにあたって大変大きな意味を持っており，今世界の数カ所で大議論になった問題である．それは，果たして宗教は私事（private affairs）なのかということだ．

それともう一つ関連がある問題は，特にイスラームのお話の中で出てきたアーバナイゼーション（都市化）の問題だ．都市化と近代化は一緒になるが，それと宗教の世俗化（secularization）及び宗教の私事化（privatization）とは随分大きな関わりを持って議論されてきた．

キリスト教会は宗教の世俗化が起こる前までは公共空間だった．宗教が私事化されたのは，いわゆる神と人間の関係が切れた結果，世俗社会の政治，経済，文化がおのおの自立・独立して，自己完結的な規範によって規制されるようになった．だから神が要らない．言ってみれば宗教の地位が相対化された．あるいは（世俗と）分化された．そこにはポジティブな面とネガティブな面の両面があるが，政府からの宗教への介入を退けるために私事化するという意味があった．もう一つは，できるだけ自分を守るためには人間の一人ひとりの内面的な問題にのみこだわった方が問題を起こさない．いろいろ複雑な戦略もからんで，結果的に宗教は私事化せざるを得なかった．

しかし，今，果たして宗教がとことんまでただの「私事」で終わっていいのかという議論が起きている．これはなかなか大変な問題で，最近の傾向は，上からの「公」とか下からの「公」ではなくて，両方がブリッジ・ビルディング（橋を架ける）の役割をするという意味で中間集団組織のような形で「（宗教が）もう一度公共的役割を取り戻そう」という議論や運動がアメリカでは確然として起こっています．イギリスやフランスやドイツでもいろいろな形でそういう議論がなされている．そこにおいては「公」「私」の両方をつなぎ合わせて生かすという意味で，私の個人的な観点から申しますと「共」（common）がかなり強調されている．

一方，イスラームの場合に世俗化は起こっていないのかなという感じがした．な

ぜかと言うと、イスラームでは今でも人間の方と神の方とに分かれていなくて、すべては神の方から規制されるという印象を受けたからだが、それはどうなんでしょうか．

国際法との関係でもカント的な見方は神まではつながらない．普遍的な原理原則があり、それに基づいて、国家と国家の間の法律とか規範とかの原則を立てるべきだという．

ホッブズなどは、そんなものは全然ないのだから力で決めようという見方をする．

グロティウスは、最終的な解決というのは結局合意をして、お互いがルールをつくってそのルールを守っていくしかないのではないかという．神なき世界で極端な紛争が起こったときに、それを解決する完全なモデルはない．

神を前提にすると、神によって全部解決されるという面もある．しかし、先程の阪神大震災のケースもそうだが、「神にお任せ」ということで人間が具体的に組織として、あるいは政府としてどういう責任を取るのかということが明確にならない場合も出てくる．

世俗化が持っているいい面と悪い面とがある．先程の板垣先生のお話の中では、その点がどうしても都市化、近代化というところではあったが、世俗化というのはどうなのでしょうか．

もう一つは渡辺先生に教えていただきたいのですが、都市は町人が住んでいるところを指すのでしょうか．それから、侍は村とは違うところで住んでいるという印象を受けたのですが．

渡辺浩 侍は基本的にみな町（都市）に住んでいます．

金泰昌 では都市における世俗化がどうなっていたのか．後に時代的に振り返って理論的に説明するという面もあるが、それにしても世俗化モデルで説明できるようなところが江戸時代にもあったのでしょうか．なぜかと言うと、公共性の問題は世俗化とかなり深い関係がある．今からの議論もそうだが、他のところで今起こっている「パブリック」「プライベート」の議論というのは、どうしてもこの世俗化の問題と随分深い関係がある．そのことだけ少しお教えいただいて先生方のお話に移りたいと思う．

イスラームにおける世俗化

板垣雄三 'secularization' 世俗化という問題は、現象的には今日、イスラームが広まっている諸地域、すなわち中東のみならずインド亜大陸でも東南アジアでも中央アジアでもアフリカでも、さらにヨーロッパ、アメリカ、世界中で、殊にインテ

リは，彼または彼女と宗教との関わりを尋ねられた場合，宗教にはこだわっていないと答える人も少なくない．実際の生活様式を見ても，別に礼拝や断食など守らない人も結構いる．

　イスラームの場合は非常にその辺が融通無碍で，一日五回の礼拝が義務付けられていると言っても，何回分もためておいて，「神様，お久しぶりでございます」みたいな感じで礼拝をすることも，それほど珍しいことではないし，そもそもそういうことが許される仕組みになっている．ラマダーン月になっても断食をしない，お酒も自由に飲んでいるし，ハムもソーセージも気楽に食べるという，そういう感じで全くイスラームに縛られない暮らしをしている人たちもいる．人々は近年，とみに宗教心を強めている，とは言えるが．

　場合によっては，例えばサウジアラビアあたりで，アメリカから戻って来たようなテクノクラートの夫婦とか，そういう外国生活の長い家族の家庭を訪ねると，家の中はアメリカの暮らしのまま．奥さんも平気で出てくるし，家にはちゃんとホームバーがあったりする．しかし家から一歩外に出れば全くの別世界．いわば非常に巧みに異なる文明を飛び移りながら暮らしているという，そういう人たちもいる．

　ですから原則的にイスラーム離れをしている人や，文明飛び移り方式で，状況に応じてうまく切り抜けている，そういう人も含めて，世俗化現象というのは様々に観察することができる．

　しかし，それでも非常に大事な点は，そういう意味でイスラーム離れをした人も，いわば突っ張って離れている面があるわけで，無媒介に 'free thinker' であるわけではない．あるいは無神論者であるわけではない．これはイスラームという立場のあり方との関係の中で自分の選択としてやっている．そういう意味で，これは主体的に選択される計算された宗教離れというか，世俗化傾向といいますか．

　私はイスラーム教徒ではないのですが，私が中東やイスラームに関係を持つようになったのは，むしろまずキリスト教というバックグラウンドがあって，なんとなく中東とかイスラームに対して比較的にいわば取っつきやすい感じを子供のときから持っていたということがある．

　しかしその場合に，私は自分自身の成長過程での経験として，お祈りをしないとご飯を食べさせてもらえないといった，そういう日本の非常に特殊なプロテスタントの教育のあり方に対する抵抗感の記憶から，「キリスト教は飯の恨み」とかなんとか，ふざけて言ったりしていますが，これは私の個人的な感覚の一断面に属する話なので恐縮ながら，広い意味でイスラーム離れしたイスラーム世界のインテリたちのある部分の人々の気分は少しわかるような気がする．

それは文字通り世俗主義かもしれない．しかしそれはただ主義であるというより，逃げても逃げても逃げ切れない，そういう大きなイスラームの包括性というか，逃げても捕まってしまうことを最初から予感している，そういう場でのポジション選定だということを感じる．
　だから，安直にうまく二項対立的に政治か宗教か，教会か国家かという論理で分けて，分割の論理で，うまく世俗的な部分，世俗的なプロセスというものを限定的に求めてしまう，そういうふうな 'secularization' とは少し違うと思う．
　イスラームの場合，またそれは同時にイスラームと非常に深くいろいろな格好でネットワークを組んでしまった東方のキリスト教やユダヤ教の人々を含めて，そういう全体がイスラーム的な問題のあり方にみんなつき合ってしまっているという現実があって，その場合のイスラーム的なあり方というのは聖と俗というものを分けない．聖・俗という二分法を断固として拒否するという，そういうタウヒードというものに，逃げても逃げても追っかけられて捕まってしまうことが分かっているような，そんな文化的・思想的風土があるように思う．
　宗教を内面の問題として捉えるということでいけば，預言者ムハンマドの運動それ自体が，「アブラハムの宗教に立ち戻れ」というのが基本スタンスだった．ムハンマド自身が原点志向で，その原点はアブラハムの宗教であった．預言者ムハンマドを取り囲んでいたのは，アラビア半島の多神教という現実だけではなく，ネストリウス派のキリスト教もあれば，シリア正教のキリスト教もあれば，そしてユダヤ教徒もアラビア半島にはたくさんいた．そういう全体の宗教状況，様々な宗教が混ざり合っている中で，純粋なる一神教のタウヒードというか，アブラハムの宗教を回復するのだという，そういう宗教改革が預言者ムハンマドの運動だったというように考えると，すでにそこのところで宗教を内面的に最も深いところで摑みなおすということが問題になっていたのだと考えることができる．
　それからシャリーアは，確かにイスラームの法の体系を作り出すことだが，それは人間の生き方とか，人間のコンダクト（おこない）というものをどのように神との関係において秩序づけ，意味づけるかということであったわけだ．これも法体系を整えたとか，社会システムを整備したというような次元のこととしてのみ捉えるべきではない．運動としてもっと内面的な意味があると思う．
　そして今度は，シャリーアが300年ぐらいかかって体系化される，そういう過程で，法解釈学の技術化や形式論理の横行，管理社会化に対して，こんなイスラームでいいのかという反省の中からスーフィズムという運動が出てくる．スーフィズムは文字通り内面へと収斂していく運動であったわけで，それが社会体制に対して非

常に革命的な意味を持ったわけだ.

ところがそのスーフィズムが社会運動として慣性となり,習俗化していってしまう.聖者の墓をめぐったり,神秘主義の教団でいろいろな修行の方式や神体験の手順などがしっかり決まってしまったりとか,惰性化が進行する.かつての革新運動の堕落に対する反省からあらたなイスラーム革新とイスラーム国家建設をめざすイスラーム運動が起こってくる.これが現在の問題だ.

そのようにイスラームは,それ自体の中に絶えず現状批判と自己告発という課題意識を動機として含んでいる.ですから,内面化の方向に宗教を括り込むことを追求しても,決してただちに世俗化にはつながらないということがあると思う.

天災の問題に関しては,これは必ずしもクルアーンの世界ばかりのことではなく,いわゆる旧約聖書(これはキリスト教徒の言い方.ユダヤ教徒からすれば聖書〈タナハ〉)からずっと持ち越している話で,これは神の警告です.天災だから人間の方は原因から免除される,免責される,起きてしまうことについては仕方がないといった災難ではなく,やはり政治が悪いから,悪徳がはびこるから,こうなるという問題に必ずつながっていく.そういう次元で捉えられる問題だ.

それこそタナハからクルアーンに受け継がれ,語り継がれていくテーマがある.ユダヤ教もキリスト教もイスラームも大体の話,一つの宗教ですから,つまり一つの宗教の三つの派ぐらいに考えてもいいぐらいなので,考え方の中にずっと一貫して都市の滅びが神の警告であり懲罰だという問題があるわけで,それを人間がどう受けとめるか,なぜこうなったのかということを人間の側でどう反省するかという,そういう問題なので,日本語としての天災とはそもそもわけが違うものだと思う.

私がアーバニズム(都市性)とモダニティ(近代性)にウェイトを置きながらもあえて「世俗化」という問題を抜いてお話したのは,ある種の戦略としてのプロヴォケーション(挑発)ですが,これはイスラーム中心主義だとよく言われる.ヨーロッパ対イスラームという問題の立て方は十字軍の論理です.十字軍の論理は「二つの世界」論.世界をキリスト教世界とイスラーム世界との二つに分けて考えて,武装巡礼でエルサレムをめざす.これがうまくいかなくなって,今度はイベリア半島をめざすのがレコンキスタ.それが一応終了すると,今度はイスラーム世界を外回りから包囲する.西へ西へと地球を大回りして,フィリピンに到着する.そういうイスラーム世界の大包囲戦略としての大航海時代.こういう一連の十字軍的構想をもつ「二つの世界」論です.

これを世界史解釈に当てはめて,19世紀ヨーロッパの古代史像が形づくられる.つまりペルシャ帝国の専制に対する自由なギリシアのポリス市民という「二つの世

界」論．これは同時代人のヘロドトスが描いた世界とは非常に違うヨーロッパ的解釈による古代史像です．

この十字軍的な「二つの世界」論をずっとあとへ引き延ばしてくると，20世紀後半の二つの体制の間の「東西対立」，米ソ対立という冷戦論的「二つの世界」論につながっていくと思う．

イスラームのアーバニズムとモダニティが地続きにヨーロッパの近代化を促しただけでなく，東の方へもつながり，中国やインドや東南アジアの「近代化」状況を触発していく．私は，アジアはウェスタン・インパクトがあって初めて近代に遭遇したのではなくて，ネットワーキングを本領とするイスラーム文明といろいろな格好で関係ができてくる中で，アジア自体のモダニゼーションの過程が開始されたのだということを考えているのです．

溝口さんの昨日のお話にもあった中国の儒学もそうだし，宋代以降の社会・文化の変化という問題も，このような問題の立て方の中で考えられるのではないか．

渡辺さんのお話に出てきた「おおやけ」と「公」ということも，言ってみれば，こういうつながりの中での一つのモダニゼーションの問題で，「おおやけ」が「公」に置き換えられていく中で，イスラーム的なモダニティが儒教というものを媒介にして，世界大の変化を生み出していくと見ることはできないだろうか．

これは決してユーロセントリズムに代わるイスラーム中心主義を提案しようということではない．アーバニズムとモダニティというところに，この宗教の内面化の特徴的なスタイルがあるのであって，そのことは世俗化というような次元とは違う．確かにトルコではケマル・アタチュルクからの国家の世俗化という変化が起こったこと，そしてケマル・アタチュルクの時代は終わったと言わなければならないような意味で，トルコのイスラーム化が今あらためて問題化しているということはあるが．ともかく世俗化という次元とは違うところで，このアーバニズムとモダニティを捉えなおしてみたいと考えています．国家と宗教の二分法の上にだけ「近代」を予定する前提を疑うのです．

こういう考え方はヨーロッパやアメリカの人に言うと，日本でよりはもっとわかってもらえる面がある．イスラーム世界ではこんなことはいわば当たり前の話で，「やっと言ってくれたか」と言われかねない．バーナード・ルイスというイギリスの東洋学者がアメリカに移り，プリンストン大学で教えていたが，彼が *Foreign Affairs* の1997年1・2月号に，こういう世の中の「新しい」風潮に反発して，「けしからん連中にはクギを差しておかなければいけない」という使命感からか，かなりありきたりの，日本の歴史教育などでも古めかしい常識と化した陳腐な話を「中

東と西欧」という論説として書いた．

　彼によれば，古代ギリシア・ローマとオリエントの文明が流れ込んだ先が三つあり，そのうちギリシア正教とイスラームの方は歴史的使命を終えてすでにお終い．西欧のキリスト教世界が今日の我々自身というべきモダニティにつながっている．確かに歴史の中で，中世あたりにはヨーロッパから見ればイスラーム世界は目も眩(まばゆ)い都市文明の世界で，この時代にはイスラーム世界こそモダニティだったかもしれないが，時代は移り，今や我々の時代のモダニティという点で言えば，もう西欧キリスト教文明とのつながりにおいてしか世界は存在しないのだ，という．バーナード・ルイスさんは私もよく知っている人だが，時代の流れに抵抗する一つの反撃として，そんな繰り言を言っているわけだ．

　日本の特徴ということが問題になっています．私は昔つくった文明戦略マップと呼ぶ図を使っていつも説明しているのですが，歴史的世界はユーラシアサークルとインド洋サークルと地中海・アフリカサークルという三つ巴(どもえ)に重なりあう「世界」から成る．この三つの「世界」を全部抱えているのが中東だ．したがって，ここに世界宗教の起源が集中し，世界の聖地がここにそろっているということにもなる．この三つのサークルは，先程の金先生のお話でいくと，場の問題に関連しているともいえる．交通とか，言葉とか，貨幣とか，そういうことに関係するが，これは非常に密度の高いコミュニケーションによって結ばれたサークルである．

　これら三つのオーバーラップしたサークルが手前にあって，裏側に，裏世界と言うと少し失礼かもしれないが，別に裏番組というような意味あいではなくて，向う側の新世界としてアメリカ大陸があるという考えである．間に太平洋や大西洋を置いて，手前の三つの輪の重なり合いの後ろ側にあるアメリカ大陸に，まずユーラシアからインディオとかインディアンと呼ばれることになる人々が移っていく．次にイベリア半島から人々が移っていく．ヨーロッパからも移っていく．アフリカから多数の人間が奴隷として連れて行かれる．さらに太平洋における人間活動というものもある．

　そういうふうにして，後ろ側のアメリカ大陸というのは手前の三つの円環を全部持っているともいえる．その意味で，アメリカ大陸と中東とはいろいろな意味で比較できる共通性というものを持っていると言えるだろう．

　同時に，このユーラシア世界とインド洋世界の外側の交点に日本があり，ユーラシア世界と地中海・アフリカ世界の外側の交点に西ヨーロッパがある．こういうところで，日本と西欧とは非常にシンメトリカルな位置関係にあるのではないか．そういう意味でも，私は日本はアジアではないと考えている．

それと今度は西ヨーロッパと日本がどういうふうに違うかというのは，近代化の図（225頁参照）が示すように，西欧はイスラーム文明の直接の出店のようなものであるのに対して，日本はイスラームのインパクトを中国や韓半島や東南アジアという媒介項をおいて受け取るというところに認めることができるのではないか．

　金泰昌　私が「世俗化」ということについてお聞きしたかったのは，「つながりとしての公」と「理念としての公」の一体化と分離化の問題です．例えば「神」というものがあって，それがある意味で一律的な，あるいは一化的な原理として作動する場合は理念としての「公」だけで十分だと思う．それでは何故，つながりとしての「公」が必要になったのか．何かの理由で一化的な原理というか神というか，そういうものが崩壊したときは，結局，つながりとしての「公」という概念しか成立しなくなる．ヨーロッパの場合は「神の死」というニーチェ的な衝撃があったわけだが，イスラームの場合は板垣先生のお話をお聞きした限りでは，そういうショックはなかったようだ．そうすると，ある意味で原理的には理念としての「公」だけで十分である．ただ現実的には理念と現実とはずれがあるので，一元化・一律化的な原理で説明できないところは，どうしてもつながりとしての「公」をもってしか公共的な役割を果たせないのではないか．その辺りはどうなんでしょう．

　板垣雄三　つながり的な「公」と原理的な「公」とを分割できないのは，ムアーマラート（社会的義務）がそもそもつながりだからなんです．それが最初から組み込まれているので，仮に神の方を殺してみても，イスラムの「公」は成り立ってしまう．

　金泰昌　「神」との関係が切れても，その横（の関係）だけが自立できるのですか？

　板垣雄三　それは成り立たないというべきで，仮に成り立っても，それは安定的でないという考え方なのです．

　「アッサーラム・アライクム」という軍隊風の敬礼がある．武器を持っていないと手の平を見せて，相手に示す．この敬礼は，本来は，「神を頂点とする三角形によって底辺の（横軸の）平和があり得るのだ」という信仰告白の挨拶を人間同士で横向きに交わすわけだ．「アッサーラム・アライクム」を聞き訛って，フランス語では軍隊風の敬礼のことを「サラムレク」と言う．幕末・明治維新期を通じてこのサラムレクが日本に伝わってきて，自衛隊でも警察でも消防署でもやっているが，ここでは脱イスラーム化がいちじるしい．敬礼の宗教的な意味が全然わからなくなっていて，下（横）のところのムアーマラートの軸だけを切り離してしまっている．イスラームの立場からは，この分割にものすごい抵抗があるということだ．

金泰昌 事実として,イバーダート(宗教的義務)の軸が消えたことがないのですね.

板垣雄三 消してはならないということです.

金泰昌 それがポイントなんです.

板垣雄三 三角形あるいは三角形を括る円環からどんなに個人として逃げたつもりになってみても,この円環の「関係」の場の外側には逃げ切れない.

小林彌六 板垣先生のお話を聞いていて,イスラーム世界というのが「究極の一」である神の唯一性についての信念を軸にして,かなり強烈で緻密な社会哲学ないしは政治哲学をもって構成されている世界だなという印象をもった.

神を殺した文明による今のグローバルな経済の展開とか外交,政治の動きを見ていると,神を殺した文明が神を軸にする文明を呑み込もうとしている.「文明の衝突」ということが現状に即して言われているが,そういう意味で中東世界の緊張関係をどうご覧になっていますか.

板垣雄三 先ず私は神を殺した日本社会というふうには考えていない.日本には日本的な形で宗教が働いていると思っている.それから,ヨーロッパの近代というものも,神を殺した,というようなものではないと思っている.次の世紀に「文明の衝突」的な次元で宗教の有る所と無い所とが対抗していくという見方にも,私自身は組みしない.宗教は,社会的には,大体かなりいろいろな操作の上に成り立っている.わかっている者には,それがどうもインチキだというのはわかっているけれど,まあ信じていますということとして成り立っている面もあるであろう.そういう意味では,世界中共通してそういう感じを免れないところがあるので,示唆されたような考え方にはそもそも疑問をつけて考えている.そればかりでなく,「文明の衝突」なるものを宗教があるかないかという問題に結びつけることについては,更に大きなクエスチョンマークを私はつけたい.

恐らく21世紀のほど遠くない将来において,様々な行き詰まりの中で,人々がその内側で自覚していなかった宗教が否応なく問題になる.あるいは自覚していた宗教も自覚していた形のままではない様相において,世界中のあらゆる地域の人が宗教の問題にあらためて直面することになるのではないかという予想を私はもっている.

小林彌六 西欧世界に関しては,世俗化された状況がパーセンテージにおいてかなり多いのか,それとも本来のキリスト教的精神の伝統を伝えているとお考えですか.

板垣雄三 日常的な生き方の原則にかかわるところで,日曜日に教会に行くとか,

結婚式を教会でやるとかというのは、イスラーム世界で金曜日の昼にモスクに集まるというのとまったく同じことです。その一方で教会やモスクに行かない人もいっぱいいるわけで、捉え方によってはどこもかしこも宗教は力を失っている。イスラームの場合も含めて、現象的には至るところで世俗化の波に洗われているように見える。しかし、それで宗教がなくなってしまっているというようなことは、日本も含めてないのではないかと、私は思っている。

日本における世俗化

渡辺浩 世俗化というような問題の立て方で日本史を論じるのは非常に難しい。日本は、イスラーム世界が行った方向とは違う方向へどんどん歩んでいった社会だと思う。

江戸時代を眺めると、非常に宗教的なようにも見えて、全く非宗教的にも見える。江戸の町でも、特に京都などそうなのだが、お寺と神社だらけです。江戸も至るところにお稲荷さんがある。村祭りも盛んにやる。それから東北地方の人まで伊勢に参るし、60年に一回は御蔭参りといって、全国から巡礼が伊勢に集まるということが起きたりするが、他面でひどく非宗教的というか、あっけらかんと世俗的という感じがする。

まず一つ特徴的なのは、統治身分である武士たちは世俗権力であって、宗教的な後ろ盾を持たない。持たないのはなぜかと言うと、戦国のときにお寺や神社の特権を全部奪い、危険な宗教的な団結も断ち切ったわけだ。一向一揆とキリシタンを徹底的に弾圧することによって成立した権力である。そして、お寺や神社の土地もお寺や神社固有の土地ではなくて、お殿様代替わりごとに土地をあてがうという文書を出す。土地は与えているんです。

だから逆に御奉公の義務が生じる。そして、基本的にお寺、神社は寺社奉行の統治下にある。寺社奉行自体はただの武士である。世俗権力がそうやってがっちり押さえ込んでいて、そこから出ることは認めない。

したがって戒を破った破戒坊主の処罰も、武士がする。例えば戒律を破ってセックスをしたということが明らかになれば、それを処罰するのは武士です。

しかも神社仏閣を押さえ込んだだけではなくて、統治に利用した。寺請け制度と言って、全ての人民は基本的にクリスチャンではないことを証明するために、形式上どこかのお寺の檀家にならなければいけない。どこかへ奉公に出るときには、彼はキリシタンではなくて、我々の何とか宗のお寺の檀家であるという証明書を出してもらわなければならない。そういうこともあって、一見宗教的なことがあるけれ

ども，一方で「脱宗教化」が，江戸時代に進んだと思う．

そして明治になって，枢密院の会議で大日本帝国憲法の草案の審議を始めたその日，冒頭にその起草者である伊藤博文が演説をする．

「西洋では立憲政治は長い由来があって出来ている．しかもキリスト教というものがあって，国民の機軸をなしていて，そのためにうまくいっている」と．

ところが日本では宗教というものが甚だ微弱であって，そのような役割を果せるようなものはない．仏教も駄目，神道も駄目．日本には皇室あるのみ，つまり「西洋におけるキリスト教の代替物として，意識的に天皇を中心として国をやっていくのだ．そのためにこの憲法ではできる限り天皇を中心にした」というふうに，伊藤博文が説明している．

議会制度は必要だ，創らなければいけないというのは，自由民権の人たちだけではなくて，政府の中でも時期については議論があっても，必要だということについては当初からのコンセンサスだった．「公論」によってできた革命です．だからその革命政府は基本的に議会というものに対しては賛成の立場だった．それとセットとなる形で，西洋のキリスト教の代替物が必要だった．それがいわば天皇制であり，天皇崇拝であるということで，意識的に採用するということをしたわけです．

日本がある意味で世俗化していた結果として，国家をまとめるための宗教，——臣民の義務としての国家宗教としての天皇崇拝，というものをキリスト教の代替物として意識的に導入したわけだ．その結果として，キリスト教は最大のライバルとなった．ただちに内村鑑三事件のようなことが起きるということになる．現在の日本で「政教分離」というのが問題になるのは，決してイスラームとの関係でもなく，キリスト教との関係でもない．常にキリスト教の代替物たる天皇，あるいは国家神道との関係で「政教分離」が問題になるというのは，そういう事情だと思われる．

だから日本における世俗化というのは，ある意味で江戸時代に世俗化し過ぎてしまっていたので，そういうもの（国家神道）が創られたというふうに言えると思う．これは日本人の精神に非常に大きな，重大なる，深甚なる影響をもたらしたものです．

金泰昌 公共性に関する議論を大きく分類して見ると，「発見のモデル」と「形成のモデル」とが見えてくる．「発見のモデル」というのは，何かそういうものがあるけれども我々の目が悪いためによく見えないとか，あるいは他の人が見なかったものを初めて見るとかというようなインプリケーション（含意）が強い．「形成のモデル」というのは何かそういうものは全然ないのだが，ある人々が集まって，お互いに批判しながらの相互関係の中で自ずから公共性が形成されてくる．

渡辺先生の今のお話を，たとえば「発見の場」としての公共空間というふうに捉えるならば，神なき日本で「天皇制」という形に見えるものをもってきて，「神ある社会としての西洋」とは違う形のネーション・ビルディング（国造り）をした．そういう脈絡の中の「発見の場」というのはどういう意味を持つことになるのでしょうか．

渡辺浩 天皇は御公儀の御威光の新版なんですよ．これは議論してはいけないタイプの権威であって，それと議会がセットになって明治憲法体制ができている．しかも，どちらも西洋モデルである．

儒学のある動きの中から，日本の真の君主は徳川将軍ではなくて天皇だという考えが強まる．儒学から生まれた国学ももちろんそういうことを強く主張する．

「王政復古」と「公議輿論」が対になって明治維新がなされた．それがこういう形で明治憲法の中核にもなる．

片方は議論の方で，もう一方は議論が許されない．しかも明治憲法に「大日本帝国憲法ハ萬世一系ノ天皇之ヲ統治ス」，「天皇ハ統治権ヲ総攬ス」とあるが，その統治権の正統性根拠は何かということは憲法自体には書いていない．その前の告文というのがあって，祝詞調で書いてある中に，結局これは天壌無窮の詔勅によっている．太陽の女神である天照大神が邇邇芸命に，永久にここを治めよと言ったという，それを根拠にしているわけです．

これを信じろというのは，少なくとも知識人にとってはきついことです．

日本人の自我意識

今田高俊 西洋や中国の話を聞いていた昨日の段階では，「公」「私」に関して，ああではないか，こうではないかと思考ができた．しかし，今日はイスラームと日本に関する話を聞いて，頭の中がもつれ気味です．例えば日本の「おほやけ」は，箱があってその上の箱が「公」で，またその上の箱が「公」でというように考えられていたとの話があったが，それは我々が今問題にしているような「公」ではないのではないか．

そもそも「わたくし」という概念が析出されたのは，西洋近代主義が浸透した結果ではないかということがよく言われていますよね．それ以前は，セルフ（自己）という意味での「わたし」というのは，特に他と区別されていなかったのではないか．

ジョージ・ミードの「自己論」なんかもそうだが，主我であるアイ（I）と客我であるミー（Me）が統合されたのがセルフで，アイとミーが分離していることが

前提になっている．しかし昔は両者は分離していなくて，「わたし個人」という概念そのものがほとんどなかった．つまり，「私」としての自己は集団や社会の眠りについていて，「私」がやっていることは何も自己としての「私」というふうに思わずに，ただ集団に規定された「私」がやっているだけ，という感じだったのではないか．

例えば江戸時代に箱型の中で私がやっている行為は「おおやけ」でも「私事」でもなくて，ただそれが自明のことで，慣習としてのルールに暗黙裡に従ってやっているだけではなかったか．それを近代の学者が解釈してみると箱型の「公」「私」の関係だというふうに見える．そういうことではないかという気がする．

イスラームの場合は現在でもそうだから少し特異なのだが，「公」「私」という区別がなくて，タウヒードで「一」になる．もともと「公」「私」の区別をつけなくて「一」になっているということと，一回「公」と「私」の区別が発生したあとで「一」になるということの両方のケースが考えられるが，ひょっとして一回分かれたのではなくて，もともと「公」と「私」は渾然一体としていて，「私」なる概念もなかったのではないか．

それが現在でもそうだと言われると，「えっ本当かな」と思ってしまう．銀行でもリーガル・レトリック（法律的修辞）を使って利子をつけることの問題を処理するようになっていることを考えると，むしろイスラームで「私」の方を意識し出しているのかなという感じがするのですが．

　渡辺浩　先ず江戸時代の日本人の自我意識，自分意識，あるいはアイデンティティの問題についてお答えしたい．確かに今の日本人のそれとは少し違うのではないかなという気はする．

例えば，当時，家との関係で名前がどうやって付けられたかということだが，しばしば「襲名」ということで，親と子供が同じ名前を付ける．つまり山田村の権兵衛さんの家は代々権兵衛である．権兵衛家と言うが，子供の時は別の名前を付ける．当主になれば権兵衛になる．お父さんが隠居した場合には別の隠居名を付ける．つまり，その「家」に「権兵衛」という名称も付随している．そして「権兵衛」という役割を演じるわけだ．

同じことが今の歌舞伎の家ではそのまま残っている．何代目市川團十郎となれば，市川團十郎の役割を演じる．しかも江戸時代にはあれ以外に本名というのがないんです．市川團十郎になってしまうんです．代々みな市川團十郎である．

あるいは，あるところに大きな商人の家があって，主人が代々，山城屋五兵衛だとする．そこでは手代の名前というのがあって，代々「又七」であったりする．雇

われている飯焚きのおねえさんは代々「おさん」．つまり，そこに奉公している間は，その名前になってしまうわけです．そのような例がありうる．

つまり，社会全体は個人よりも役割の方が実在的であって，いろいろな人がその役割を埋めて演じている．着ぐるみのように役割が出来ていて，一番上に徳川家(いえ)なんとかと称する将軍がいる．そして大老は井伊直なんとかという人が代々やる．老中は水野忠なんとかという人がやっている．全体がそういうふうに出来ている．

つまり，ヤドカリの中の何かふにゃふにゃしたものが自分であって，殻の方が実在的にがっちりある．そんな感じがする．

ではいわば近代的自我のようなものが全くなかったのかと言えば，そうとも言えないなという気がする．非常に個性的な人はたくさんいるし，自分の中に羅針盤があって，断乎としてそれをつらぬくというような人はいくらでもいる．ルソーの『告白』の冒頭にある「私はだれとも似ていない」というような，それに近いことを書いている人がいないこともない．

ですから，すっきり割り切れない．およそ日本人には自我がなかったとか，近代的自我のようなものはなかったと言うのには私は抵抗を感じる．しかし他面で，最初に申し上げたように，どこか違うだろうという気はする．

板垣雄三 すでにお話したことの繰り返しで恐縮ですが，やはり神の創造を信じるかどうかということが問題ではないか．その考え方を一生懸命振り払い，そんなところからは出発しないようにしてものを考えようと，ウェスターナイズド（西洋風）のつもりでものを考えている人たちまで含めて，どうにも逃げ切れない土台，それが創造ということだと思う．

私はかけがえもなく私そのものとしてつくられてしまったという認識．そして，ありとあらゆるもの一切合切，それと私との関係も神によってつくられてしまった．私のやる行為については自分が責任を問われるのだが，しかしその行為そのものはやはり神がつくった．神がつくった場で，神がつくった時の中で，神がつくった行為を私は私として獲得する．そこのところで私は責任を背負ってしまうという，そういうような格好で，「かけがえもなく私」ということになる．

この宇宙の中のすべての個物がみんなそういうものとしてある．そういうところに，私というのが非常にはっきりと，いわば逃げ隠れできない私というのがあることになってしまっている．

ですから，その私をつくった神，それに服従を迫られているというか，服従するのかどうかという主体的選択を迫られている，そういうことについて，どちらに向くにせよ，考えないわけにいかないということ自体が「公」の問題になってしまう．

そういうことだから,「公」や「私」が別々にあるのかどうかなどということではもちろんないし,「公」と「私」をくっつけるのがタウヒードだというよりは,もっと気も遠くなるような,気も狂わんばかりの多様性というか,多元性の中で,かけがえのない私という,しかも非常にがんじがらめの関係性の中に位置づけられてしまっている私が,神との関係で問題化する「公」と「私」を絶えず媒介するタウヒードという課題に直面することになるわけだ.ただ「公」と「私」をサンプルとして取り出して,おのおのの関係やいかにということで,くっつけておいた方がいいとか,あるいは離せるのかどうかとか,あるいは一つにしてしまおうといった話がタウヒードなのではないということは,確認しておきたい.

イスラームの多様性と原則性

溝口雄三 以前『現代思想』のサイード特集だったかに板垣さんが対談されたのを読んだことがあります.その時に,アフガニスタンのソ連侵攻が東西の壁の崩壊の第一歩であったというようなことを言っておられたその理由を,アラブ世界の非常に原理主義的な国境を超えた一種の連帯という面から説明しておられたのが印象に残っている.

近代化の問題に関連して,アラブ世界のヨーロッパ近代に対する対応をどのように捉えておられるのでしょうか.それに絡めてもう二つ質問をさせていただきます.

一つは,アラブのイスラーム世界というのがインドから東南アジアまで含めてかなり存在しているが,そういう地域的な存在様態の差異はどうなのでしょうか.例えば儒教だと,日本と中国と朝鮮では存在様態が違う.仏教もそういうことが言えると思う.だから原理的なものはどうであるかはともかくとして,存在様態の違いはどうであるか.

もう一つは,歴史的にコーランは非常に安定した価値体系をもっている.ところが儒教の論語なんかで考えると,ずっと解釈が変わっていく.またヨーロッパのキリスト教も,例えば神と人の関係をめぐって哲学が新しく生まれて変化していく.中国でも天と人の関係をめぐって哲学が流れ,変化していく.イスラームではそういう哲学上の変化とか解釈上の変化というものがどのような形であるのかをお聞きしたいのですが.

板垣雄三 イスラームも,確かに現象としては土地ごとにいろいろ違いがある.それは例えばモスクの建物としての見かけについても言える.中国のモスクは中国風だし,アフリカのスタイルは中東などとはまた非常に違う.中東と言っても多様で,鮮やかなブルーのタイルで包み込んだような,大きな開いたイーワーン(建物

それ自体のくぼみ）を持ったイラン風の，これは中央アジアまで広がっているが，そういうモスクとか，トルコのイスタンブルあたりの円屋根とミナレットに特徴のあるトルコ風のモスクなどは，アラブ世界のモスクとは違う．インドではインドらしいモスクがある．

モスクの形態だけではない．例えばインドネシアのイスラーム，殊にジャワのイスラームなどは本当にイスラームなのか，などと疑う人もある．地域的な特性とか，特殊性というものはいろいろ見出すことはできる．

しかし，同時に人間の生き方に関して，イスラームは普遍的な一種の漂白作用を及ぼしていることも見過ごせない．しかも，たしかに神学論争とか，クルアーン解釈（タフスィール）をめぐる対立があるとしても，思想上，また思考様式上，堅固な共通の土台をつくり出している．この点に関しては，スンナ派も，シーア派も，イバード派もすべて同じ基盤に立っています．

イスラームの立ち現れ方の多様性とイスラームのタウヒードの原則性，そこのところが決定的に重要な特徴ではないかと思う．

ヨーロッパとの関係だが，これもあえてある種のプロヴォケーション（挑発）として言うのですが，近代性をヨーロッパ発と考えるのは疑ってみなければならない．そしてまた，10世紀以降のインドとか，唐末五代以降の中国も単にあるイスラームの影響下に置かれたとか，イスラームのインパクトを受け止めたとかいうのではないが，多分にイスラームとの関係を軸として社会・文化が展開するようになる．人間や物や情報の行き来が繁くなると，それこそコミュニケーションの相互作用のもとである種の交感の作用として，いろいろなところである考え方，物の問題の立て方がつながり合っていく，そういう格好で，私はイスラームの側から見ると，インドも中国もイスラーム化したというふうに考えるわけです．ヨーロッパも同様にイスラーム化したと考えられる．

「7世紀からの近代」ということをかねがね私は言ってきた．そうすると，日本の歴史はほとんど近代史ということになるんですが．例えば預言者ムハンマドが死んでしまったところで，残された信者たちのコミュニティは一体これからどうしようかと合議して，アブー・バクルという人をリーダーとして選挙した．それが神の預言者の代理人としてのハリーファ，つまりカリフだ．そういうふうにして，みんなで合議して代表を選ぶ選挙によってリーダーを決めた．それは別に支配者とか王とか，そういうものとして立てたのではなくて，政治的リーダーとして立てたという，そういうところから，イスラームの政治体制はもともと共和制だったのだという考え方が，近代のイスラーム教徒の間に生まれてきたりする．

それからクルアーンの中では，神の命令として，物事はみんなで相談づくで決めなさいと書かれている．相談づくというのは協議とか合議とか，シューラーと言うが，このシューラーこそ議会制の源泉だと理解される．我々はなにもヨーロッパから議会制度を教わらなくても，7世紀から議会のアイデアと制度とを持っていたのだと．こういうふうな考え方は，ムスリムの間ではごく当然なことなのです．

　金泰昌　渡辺先生のご発題から改めて考えてみるべきだと思ったことの一つが日本人の自我観に関することだ．社会全体から見れば「個人」よりは「役割」の方が実在的であり，人間は個人としてというよりは役割を埋め演じている存在であるということ．それは近代的自我とは言い切れないけれど，近代的自我がまったく無いと言っても抵抗を感じるということである．どちらかと言うと箱のような（大きい箱対小さい箱）あり方としか捉えられない「おおやけ」と「わたくし」という仕組みの中での人間の「おおやけ」的な位相と「わたくし」的な位相は，個体としての人間から能動的に構築するというよりは，置かれた位相からの要請としての役割を演じる機会と資格の問題に収斂されるのかなという気がする．それは理念というよりは領域における位相の問題である．

　そしてもう一つは，渡辺先生がおっしゃったことですが，日本人は被治者意識や抵抗意識はあるが治者意識——私の言葉で言えば共同治者意識——が弱いということだ．公意識が上から与えられたものというふうに捉えるだけなのはここにつながる．公意識がそういうものであれば，私どもが今ここで改めて議論する必要性を感じている公共意識とはちがうものである．しかしそういうところに改めて考えてみるべき課題があると言えるでしょう．

発展協議

コーディネーター：金泰昌

公と私の思想史

金泰昌 今回思想史分野の第一人者でいらっしゃる先生方をお招きしました．ここまでは西洋，中国，イスラーム，そして日本において「公」と「私」の問題がどのように見られ，考えられてきたのかということをお話いただいた．この分け方に問題があるのかどうかわかりませんが．

そういう見方を基にして，今後どのようにこれを見ていけばいいのかということを含めて，先ずお一人お一人の先生方から，感想やお持ちになった問題意識をお話いただき，そして今からこれをどのように持っていけばいいのかという観点で話し合っていただきたいと思います．

われわれ主催側として，今までやってきたこととつなぎ合わせる意味で主旨を三点だけ申し上げたい．

第一点は，「公共性」は「意識」の問題なのか，「制度」の問題なのか，それとも何らかの「活動」の問題なのか，「空間」の問題なのか．こういう問題意識がずっと念頭にありました．一番最初にお話いただいた福田先生のお話から伺うことができたのは「公共意識」と公共性の「経験」の問題がありました．特に公共性を「意識」として捉えるという大きな問題群と言うか，そういうものが大事であるということを改めて感じたのです．

もう一つは溝口先生のお話の中にもご著書の中にもありますが，どうしても「つながり」としての公共性ということが見られる．特に陽明学あたりにいくと，先生のお話では「民」が公共の実態なんだというところに来る．それは西洋の方でも大きな問題です．お上の「官」や宮廷が「公」であって，「民はその対象」だというふうな捉え方があったのに対して，「民が公共の実態」なんだというわけですから．

渡辺先生のお話の中では，例えば公共事業をやるにしても，その形は公共だけれども，その動機はむしろ徳川幕府なら徳川さんが自分の権力を維持するためにやったことであって，民のためにやったことではない．しかし結果的には民のためにやったことになるけれども，動機から見たらそうではないというお話があったが，今，大事な問題になっているのは，「誰の公共性なのか？」ということです．

「官営事業」と「公共事業」とは必ずしも一致するものではない．そういう見方がある．誰から見た公共性なのか？　——そういう観点が大事な問題の一つになっている．そして，溝口先生がおっしゃった「民が公共の実態なんだ」という，そういう"転換"が浮上してきた．

イスラームの方は「神と人間」の関係と，「人間と人間」の関係，この両軸があってこそ真の「公」というものが成り立つという．ある意味ではキリスト教圏にもつながるものだが，キリスト教文化圏では世俗化という問題が大きな問題として取り上げられている．その面では，一貫していつまでも，それがそのまま守られ保存されてきたというか，そういう面が強いイスラーム教圏とキリスト教圏は一緒だとは言えないのではないか．

それで（私化された）「おお（ほ）やけ」と「公」の問題だが，結局「領域」と言うか，「空間」と言うか，「器」と言うか，そのようなところで「おお（ほ）やけ」と「公」と「パブリック」のデリケートな接点を探す努力が必要になると思う．

1996年にイギリスのケンブリッジで行われた議論では，日本の自己と西洋の自己がどう違うのかというのがあった．そのときに，ニュートン的な宇宙の中心に位置する単一単独の「個体」としての自己，中国の「関係」としての自己，ジョン・マクマレンさんの「パーソナル」の次元としての自己，韓国で身体化された「気」という意味での自己といろいろある．またウィトゲンシュタインのように，ある意味では「アイデンティティレス・アイデンティティ」——アイデンティティというのが無いアイデンティティというふうな自己観を京都学派の「場所」としての自己とか「無」としての自己というふうなところと関係づけて見るとかして，文化横断的会話のようなものを試みたことがある．[そこでの議論の内容は Tae-Chang Kim and Ross Harrison, eds., *Self and Future Generations: an intercultural conversation* (Cambridge, UK: The White Horse Press, 1999) にまとめられている．] そういう観点から見ていくときに，実は「自己観」というものが，この「公」の問題では大変大きな比重を持っている．そういう問題意識があった．その辺りでどのような接点（つながり）がつくられるのか．

三つ目は，今までずっと見てきたところでは，やはり「公共性」というのは「公開性」，「共同性」もしくは一種の「開き」という観点からも議論されてきたと思う．そこにおいて，「公共性」というのは必ずしもコンセンサスを形成するものなのか，それともディファレンス（差異）を認めあうことなのか．そういう問題で提起されたと思う．

そのような幾つかの大きな流れというか，軸があって，そこへ問題群がばら撒か

れていくのではないか．今回の議論に限らず，他で行われた「パブリック」「プライベート」関係の議論においても，いつもこういうところに問題が集中していた．つまり問題の共通点があるなという感じがしたわけです．では今田先生からお願いします．

公共性と近代社会

　今田高俊　四人の先生方にお話いただいたことに関連した印象を述べたい．どうも「公共性」という意識なり観念が出てきたことは近代社会に特徴的な現象ではないか．話を聞いていてますますそういう思いが強くなった．つまり近代的自我や自己の形成というものが前提にならないと「パブリック」と「プライベート」の区別は意識されないのではないか．これが私の印象です．

　というのは，イスラームの話もそうだが，「私」と「公」が分かれて，それを統合するために神を媒介にして，というふうにはなっていない．最初から「神ありき」で，神のもとで自分という存在があるということが決まっている．結果的にそれを我々が眺めて見ると，あたかも「公」と「私」が渾然一体になっているというように見えているだけではないのか．

　しかし今，リーガル・レトリックを駆使しながら近代的なものを受け入れようとしているという観点から見れば，「公」と「私」の渾然一体性がかなり崩れつつあるという印象を受ける．つまり，7世紀から15,16世紀くらいまでのイスラーム信者（個々の一般の庶民）にとっては，あまり「公」と「私」を意識することすらなかったのではないかという気がする．

　江戸時代のところでも，家という箱があって，村の箱があって，藩の箱があって，それで最後は徳川幕府の箱があるという感じになっているが，庶民はいちいち箱や箱の境界を意識しながら暮らしていたわけではなかった．

　それは西洋も同じで，市民革命以降に近代的自我が形成された．近代はある意味で「神殺しの時代」と言えるが，神無き自分たちの社会を作る基本的な社会編成原理を意識し始めた時に，初めて「公」「おおやけ」という意識が出てきたのではないか．中国においても同様な印象を持っております．

　それで，ちょっと強引かもしれませんが，やはり「公」「私」が自覚的に意識されるようになったのは近代社会に特徴的な出来事だと考えてみてはどうだろう．このとき「公共性」というものをどのように考えればいいか．どうも従来の議論の立て方は「公」なるものが既にあって，それに対峙し，対立するものとして「プライベート」「私」を考えてきたように思う．

しかしこれからは，あくまで「私」をベースにして「私」を超える何ものか，それは「作用」でも「活動」でも「連帯」でも「合意」でもよくて，いろんな発想があると思うが，「私」をベースにして，どうやって「私」を超える「場」や「空間」や「作用」を作りあげていくかが問題でしょう．つまり「公共性」は固定していなくて，常にプロセスの副産物として出てくる．しかしその「公共性」も当然，制度的なものに構造化されて沈殿し，「私」とはかけ離れてよそよそしく対峙する「公」になる可能性が高い．

現在の社会では，そういう公共的なるものが既に数多く蓄積され構造化されている．役所や行政がやる事業として出来上がってしまっている．それがあたかも「公」であるかのように見える．かつてはそれらを皆で作りあげていったプロセスがあったので「公」の側面が実感できたのだと思う．しかし沈殿してしまうと，あたかも「私」に対して対立する「公」であるかのように振る舞うことになる．つまり役所，行政による「規制」とか「管理」に転化してしまう．

四つの思想史的な「公」「私」の問題を聞いた限りでは，役所や行政の事業としての「公」が沈殿して構造化されている側面が強い．それは政治，文化の違いにかかわらず共通していると思う．いまだ構造化されてなくて，「公」なるものを創造し，開発するプロセスとしての「公共性」は，政治，文化によってそれぞれやり方が違うのではないか．だからむしろ，金先生からも話があったようにプロセスとしての「公共性」に焦点を当てた方がわかりやすいという気がする．

既に構造化されてしまったものに焦点を当てるのではなく，言い換えれば，役所，行政がやる「公共事業」が「公」だというふうに捉えるのではなく，役所，行政の仕事になっていないけれども，これからの社会を考えていく上で，市民や行政が担うべき課題を人々が作り上げていくプロセスを「公共性」と考えればいいのではないか．

それから，「公共性」の問題は意識の問題なのか，制度の問題なのか，それとも活動の問題なのかという文脈で言えば，私は「活動の問題」として考えてみたい．つまり「公共性」とは何かということを考えて，個々の人間が「公共性」を自覚してやるというよりは，個々の人間が自分の「自己実現」のために活動する，それがシナジー（協働）し，共同化して，その結果として公共性が出てくるのではないか．

行政，役所の提供するサービスは，その提供を受けるまでに時間がかかるし，適切な形で提供されないことが多い．そこで従来のフォーマル（形式的）な地位や役割と関係なく行われるボランティアやNPO，NGOの活動で臨機応変にサービスを提供する．沈殿状態にある従来の公共サービスの提供ではうまくいかない「空白の

公共スペース」を埋めていくプロセスのなかで「あっ，これ公共性なんじゃないか」と感じることができるのではないか．

　こういう議論を立てると，行為の動機付けから遂行に至るまで，今までの近代的な行為観ではうまく処理出来ない．近代的な行為観には個人に目標があって，その目標を達成するために規範とか手段を考慮にいれながら努力するという基準があった．しかしNPOやボランティアの活動がそれと決定的に違うのは，自分の目標達成が中心ではないことだ．支援される側（被支援者）の行為の質が改善され，エンパワーメントがはかられなくてはいけない．こちらで勝手に目標を立てるわけにいかない．管理するのではなくサポートする．こういう行為観がミクロな公共性の素になるのではないかと思っている．

公共性と国際法

　小森光夫　「芸術に国境無し」と言われる．思想や観念にも国境がないのかと思っていたが，昨日，一昨日とお話を伺っていると「おおやけ」「公」「パブリック」という概念が非常に多様であって時間的制約と領域的制約がたっぷりある．従って自由に飛び交えるものではないということを実感した．

　私は一般論ではなく専門の国際法という分野でその問題がどうなっていたかということを少しお話しておきたい．19世紀に体系化された国際法を伝統的国際法，国際連合以降に新たに展開しているのを現代国際法というような言葉で仮に整理します．そうすると，伝統的国際法の世界においては，「公共性」という問題は，「意識」の問題としても「制度」の問題としても「活動」の問題としても「空間」の問題としても存在していない．渡辺先生がおっしゃっていたように「結果」として，「おおやけ」とか「公」に該当する機能を持ったかどうかは別として，非常に単純化して言うと，「公共性」の問題は存在していなかった，と断言していいのではないかと思う．

　国際社会という言葉はあるが，それがどういう構造をとっているかというと，主権国家の併存である．主権国家は排他的で，その上に上位の権力を持たないという前提だ．17世紀の国際法論だと自然法というものが重要な考慮要因になっていたので，観念的には公共性は存在しているわけだが，19世紀的な国際法になると自然法というものを一応考慮の外においてしまったということもあって，併存する主権国家それぞれが「最高権力」だと言ってしまうわけですから，社会そのものの中に意識としての「公」の問題はない．

　従って，例えば「ルールを作る」という時には，必要な範囲で約束事をしようと

いうような部分であって，まず初めに「公」があって，そのために何かを作るというのではない．個別の関係の中で必要な部分について約束事をする．それが条約である．条約だけではカバーできない部分について何か法学者が言わなければいけない，あるいは自分の立場を主張しようとすると，条約を少し超えた一般法的なものとして慣習国際法というものを持ち出すということをやっていたわけです．その慣習国際法も公法という意識であったかというと，そうではない．適用範囲が広いというだけの問題です．

ちなみに空間の問題でも公共性というのがない．というのは，これは機能とは違う言葉の問題で言うのですが，例えば日本語では領海の外の海を「公海」という言葉で表現するが，英語では最近は High Seas という．その前は Open Sea. 言葉では決して「おおやけのもの」という理解ではない．

グロティウス（国際法の祖）が「自由海論」というものを主張した．「公海」と言わずに「自由海」と言うのは自由に利用出来る海であって「おおやけの海」ではない．

その場合の根拠としては実態的に領有出来ないからという問題もあるが，全ての利用に供されていないものは所有出来ないと言って，その場合，「おおやけ」に重なる部分が観念的にはあるのだが，実際には自由に利用出来るということを確保するだけの問題であって，「おおやけ」の財産であるという表現には必ずしも結びついていない．

「活動」についても，19世紀までの戦争を見てみればわかるように，自分にとって不利か有利かというところで同盟のどちら側につくかが判断されていたわけです．そういう意味で19世紀までに体系化されてきた伝統的国際法では基本的に必要な範囲で約束事をするルールの体系として国際法があって，それ以上にそれを超える超越論的なものではないと考えられていたと言っていいと思う．

ところが，現在の国際法はその変化の過程にある．「意識」の上でまだ完全に変わっているわけではない．例えば現在の国際法の中で最も有名な国際法学者の一人であるイタリア人のカシーセという人がいる．彼の国際法は，依然として抽象的，観念的に「公」なるものを考えてやるのではなくて，相互利害の調整である．個々の利益を出発点として，その利益を調整するメカニズムである，というふうに説明してしまう．

そういう「意識」が伝統的なものを引きずっているというふうに言ってもいいのですが実際に作り上げられてきている「制度」から見てみると，必ずしもそういう説明ではすまない部分がもう既にある．例えば安全保障の部分を見ていきますと，

確かに動機から見れば自国側にコミットした方がいいというような判断は成り立つかもしれない．しかし一応形の上では国連安全保障理事会の決議というものがある．湾岸戦争の例を見てみればわかるように，一方がルールに違反している．従ってその違反に対して，対応措置をとるという行動をとる．

そういう意味で，そこにはその「活動」の部分についても，主権国家というものの利害を超える，なんかの利害が想定されている．別の言葉で単純化して言えば，国際システムというものをやはりそこに認識している．その中のルールは何であるか．それに違反しているからこういう行動をとっているんだという点で「活動」という部分にもつながっている．それは当然「意識」の部分でそういうものがあって，それを具体化しているわけです．それを「公共性」と表現するかどうかということは別の問題として，「個の利益を超える何か」を想定しようということが，思考の枠組みの中ではあるということだと思う．

そういう延長線上に環境の問題や人権の問題といったものが乗っかってきて，さまざまな広がりを見せているわけです．その場合に，「公共空間」を持っているとか，「公共権力」，「公権力」というものがあって，そこから何かが出てくるというものではない．先程今田さんが言われたように，どうしてもそれに取り組む取り組み方，つまりプロセスが重視される方向になっているんだろうと思う．

従って今はどういうものを共通なものとして認識し，それに対してどういうふうに対処していくかということが大きな課題であるが，そこでそれを「パブリック」という表現に結びつけることが今の段階で出来ているかというと，昨日福田先生にご質問したところでお答えいただいたが，国際法のレベルではまだ熟していないというか，そういう方向でなかなかすっきりとは片づいていない．

「誰から見ての公共性か」という問題も，今の点と多少重なります．例えば「国際社会」というものを作っても，基本的には「主権国家の併存」ということを基礎にして捉えられた国際社会である．従って初めから「公」なるものの性格を持っているとは言えない．

例えば19世紀に国際法が外に広がっていこうという時に，ヨーロッパ側がどういう対応をとっていったかというと，国家承認制度というものを用いていた．要するに「会員制クラブのメンバーにしてあげましょう．あなたは会員になるだけの資格があるかないかを判断したところ会員になる資格があります．その要件が幾つかありまして，その要件の一つに国際法を順守する意志と能力というのがあります」と言ってよいと思います．ではその国際法を順守する意志と能力とはどういうものかというと，ヨーロッパが作り上げた「慣習法」と締結した「条約」をきちんと守

れるかどうかということであって，これはヨーロッパから見ればアラブ世界に対する一種のチェックメカニズムみたいになっているわけです．

その限りで見て，主権国家としての権利を行使出来るし，同時に義務を負うという，そういう仕組みに立っていた．基本的にメンバーズクラブなのだから「意識としての公」の問題はない．そこでの共通なものは存在しているけれども，それを「公」的なものとして見ていくわけではない．そうするとメンバーズクラブのメンバーを広げる側から見ると，19世紀のヨーロッパが既存社会であって，そこへ他のものを入れてあげる，その社会のルールを外に押し付ければ良かったわけです．

そういう構造が現在崩れている．従って新たに一般秩序を作ろうとする場合にどういう形態をとっているかと言うと，先ずは多数国間条約のようなものを作る．地球環境の関連諸条約についてもそうだが，すべての国が参加する形で多数国間条約を作る．

ところが，結果的に出てきたものはコンセンサス方式もしくは極端な場合には三分の二のマジョリティで文書を作っていく．つまり自国の利益に反すると思われる条文を持っている条約には参加しないという選択肢を各国が持つわけです．そうすると常に条約の外に留まる国が出てきてしまう．例えば漁業資源の保存について考えてみればわかるように，資源を保存しなければならないという共通目的がありながら，それに従って行動する国と，それが自国の利益に反すると思って条約に加わらない国があり，フリーライダーを生み出してしまう．そういう仕組みになっている．

「誰から見ての公共性」という問題からずれるかもしれないが，「コモン」というものを打ち出して，とりあえずは部分的秩序を作る．そこで目的に従ってルールを守りながら，それをどのように一般化していくか，フリーライダーをいかにして防ぐかというところで共通なるものを公的なるものとして捉えさせようというような部分がある．「誰から見ての公共性」ということから見ると，最初にその共通の目的があって，それによってある制度化をする．その制度化のもとで配分される利益の食い違いをいかにして調整するかということが問題になってくる．見る人の立場が違って現れているものをいかに共通化するかというところで，国際的なルールの問題が今大きな課題になっているわけです．ではそれをどういう形で処理するかというと，とりあえずは「条約」という形式を広げていくということになるわけですが，理論的にまだうまくその問題が片づいていない．

そこで，その問題をうまく処理させようとするとき，先程金先生が補足的に言われたことですが，「公共性」というのがコンセンサスを形成することとか，差異を

認めあうことという部分で言えば，現在のコモンズについての秩序化というのは，その両方を抱え込んでいる．「差異」を認め合わない限りコンセンサスは形成されないということです．差異を認めあわなければ「ノー」と言ってしまうわけですから．国連海洋法条約の例で見ると結果的にメチャクチャなのだが，ともかくルールを作る過程では，例えば途上国側は何を提供し，その場合に何を受け取るかというギブ・アンド・テイクの問題が出てきた．一方が排他的経済水域を認めよと主張すると，他方はそれと引き換えに軍艦が通れる通過通行権を確保する．

そういう「コンセンサス」です．結果的に経済水域で一番広い領域をとったのは，ソ連，中国，アメリカ，カナダであって，途上国では決してなかったという部分がある．だからそのように中身を見ていくと非常に問題がある．しかし処理の仕方という部分では，コモンズを形成する時に「コンセンサス」と「差異を認めあう」ということを一緒に使いながらやっているというのが，現在の国際法の特徴だ．

例えば環境規制の問題では公的資金援助を途上国に与えていくとか，取引権のようなものも出てきてしまったけれども，それは基本的にはあらかじめこういうものが「公」としてあって，それを遵守して行動せよというものではない．どちらかと言うと長いプロセスを取りながら，その間で少しずつ基準を高めていくという取り扱いの仕方をとっている．

国内の行政法もどちらかというとそういう部分があって，ルールに80％従っていればよしとする．これは通常の刑法的な法の取り扱いとか司法的な権利義務関係とは少し違う．行政法の人に言わせれば法的地位という曖昧な言葉があるというようなものなのだが，そういう形でのスタンダード作りというか，ルール執行のプロセスの形成ということが今の国際法でなされている．

国際法で何がコモンズで何がゼネラル・インタレスト（全体的利益）であるかということを巡って争いがあるが，そういうものを特定していくことを通して敢えて「パブリック」と表現してみることは不可能ではない．固有の「パブリック」の概念をつくっていけばいいのかなというふうに思っています．

金泰昌 何年か前にマルタで国際法の専門家15人くらいが集まり，将来世代特別委員会のようなものをUN（国連）に設置しようじゃないかという議論があった．その時にも全員が，今小森先生がおっしゃったように，「パブリック」という概念が成長過程にあると見た．「パブリック」という何かがあって，そこに我々が合わせるのではない．意図的にやるのではなくて，やってみた結果が常にパブリックということで積み重なっていく．ブリッジ・ビルディング・アプローチと言う．それはレンガ一個一個を積み上げていくようなものだというわけです．

公共性と政治理論

小林正弥 私は, もともと丸山眞男先生の研究に魅せられて政治学の研究を始めました. パトロン・クライアント関係という, 日本のいわゆる前近代的な政治構造の研究を行ってきたわけです. 従って, 丸山先生以来の政治的自由主義の関心を共有していて, 日本の社会の問題点について, その洞察は今もって充分に生きているし, ある意味でそれは最大の問題の指摘として, 現在の日本の国民の多くに共有されるようになってきているというふうに考えています.

しかし一方で,「では今後どういう政治を考え, 構想していくことが必要なのか」ということを考える上で「公共性」の問題が欠かせないと考えています. ある意味で「この問題をどのように理解して構成していくか」ということが, 今後の政治理論の最大の課題なのではないか, と思っているわけです.

2 年間 (1995-97 年) ケンブリッジにおりました. ケンブリッジはリパブリカニズム研究のセンターです. もともと日本にいるときからそれに関心を持っていたわけですが, ケンブリッジ学派の影響を受けて, ますますその関心が強くなりました. この問題を今後本格的に追求していこうと思っています. ケンブリッジのリパブリカニズム研究は, 言うまでもなくイギリス, あるいはヨーロッパ社会の歴史的なリパブリカニズムについての研究に端を発しています. その意味でヨーロッパ的な色彩が非常に強い. つまり,「ギリシアやローマの古典的リパブリカニズムが近代のリパブリカニズムにどう影響していたか」という角度が中心となるわけで, この視角から言っても, ギリシアやローマの思想, あるいはその世界での公共性の認識という観点が, ケンブリッジ学派では非常に強いウェイトを占めています.

それは非常に貴重ですし, 私自身多くのものを学んでいるわけですが, 21 世紀において公共性の問題を考える上では, (やはりギリシア・ローマの経験は非常に重要ではあるが) それだけでは充分ではないだろうと考えています. そういう意味で,「他の地域の公共性についての認識や考え方がどうであったか」ということを調べないといけないと思っていたところだったので, 今回の研究会では各界の最高の先生方のお話を直接伺えて私にとっては感謝で一杯で, 非常に感動しています. 先生方のお話を聞いて, ギリシア・ローマの経験を一つの中心の軸にしつつも, イスラームや儒教の思想的伝統の中にも公共性についての非常に豊かな洞察が含まれており, 今後の世界にも活かしていくことができると感じました.

ケンブリッジのフォーラムでは「セルフとフューチャー・ジェネレーションズ」(自己と将来世代) というテーマで東西の観点から議論をしました (1996. 11/12-14, Tae-Chang Kim and Ross Harrison, eds., *Self and Future Generations : an intercultural con-*

versation, Cambridge: The White Horse Press, 1999). ケンブリッジ側のメンバーは，福田先生もお触れになったラスレットやダンというジョン・ロックの最高の研究者やオノラ・オニールというカントの女性研究者，あるいはロス・ハリソンというベンサムの研究者という具合に，近代の自由主義の研究者たちでした．

　もちろん一人一人意見が違う点はありますが，セルフ（自己，私）の問題を彼らの立場から論じるのは非常に難しい．将来世代の問題は彼らなりに考えて理論を提起してくるが，セルフの問題については立ち入ることをためらう気持ちがケンブリッジ側には多かったと思います．

　例えば，ラスレットはおそらくロックを意識しながら，コントラクト（契約）の概念を世代間に適用して「（三）世代間契約」(intergenerational tricontract) という形で将来世代の問題について考えようと提唱しておられる (Peter Laslett and James S. Fishkin, eds., *Justice between Age Groups and Generations*, New Haven: Yale U. P., 1992). 非常に傾聴すべきものがあり，大いに参考にさせていただきたいと感じたが，しかし私としては，公共性の問題をもう少し深めて考えていかないと充分な理論的な基礎を与えることは難しいのではないか，と感じたのです．「世代間の問題を考える場合に，どうして契約論を適用できるのか，あるいはどうして契約論的論理を構築していくことができるのか」ということを考える必要があり，ロックの政治論から直ちに世代間問題への適用を考えるのは難しい．

　そこで，福田先生に是非「むすび」の「提言」のところでお聞かせいただきたいと思うのは，リベラリズムの洞察の中の良き部分をいかにして21世紀の公共性の概念の中で活かしていくことができるのか，ということです．

　溝口先生のお話にも非常に感銘を受けました．実は私は，儒教については素人で知識はあまりありません．私の場合は，丸山先生の「朱子学的思惟様式とその解体」の叙述から入ったので，どうしても，儒教の中でも特に朱子学というと封建的なイメージが強かった．しかし，溝口先生の近世，あるいは現代における儒教の民衆化の過程についての叙述を読んで，儒教にはこういう思想的ダイナミズムがあるということに非常に強い感銘を受けました．今回のお話を伺って，それが儒教の「公」「私」の観念とどのように結びついているのかということを理解して，認識を非常に新たにしました．

　以前，儒教の専門家の方々との会議に出席させていただいた折りに疑問を感じたことがあります．儒教の本質はやはり「忠」や「孝」であると強く主張される方がおられました．私は，儒教の中の公共性の概念には非常に関心を持つし，ある意味では21世紀のリパブリカニズムを考える上でも非常に重要なモメントになり得る

と思いますが、「忠」「孝」というのは、やはり家父長的国家の倫理的基盤です。「それがどうしても儒教の本質だ」という話になると、「儒教を21世紀の政治哲学において活かしていくのは難しいのではないか」という印象をもったのです。その辺をどのように考えればいいのか、溝口先生にお伺いしたいと思います。今回は溝口先生が中国思想全体について、公私関連のお話をされたわけですが、「儒教に特にそういう要素が強いのか、それとも他の宗教的な思想的伝統にも同じように見られるのか」ということもお尋ねしたいと思います。

イスラームについての私の知識は、さらに少ない。板垣先生のイスラームのお話は非常に大きな感銘をもってお聞きしました。「イスラームの思想的伝統の中に社会契約のような要素を含むさまざまなモメントがある」ということについては、十分に認識していませんでした。「仏教の中にも社会契約説の原型のようなものがある」という話は、中村元先生の世界思想史で読み興味を持ったので、他の思想的伝統にもあるのかなという気がしていましたが、今回はそういう点でイスラーム教の伝統にも非常に関心を持ちました。もっと詳しくうかがえれば幸いです。

近年のダン先生の研究でも、ジョン・ロックの社会契約論における自然法の要素とかキリスト教的な観念が占めた意味を強調していることを考えてみると、やはり比較思想的なパースペクティブの中で、イスラームの公共性に関わるさまざまな概念について、我々はこれからもっともっと学んで位置付けていかなければいけないと感じました。

渡辺先生の日本思想史のご報告も、いろいろ新しいことに目を開かされました。「おほやけ」という観念の原義をたどっていくと、日本の律令制国家とか天皇制国家などと関係があるのではないか、と漠然と考えていました。渡辺先生は報告を徳川期に限定されてお話しになっておられたので、今日はそういったことにお触れにならなかったのは当然かと思います。ただ、先程「誰の」という、公共性の担い手の問題をあげられましたが、日本においては、どうしても天皇制国家との関わりを抜きにしては、公共性の問題を考えることができないと思います。その辺に関して、日本の思想史的な伝統のどういうところに注意しなければいけないかについての洞察として、聞き取らせていただきました。

21世紀の公共性を考える上で、私はリパブリカニズムが重要だと思っています。これは、「共和主義」と訳されていますが、「公共主義」と訳しても一向におかしくない言葉だと思います。そういうものを考えていく上で、やはり日本に住む我々としては、日本の中の「おほやけ」の概念を避けては通れません。「これは、あるべき、あるいは考えて行くべき公共性とは全く別のものだ」というふうに言ってしま

えばそれで終わるかどうかと考えてみると，やはりナショナリズムの陥穽を避けるために，この伝統的観念をしっかり冷静に見据える必要があると思います．そういう意味で，大和言葉で公共性に近い概念としては「おほやけ」であったのかどうか，「おほやけ」という言葉の語源はどこからきているのか，についてもお話をうかがえれば幸いです．

公共性と教育

吉田敦彦 アメリカの中でもパブリックの見方が相容れないほどの違いがあるという金先生のお話とか，思想史的な立場からの「おおやけ」「パブリック」についてのお話をお聞きして，この公私概念を再構築していくことには非常に意味があると実感しています．

公私概念の混乱が私の専門とする教育の分野においても生じているということが見えてきたので感想を幾つかにまとめて申し上げます．

教育学とは将来世代に対してサポートしケアする，その実践的な学だと思うわけだが，私たちの次世代，つまり今現にこの世に登場してきている子供たちの状況を見ても，先ず「意識」の問題として，ここで細々と事例をあげるまでもないような問題が生じてきている．その中でも倫理的相対主義，——相対主義と言えるほどそれぞれに価値観があって相対化しているわけでもないような，簡単にエゴイズムとも言えないようなニヒリズムのような状況がある．

こういう次世代に直面した私たちがその問題をすくい取る言葉も非常に貧弱になっている．近代の教育ではエゴイズムや倫理の問題を，自由か管理か，児童中心主義か社会適応主義か，個人主義か全体主義かという具合に二項対立的な図式で捉えられることが多い．そこに「公」と「私」の二項対立を加えることができる．確かに教育というのは「私」を超える次の世代への関わりでもあり，私利私欲のために教育するのではない．その一方では全体に奉仕するための教育でもないというあたりを細かくスライスして考えていくための概念枠というものが整えられていない状況があると思う．

個性の尊重か集団への適応か．現場の先生たちは，今まで集団への適応と言われていたのが個性の尊重の時代だとか言われるようになったが，その個性という概念が非常に曖昧なままだ．「私」をすることと「個性」というものの違いが見えないままで「公共性」を失っていくというようなこともある．その辺で，公私の概念の再構築が非常に大事だということを痛感した．

二点目は，福田先生の発題の最後にあったアイデンティティのお話で，非常に感

銘を受けて伺った．レベルの深浅の違いはあるが，今の80年代，90年代に生まれた子供たちの中にお話のお手紙にあったような事態が起きている．この日本の社会の中で自分のルーツが見えなくなってきているという実感があるように思う．

　20歳前後の今の学生達と過ごしていると「自分探し」という言葉が聞かれる．あれは単にマスコミが作って煽っているだけの話ではなくて，やはり自己を求めていく，アイデンティティを求めていくという，次の世代の切実な実感というのがある．そういうことを考えている所です．京都フォーラムは自己概念から出発して，それに絡んで公私の問題が大事だというふうに進んでこられた．それと同じ文脈で，私もこのアイデンティティの問題を考えていく時に，重層的なアイデンティティとか複合的なアイデンティティとかというものを四人の先生方のお話を伺いながらイメージしてきたが，まだ鮮明になっていない．ここら辺も議論していただければ嬉しいのですが．

　そういう時の「私」は「公」と「私」の二分法ではないんだろうと思う．つまり「公」に対して「私」がアイデンティファイしていくという図式ではないとすれば，「公」と「私」の間にどういう「共」があるのか．「公」と「私」の間の「共」のありかたというのが，アイデンティティの問題でも非常に気になっている．

　それから制度的な問題が三点目．「近代公教育制度」の問題．「教育」用語では「公教育」を「私教育」に対比して分けている．その場合の公教育というのは，さしあたり，家庭（オイコス）で行われている私教育ではなく公費助成によってまかなわれている教育のことです．しかし，それほど単純に二分できない．

　この「公教育」と「私教育」の関係というのが，今，非常に微妙になっている．私教育に関して公教育が発言している．例えばこの間，中央教育審議会の答申というのが出たが，そこで「父親は，もっとこういうふうにあるべきだ」と公的機関が言って通達しているわけだ．オイコスでの子育ての私事性，つまりプライベートな部分が教育にあるのかないのか．その辺もわからなくなってきている．

　今までは，そこには公的権力が入ってはいけない，守るべきもの（プライベート）だと考えていた．しかし，金先生のご発言にもあったように例えば宗教がとことんまでただの「私事」で終わっていいのかという文脈で捉えてもらえればいいわけですが，私事性としての教育をどう捉えるか．このあたりは子供の権利条約とかを引けば法学・政治学の先生方には近い分野なのかもしれません．やはり親権というか，養育権の第一次的なところは親にあると認めているというあたりと，一方で例えばオウム真理教の事件があった時の養育権はどうなのかという問題もある．

　もう一つ，教育制度の問題がある．それは「教育の自由化」とか「学校の民営

化」のような話が強く出されていて，私企業による「教育の市場化」に対して公共の教育を守れるか，という問題とともに，他方で，官制の学校に対する市民のオルタナティブな学校づくりをどこまで公的に認可し助成するか，という問題もある．この官と民の問題をいう時にも，やはり「公共性」をどう捉えるかということが絶えず問題になってきている．

その文脈で学校の公共性，公教育としての学校を守ろうとする立場からは，学校をハバーマスとかアーレント流の公共空間，公共領域にしていこうという主張がある．まさに現代コミュニティの中で，そういう可能性のある場所として学校空間というものを使っていこうとしているわけだ．もろちん学校を地域に開かれたものにしていくのは当然だが．そのあたりで横井小楠の先駆的なお話は非常に参考になりました．

最後に，理念的な問題をあげれば，教育も哲学を失っている．これが結局のところ一番大きな問題だと思う．公共哲学共同研究会で「公」「私」の議論を細部にいたるまできっちりと事実関係を踏まえていきながら，最終的に 21 世紀の新たな哲学を再構築していく——．脱構築だけではなくて，再構築していくんだというところに非常に共鳴を覚えている．

一昨日から壮大な物語を聞いていた．イスラームの物語もそうです．今のこの時代に，ポストモダン的な状況の中で，大きな物語の再構築などと言うと，どういう反応が返ってくるだろうかということを充分知っている．しかし，大人にとっては相対主義でもいけるところが，子供にとっては物語を喪失している状況というのは非常に深刻な問題だと私は痛感している．そういう意味での公共哲学と言うか，我々のバックボーンとなるような物語を紡いでいく仕事に期待しているのです．

金泰昌 ここで「公共哲学」と言っているのは，公共性の理念と過去の伝統・歴史と現在の事実と未来の課題がバラバラになっているからこそ起こり得るある意味の混沌ということを，できることなら相互連関的・相互生成的に考えてみるべきだという立場からの哲学のことです．そういう意味で公共性というものも今から積み重ねていって，結果として出てくる過程を一緒に踏んでいこう，共通体験していこう，そしてコ・クリエイション（co-creation）していこうという意味でこういう場を大事にしていきたいと思っている．だから何かヘーゲルのように体系を作るとかということではありません．誤解のないように一言申し上げておきたい．

「多」と「一」の統合

難波征男 イスラームの「多」と「一」の統合というお話に大変興味をもった．

特にタウヒードは「一つにする」ということだが，王陽明に「万物一体論」というのがある．万物を一体化する主体を成すということが，私の今の問題意識にある．イスラームは，もともと「一」として捉えるというお話を伺って非常に感銘を受けたが，老荘にも仏教にも朱子学にも陽明学にも，それぞれに一体化の仕方というのがある．それぞれに一体化を形成していく特徴というのがあるわけだが，この問題をもう少し具体的に掘り下げて，現代の立場から一体化を考え直してみることが必要なのではないか．それを将来世代に向けて考えたいなと思っている．

実は今，二つほど考えている．一つは，いわゆる東アジアには「易」を基礎とした考え方が展開していると思う．つまり陰の気と陽の気，陰と陽がお互いに対になりながら，相手がいて初めて自分が成り立つという関係で生々変化する．そういう相互補完の気で人体もまた形成されて，これが生々変化する．人体即宇宙．そういう人体が意識的，自覚的主体として生きていく．そこに万物一体の身心の活動があるのではないかということ．

西洋世界と東洋世界が和合一体化する．それを私は願っているが，例えば東洋世界におけるベトナム，中国，朝鮮，日本はそれぞれにアイデンティティが違うわけだが，それぞれの違いを持ちながら，なおかつ和合していくことがどうすれば実現出来るのか．

近代化の中で西洋の神に代わる「公」としての天皇というものが，明治維新の時点で準備されたとするならば，神にされた天皇は神の代替物として，いったいどのような役割を演じていったのか．ここでの議論にも出てきた横井小楠の熊本時代の盟友に元田永孚という男がいます．最近，元田永孚の還暦と古稀の時に書いた日記を読み直して見ているが，天皇の侍講であった彼は，「公」と「私」の問題に正面から取り組み，近代化の嵐の中で儒家的主体性を形成している．

私がなぜそういうことを言うかと言うと，去年（1997年），将来世代国際財団が主催して国際陽明学京都会議を開催したが，私は韓国と中国で開かれたプレシンポジウムに参加させていただいた．そこで非常に痛い経験をした．それを一言で言うと，日本軍国主義における日本の陽明学者，日本陽明学の果たした役割は何だったのか．そのメリットとデメリットはいったいどういうものなのかという問題を突きつけられ，答えられなかったことです．北京大学の親友から「東郷平八郎の陽明学をどう思いますか」と突っ込まれ，日本の近代過程または軍国主義過程の中で，儒教が果たした役割について研究不足を痛感しました．そういう意味では，今回の「公」「私」の問題を検討する中で，その辺（陽明学と近代化日本）の整理もしておくことが大事ではないかと思いました．

コンセンサスの形成

佐藤錬太郎 公共性とか共同性ということに関する私自身の考えは，この二日間の会議を伺ってもそんなに変わらなかった．具体的な事例でお話させていただきたい．「公共事業」の問題を事例にあげたい．私は北海道におります．最近はご存知のように情報公開が進んだ結果，それまでは知られないままで慣例と称されていた接待費の使い方などが公開された結果，住民からずいぶん批判が出て，行政側はそれに対応を迫られたわけだが，とにかく情報公開が進むという事態はどうも今後も加速しそうである．

　札幌市の近くの当別というところにダムを造って，そのダムの上流に民間の資金を導入してゴルフ場を造り，経済の活性化を図ろうという計画が数年前にあった．予算をつけてやる計画だが，情報公開の過程の中で，それが本当に必要かどうか，という住民の討論の場が最近設けられた．道庁の方でも「時のアセスメント」と言って，時間が経過して必要性がなくなったものについては，たとえ計画で決まっていても止める，というようなシステムが作られて，それにたまたま私の妻は関わっていました．主として生活クラブというところで関わっているが，ダムの上流にゴルフ場が出来ると，ゴルフ場を消毒したり，殺菌したりするために農薬を使う．その農薬がダムの水に入る．そのダムの水は当別町とか，札幌市の飲料水になっているのだから健康に非常に害がある．だからひとごとではない，というのが妻が関わった最初のきっかけだ．

　話を聞いてみると，そのお役所に行くと，役人の対応は，最初は，何もわからん主婦が何しに来たんだというような目付きで，とにかく邪険に追い払われたんだそうです．ところがそういう環境問題について専門家を招いたりして何度か学習会を開き，その役所の担当者と公聴会等の席を共有しているうちに，行政側の意識が変わってきた．最終的にその計画は中止になった．最後にそのことを一番喜んでくれたのは，当の行政の担当者だったということです．

　これは「公」と「私」の対立という図式ではない．情報公開性が前提だ．最初は意見なり立場なりが違うわけです．ディファレンスを認めた上で，それでは皆にとってどれが一番いいのかということで，会議や話し合いを通じて共通の利益なり公共性と言うのか，コンセンサスの形成を目指していった．その結果，お互いに良い結果が得られたという事例だ．情報公開が進むということはやはり良いことだ．それをもたらしているのは，コンピュータの発達なり通信網の整備だと思うが，必然的にそういう合意が得やすい環境というのが，21世紀に向けて今築かれつつある

のではないかと思っている.

　私は専門は陽明学だが，その時に妻が表現した言葉が非常に面白い．同じ問題について話し合って合意を得る過程で「気持ちが寄り添っていく」と言うんです．つまり，気が流れる．日本語で言うと気心が知れる，お互いどういうことを考えているかがわかってくる．私がその時妻に「それは陽明学では良知と言うんだ」と言ったら，「ああ，そう」と言って，えらく喜んでいましたが．

　つまり国際条約においても同じことです．先ず違いを認めた上で，やはりお互いにどれが一番いいかという話し合いをしていき，あるいは取り決めをしていく．その取り決めは変化してもいいものだという前提があれば，この段階ではとりあえずは妥協して，それからより良いものにもっていくという方法が可能である．それも情報公開が進めば，片方が知らない事実をもう片方が握っていて，それでどうしても合意に至らないという事態にはならない．互いに相手のカードを全部知っていて，その中でどうしたらいいか，という話し合いを築いていく．

　それから，統一性とか一体性が強調されるあまり，全体が同じになるというのは気持ちが悪い．皆が同じ方向を目指すという考え方には，私はちょっと抵抗感がある．なぜかというと，妻はそういう市民運動に関わっているが，私自身は関わっていない．但し，全く関わっていないかと言うと，そうではなくて，そのぶん妻は家にいないわけだから，家事等で個人的には被害を被っている．でも，それを支えているのはボランティアの活動ですから，私の給料が支えているという理屈になっている．だから本人（私）は意識していなくても，やはり社会的に関わっているわけだ．

　そういう意味での意識改革なり，意識の連帯性というのは共有出来ると思う．皆が皆，同じようにしなければならないといったら非常に辛い．車にも乗れなくなる．少しいい加減に聞こえるかもしれないですが，それぞれのレベルで，皆にとって住みやすいのがいいという程度の考え方で，その場その場で対応していくのがいいのではないか．

　私個人について言うと，PTAの会長を頼まれた．個人的には研究時間は削られるし迷惑なんです．お父さん，お母さんにお話しなければいけないし，結構拘束される．けれども地域の子供の安全とか，自分の子供のことも考えると，やはり誰かがやらなければならない，ということでやってみると，親の考えていることや学校の考えていることなどが話し合うことを通じて理解できる．すべてこの世界で成立している事象というのはつながりがあり，それも「気」の考えで通じる．気を情報と言ってもいいかもしれないが，気がうまく流れて伝わる状態を作るように，手助

けするように意識していけば，それぞれの持ち場で世の中だんだん良くなってくるんじゃないかな，というふうに思っている．

金泰昌 今，佐藤先生から大事な指摘がありました．我々の当初の問題意識は，最近起こっているいわゆる私物化，私事化，私心化，私益化という傾向に対してどのように対応出来るかということだった．その根本に，閉鎖化と秘密化という問題があると思った．それがどうすれば開くのか．

それは先生が今おっしゃったように「公共」の「公」の情報を開く．溝口先生のお話の中にもあった開き，公開性，共同性というところに重点を置く．そのために専門は違うけれど，専門の中に閉じこもるのではなくて，果敢に外へ出て行く．最初は互いの違いを元にして，一緒に出来るところを共に探していこうという態度をもって臨むということが大事だ．

難波先生がおっしゃった意味での一化というか，「万物一体」をそのように捉えるのは，反対という意味ではないが，そこに本当に重大な危険性も含まれている．その辺を中国思想とイスラーム思想の方では，どういうふうに見られるのか，板垣先生と溝口先生から改めてお話いただく必要があるなと思いました．

佐藤先生が取り上げられた「気」については私も共感した．韓国人と日本人というふうに国や民族によってある面で違いが出てくるけれど，ある面では全く一緒だといえるのは，自己観が韓国では「身体化された気」である．私はそのように捉えている．そういう気が身体に閉じ込められると死になるわけだが，それが外に流れ出すと，身体としての個と個とをある意味でつなぎ合わせる「公」とか「共」になる．そのダイナミクスは結局「コミュニケーション」になる．

気を開き，流れるようにし，交わり，新しい流れを作る．その辺を新しい意味での「パブリック」というふうに見る．これは一つの観点になれるのではないかということをずっと考えて来ていた．今佐藤先生がまさにそれをおっしゃった．易の思想に基づいた東洋思想のある面が，国を隔てて通じる入り口になるのではないか．そういうことがもう少し育まれて，全地球大に拡大出来れば，そこにも一種の新しい意味での「公共空間」と言っても「公共気（質）」と言ってもいい，言葉は何でもいいのだが，希望がもてるように思う．

パブリシティ

小林彌六 私の専門は経済学ですが，現在，世界的な流行になっている公共経済学と，私が経済学とは別に勉強してきた文化人類学という切り口から感想を述べて質問させていただきたいと思う．

公共経済学ではパブリシティが問題になるが，その範囲として市民の部分も若干含まれている．主たる部分はステート（国家）が行うパブリシティ，ガバメント（政府）が行うパブリシティである．どこへどれだけの予算を配分するかとか，どういう政令を公布するか等々ということを公共経済学のアングルから言えば公共財というふうに括るわけです．
　世界的なレベルで言うと，公共財（パブリック・グッズ）の供給ということが非常に精緻に論議されるようになっている．経済学は基本的には企業ないしは家庭，つまりプライベート・セクターが財ないしはサービスを供給するというわけだ．現代世界を扱っている経済学においては市場経済の合理性ということが一つのサイドでは信じられている．しかし，公共経済学が立脚しているのは，「市場の失敗」を大前提にしている．外部不経済とか環境問題その他要因はいろいろある．市場は合理的であるけれども，一面においては「市場の失敗」がある．であるからしてそれをカバーするのに，何らかの意味での公共出動が必要になるという意味だ．
　第二次世界大戦以降の諸国のシステムは，確かにミックスト・エコノミー，プライベート・セクターとパブリック・セクターの総合によって運営されてきた．そこでは徴税をどうするか，それをどう資源配分するかということもある．その公共的な意思決定に納税者，国民がどの程度参加できるかという問題もある．政府がそういう仕事をするわけだが，そのポリシーを決める政府意思決定に際しての手順はいろいろあるが，納税者の意志がどの程度正確に反映される可能性があるのか．どの方式がベターであるのかというような論議が行われている．それがいわゆる公共選択の理論だが，これら全体を含めて過去でいうところの経済政策論ないしは財政論が少し角度を変えた形でこのようになったわけです．
　文字によって記録された歴史に即していろいろな文明圏がある．先生方からは歴史時代に入ってからの人間のパフォーマンスについていろいろな解析，見識を示していただいたと思う．一方，レヴィ＝ストロース，ブラウン等々の経済人類学者によって開拓された理論は現代知を相対化するという側面もあるが，南太平洋諸島やラテンアメリカ，アフリカ，アジア地域などいろんな所へ踏み入って見た人々の暮らしや知見からは教えられる点が多く，それはいわゆる歴史時代以前の人類の生き方と結構共通するものがあったのではないかと思われる．
　中国の例で言うと夏，殷，周から始まるが，最古の夏王朝がいつどこに都があったかはともかく，それより前の非常に膨大な先歴史時代ないしは超古代がある．もちろんゲルマン世界その他にもそういう膨大な時代があり，日本列島においてもそのような時空が経過したと思う．その時空において人々がどのような生活を営んで

いたかということを考えていくと,「公開性」とか「共同性」とか「開き」などとかなり重なる面がある.

部族の暮らしの一つの軸は互酬制,相互扶助であって,今のような取り引きというのは少なかったと思う.そして共同でお祭りをした.さらに敢えて付け加えると,公共性に関してアイデンティティを求める動きもあったと思うし,そのメンバーのコミュニケーションないしは参加という要素もあった.もちろん限界や欠陥もあったと思う.例えば「個」がどの程度わかっていたか.しかし社会生活としてはかなりうまくいっていたのではないかという印象を持っている.

「通じる」ということで先程「気」のお話があったが,そういうことは現代社会にも身近にある.例えばビルの中や新幹線や飛行機の中でもあるわけだが,真の自然に触れるということがあまりない.あるいは「神」に触れるということもなかなかない.しかし先史時代の世界の諸民族はそういうコミュニケーションを,人々相互の間でも人間と神・精霊との間でも持っていたと思う.

さて,歴史時代に入ると「公」と「私」が分裂し始める.つまり「公」が「官」と重なりはじめ,「私」が明瞭になってきた.「公」というのが二つになり,一つは権力サイドがスケールメリットを軸にして広げたパブリシティであり,もう一つの「公」は祭祀や各種の共同行事等々としてどこにも根づいて連綿と流れてきた本来のパブリシティである.福田先生のお話にあった中世ヨーロッパの教会であるとかギリシアのアゴラ,あるいはイスラームの教会.経済史で言えば中世の農村の広場などにもパブリシティがあったと感じる.

次に現状について私見を申させていただくと,「公」と「私」の区別は西洋世界が一番はっきりしている.日本はどうもはっきりしない方の象徴でありながら,しかも「私」はそれなりにはっきりしてきたような側面がある.

私自身,数十年間日本の現実世界を観察してきて感じることだが,やはり歴史の轍を踏むというか,「公」というものが「官」に収斂していっているというように思う.そうすると「おおやけ」というものは「官」が司るものである.「私」というものは「官」から逃げ隠れするものである.そうしてどこかの酒場で飲む.これは自己疎外であるかもしれない.

官が担う「公」というのも本来の人類世界においては人間性の発現の一種類であったわけだが,これが「私的な独占」となってしまっている.いろんな粉飾はつけているが,やはりどうもそうなってきつつあるのではないか.人類社会の現状は危機に瀕しているということを強く感じる.「公」が「官」に収斂し,「私」は私でなくなるということに収斂している.このことは,とりわけ日本の現状を見ていて強

く感ぜられる．「私」が生きる場所はなくなり，「公」は単なる儀礼になっている．昨日も新聞を見ていると，生徒が学校へ行っても自分が身を置く場所がない．だから行かないんだとか，猛烈な勢いでパブリシティの場というのが失われている．

　もう一つはマスメディアの問題だ．パブリシティはテレビとか新聞によって代表されるとされていて，人々は個々の家庭の中でパブリシティに接しているように感じているが，実はそれは作られたパブリシティである．そこでは一人ひとりがじかにコミュニケート出来ているわけではない．本当を言えば手作りの新聞を作るとか，手作りの広場を作って，お互いに触れ合う工夫をしなければならない．昔はどの町にも町角というのがあったそうです．町角は結構人が集える場所だったわけだが，今の都市化された日本の街には町角もない．物理的には自動車の洪水が人々を遮断している．人間はいろんな場所から排斥され，人々は機械の運動の前に些細な自分を自覚するしかなくなった．自我とか己というものが矮小化され，単純化されていく．そういうわけで，やはり本当のパブリシティの再建こそが現在並びに将来に向けて非常に大切だと思う．

　そのパブリシティの再建は二点あるかと思う．一つは先程も申したステート（国家）のあり方だ．ステートの意思決定に人々がどれだけ参加できるか．参加できるための保障制度ないしは実践の保障があり得るかどうか．それをつくれるかどうか．

　もう一つは，それとは別に本来のパブリシティを自分たち市民同士でつくり上げていく努力がどうしても必要になると思う．これは現代ヨーロッパにおいても，また一部アメリカにおいても求められ，実行されつつあると思う．日本においても，もちろん行われてはいるが，先程申し上げたように非常に厳しい状況に置かれている．つまり渡辺先生がおっしゃられた「江戸時代」に近づいているのではないかというような気がする．

公と私への視点

　岩崎輝行　二日間お話を伺って，五つばかりに整理して申し上げたいと思います．

　第一は概念の明確化だ．ここで「個」「個人」「わたくし」「私」という言葉が出てきたが，これらは明確に分けて考えた方がいいのではないだろうか．例えば「個」というのは単位．渡辺先生のお話で言えば「箱」というふうに考えてもいいと思う．「個」の単位には個人，家族，村，オイコス，宗族というような言葉が出てくる．「個人」というのは人格を持った「個」というふうに理解することができるのではないか．

　それから「わたくし」というのは代名詞です．その対概念として「あなた」とか

「彼」とか「彼女」がある．では「私」というのはいったい何か．「私」というのは「公」と対概念であって，環境の概念ではないだろうか．つまり「私」と「公」というのは独立したものとしてあるのではなくて，「個」あるいは「個人」あるいは「わたくし」，それらの間の関係を表しているものではないか，というのが私の印象です．

第二点は，私はアジア経済にずっと携わってきた．だから経済問題から見るわけだが，「公」「私」という概念の関係は経済体制の変動とも関わってくるのではないだろうか．二日間にわたって過去から今日にいたるまでその関係の変動についてお話を聞かせていただいたわけだが，その裏にはやはり経済体制の変動が表裏一体をなしているのではないか．

第三点は，階層によって異なる．つまり経済体制というのはいろいろな階層がある．あるいはいろいろな箱がある．それぞれによって「公」と「私」の考え方，見方が違うのではないか，というのが私の印象です．

第四点は，それでは現在の我々の社会において「公」と「私」はいったいどういうものであるか．現在の我々が「公」と「私」の関係を見る目で過去をもう一度再解釈する必要があるのではないだろうか．

第五点は，公共哲学共同研究会の目的は金先生のご説明によると21世紀，つまり将来世代のための新しい「公」「私」の関係を考えるということだったが，新しい「公」「私」の関係というのは何だろうか．この点は実は私がここであげたインドネシアの事例と非常に深く関わるわけだが，土地の共同所有制のもとにおいて灌漑水路の維持管理を村人の仕事として行っていた．その点は「公」であった．政府という機関は関わり合わず，村の中で自分の「私」の仕事と「公」の仕事がつくり上げられて補完されていたわけです．それが政府の仕事になっていく過程で村の仕事が失われていった．伝統的な「公」という役割が失われていったことと裏腹に，実は土地の共同所有制が私有制に変わりつつある．この変化は，灌漑水路の維持管理の役割が変わりつつあるということと表裏一体をなしているわけです．

つまり政府が指令する灌漑の維持管理の役割を，村の中の仕事として位置づけられなかった．政府は「ここはセメントとこういう資材を使ってやりなさい」と言うだけであって，あと政府がやるのは料金の徴収だけだ．村人全体として，もう一度今までと違う維持管理の方法について合意を得ることができなかった．そして土地の私有制が進行していった．

土地の所有制が変わることによって「私」を補完する「公」がなくなり，水路の維持管理がそれぞれの家族の仕事になってしまい，末端のところでは弁済ができな

くなっていき，共同体が崩壊していくわけです．

　私は別にもとの共同体に戻った方がいいですよと言うわけではない．新しい社会をつくり上げていくときに，新しい「公」「私」の関係というものを見つけていかない限り，つまり新しい共同体の原理を見つけていかない限り，やはり混乱していかざるを得ないのではないかと思う．日本はその規模といい，経済体制，しいて言うならば政治社会の体制も異なるが，しかし現実に見る東南アジアの例というのは，実は現在の日本と共通の問題があるのではないか．これが私が今持っている問題意識です．

空間から時空間へ

　金泰昌　発題された四人の先生方のお話とも関係があるのですが，ここでどうしても考えておきたい問題がある．それは先程出た万物一体とタウヒードなんです．

　万物一体について，ハーバード大学の杜維明先生と多少激しい議論をしたことがある．彼は万物一体を「存在の連続」というふうに解釈するわけです．それは空間的な概念が強い．存在というのは現在しか姿を見せませんから，現在という固定化された一つの存在が横につながっているという空間的発想に重点を置いているような感想を持たざるをえない．少なくともそういう意味での万物一体という解釈に捉えられる可能性がある．

　そうなると，とにかく一つにするという「一化」というふうなダイナミックスが動きやすい．例えば難波先生や何人かの陽明学者の方々が，万物一体をタウヒードまで延長して，すべてを一つにするという方向に解釈するような傾向とつながっているのかどうかはわかりませんが，そういう印象を受ける．誰かがそういうことを言ったということではなくて，私は陽明学に関連する先生方のほとんど大部分からそういう印象を受けたのです．

　私が杜維明教授に反論したのは，例えば王陽明がその当時どう言ったのかは別として，今私が考えたいのは，むしろ「生成の連動」というふうに捉えることによって万物一体を動詞的に理解するべきだと言い直したいのです．言い換えれば，実体の連鎖ではなく多元的プロセスの相互関連です．「空間」というよりは「時空間」です．空間的な観点だけから見るのではなく，時間と空間が相関生成するような感じで捉えない限り，「公」と「私」の問題でも「公」と「私」が別々に個体化されてあって，それがお互いに葛藤し，対立し，というふうな考え方になりやすい．そこからすべては一つであるという論理でもって共同体化の原理（主義）的発想が出てくる．

しかし，時間軸を入れると，どこかに固定化されたものがあるのではなく，その時点その時点でのその相互関係が相互関連的に再調整され，再構築され，ある意味では破壊され，否定され，常に連続していくということが含まれた意味での万物一体になる．それは共同体的ではない．むしろ脱共同体的にもなると思う．共同性ではなく相互連動性であるからだ．

そういう意味で，私は溝口先生がおっしゃった「つながりとしての公」というのを，私の勝手ですが，空間的つながりと時間的つながりを一緒にして理解したい．そうすると現在生きている人間と，まだ生まれていないが今から生まれる人間との世代間の関係も「つながりとしての公」の中で考えられるだろうし，既に死んで亡くなった人と今生きている人との関係も「つながりとしての公」の中で考えられるようになる．

「そうではないよ」と言われるかもしれません．自分がどう思っているかということも大事だが，お互いに議論しているときに他の人がどう思ったかというのも大変大事です．議論というのは，今まで気づかなかったことを互いに気づかせたり，閉ざされたものが開かれたりする働きをする．どうしてもこれは，今後，「公」と「私」の問題を考えていく上でもそうだし，今からいろいろな議論をしていく上でも大事なことです．

そこでもう一度お答えをいただくという意味ではないのだが，そういうことも我々としても切実な問題なので，四人の先生方から詳しいお話を聞かせていただければ有り難いと思います．

儒学の視点

溝口雄三　まず先程の小林正弥さんからのご質問にお答えします．

今回は儒学思想の立場で参加させていただいているが，儒学研究者としてこういう問題に関わるときの特殊なある種の困難さのようなものがある．

小林さんがお尋ねになり，先程難波さんがおっしゃったような形での「忠」「孝」を軸とした日本の「儒学」教育は，最近，黒住真さんがアメリカで発表されたペーパーをいただいて見る限りでは，大体明治以降，日本では民衆の中に「儒教」のイデオロギーが体制イデオロギーとして入っていったのが明治の終わりの頃．『陽明学』という雑誌が明治40年代に出て国体を発揮するということを目的にやっているのがその一例です．

中国では大体唐代まで儒教というのは，私のおおざっぱな見方では支配階級（豪族），あるいは上位官僚層の教養であり，物事を律する上での経典としての規範と

いう程度のものであったが，宋から明にかけて，官僚の政治的プリンシプル（原理原則）というか，政治的支配主体の道徳的な確立あるいは政治的主体の確立であった．従ってそれは官僚の学問である．朱子学がそれにあたると思う．それが陽明学から，民衆層へというふうに担い手が広げられていき，清代になって一層それが礼教という形で広まるわけだ．

中国の知識人が初めて自国の文化が西洋に劣っているという自覚をもつ最初が1914-15年です．それまではそこまでは思わない．制度が悪いとか，まだ工業化が進んでいないのが原因だとかというふうに思っていたのが，文化そのもの，具体的には儒教文化が劣っているという自覚を持ち出した．その先頭を切ったのが陳独秀という後の共産党の書記長になった，当時北京大学の文学部長だった若い青年だった．彼が激しい礼教批判をやって，魯迅もそれに加わる．その時に批判されたのは宗族制度を支えていた「孝」のイデオロギーであって，「忠」「孝」ではなかった．

「忠」「孝」の「忠」というのは中国では官僚集団の倫理規範である．官僚というものが存在しない論語の時代には「忠」は決して君に対する「忠」ではない．真ん中の心と書くが，要するに「己の欲せざる所を人に施すなかれ」というのと「己達せんと欲すれば人に達せしめよ」という，自分のしたいことは人にさせるというのが「忠」であり，自分がやりたくないことは人にやらせないというのが「恕」です．中国では明清の宗族の中でよく門に「忠」「孝」の聯が掛けられるが，その「忠」というのは「君に忠」を必ずしも意味しない．忠誠の誠という意味で使われているので，その辺は注意を要する．そういう意味なので，「忠」「孝」イコール儒教というのは明治以降の日本の教育の中で，ある種の拡大された儒教観に立っているということだ．

日本の場合は古事記に「黒き心，汚き心」というような文脈がある．それに対し自分の属している共同体に対する「清き赤き心」とは，自分はいっさい偽りはありません，何の隠すこともありませんということで，『日本書紀』ではそれを「忠」と訳していたりする．日本の場合は中国とは違う「忠」の概念がそこから入ってくるのかどうか，これは私が自分でちゃんと研究していないので，渡辺先生にお願いするところになりますが．

ついでに言えば「忠」とか「孝」には訓読がない．名前として使うときに「ただし」とか「たかし」とか読んでいるが，それは訓読ではない．「忠」も「孝」も当時の日本人にとっては外来語だ．「忠」「孝」という概念が入って来たとき，それに当たる日本語はまだ存在していなかった，だから訓読はできなかった．

ところで，そういう複雑な歴史を持っている儒学の研究者として身を処するにあ

たって，我々はかなり困難がある．それはいわゆる儒教研究者が同時に儒者であるという人々が存在していて，依然として「忠」「孝」を主張したがっている．国際的に韓国にも台湾にも香港にもそういう人はいます．大陸にも実はいないとは言えない．「君に忠」という言い方をするわけではないが，大陸に古い保守的な考え方も残っている．

それと同時に，先程名前が挙がった杜維明さんのような新儒者，新儒学を標榜して，西洋の哲学や宗教をくぐった上で，新しい儒学を興し世に広めようとしておられる新しいタイプの方がおられる．これも儒教実践者として位置づけられるわけだ．そういう儒学研究者は同時に実践的である．儒学自体の中にそういう要素がかなり濃くあるわけだから，儒教だけを研究して，自分は何もしないという雰囲気ではなかなかおられない世界なんです．

では私はどうか．私は実践ということの中身をこんなふうに考えている．つまり，私から見て，今私が最も意識しているのは東方主義者と私が呼んでいるグループの人たちだ．それは21世紀は西洋の没落の世紀である，あるいは21世紀は東方が復活する世紀であるという論陣を張っている．こういった主張は，一つ間違うと西洋中心主義の裏返しになり，自分の足場が相対化されないまま，儒教の「万物一体の仁」などのテーゼを短絡的に普遍化したりする．

去年（1997年），北京で儒学のシンポジウムを開いた．そこで渡辺さんが揶揄されたのだが，例えば地球環境が破壊されているから天人合一の思想を，競争が非常に激しくなっているから万物一体の仁をとかと，非常に短絡的な主張が行われる．こんなものはヨーロッパで既に人類愛とかいろいろな言葉で言われている．それを何世紀もおくれて中国語で言っているだけにすぎないわけです．

問題はそんな空っぽなスローガンの主張にあるのではなく，中国でいえば中国の現在かかえている課題にどう直面するかにある．例えば，中国の教育制度の中で実際に今最も大きな問題になっているのは学校が足りないということだ．学校をどのように増やすか．これは教育予算の問題になる．教育予算を増やすためには膨大な軍事費をどう削るかが問題だ．そういう場合に国家予算に対して，どれだけ人民大会が権限を持つのか．人民大会が権限を持つためには，人民大会の運営のし方をどうするかという地方自治の問題がある．原理的に言えば今までの人治のシステムをどうやって法治のシステムに変えていくか．そのための「法」とは何なのか．

このような問題を経ながら今の万物一体の仁の問題とかを考えていかなければ，それは単なるお題目になる．つまり私にとっての学問的実践とは，研究自体の根柢を問い，その研究の意味を研究自体の中で拡充していくということです．

板垣さんに私が非常に共鳴できるのは，板垣さんはおっしゃらないが，本当に世界の文化的差別の中でイスラーム学をお始めになった．イスラーム学をなさること自体が世の中のヨーロッパ一元的な見方を破壊し，多元的な見方をつくり出し，価値の多元化というものを開いていく．学問それ自体が恐らく戦いである．だから板垣さんはサイードの『オリエンタリズム』なんかの訳の監修をされたりしたのだと思う．一つの運動を地道になさっていらっしゃりながら，それ自体が学問である．
　我々もまた違った意味でそういう戦いをしております．ここで「公」の問題ということをそういう立場で考えた場合に，非常に難しい問題が多くある．
　昨日，金先生から制度，政治，経済の活動の分野でも研究会をやっていくんです，また自然科学もあるというお話をお聞きし，「そういうことは大変いいと思います」と申し上げたが，そういう様々な角度からやっていかなければいけない．
　その上で，例えば多元的なものを一つにする原理というものをどのように構築するのか．言葉の上で仏教の「一即多」とか，儒教の「天人合一」とか，言い方はいくらでもできるけれども，多元的なものを一つの原理で束ねること，しかもその多元的なものの価値を認めながらやっていく道というものがどのように可能なのか．これはやはり経済的な分野から，あるいは社会的な，あるいは政治的な，いろいろな局面から一つ一つ地道に積み上げていったところから見えてくるものでなければいけないと思う．
　しかし同時に，西洋とイスラームと日本と中国を並べてみて，例えば先程「公開性」と「共同性」というふうにおっしゃいましたが，それと同時に中国にある「道義性」というものをどのような形で普遍的な共通の原理として見ていけるのか．またイスラームの宗教原理とキリスト教の宗教原理が違っている中でどのような原理によって普遍的な共通の部分を発見していくのか．それは金先生がおっしゃる地球規模の道義性，あるいは地球規模の調和性とか倫理性とかを考えなければいけない．
　つぎに，空間的なものに対して時間的な意味合いがあるかないかという金先生のお話ですが，「仁」というものは，言ってみれば朱子学の「仁」にはっきり出ているように「天地ものを生ずる心」である．果物の種の核も仁と言い，体がしびれるのを不仁と言う．逆に言えば体の血流が順調なのを仁と言う．それは単なる現在だけではない．朱子は春夏秋冬の四季をめぐる時間的循環で捉えていますから，間違いなく「仁」という思想は空間と同時に時間を含んでおります．
　だから「万物一体の仁」というものを空理空論ではなくて，先程私が申し上げた多様性の中の道義的な，あるいは原理的，倫理的な，しかもそれが地球規模で生きるようなものとして政治・社会を踏まえて具体的に，この研究会で今後議論されて

いくことは大変すばらしいことだと思う．

　一方，我々がもう一つ自覚しなければいけないことがある．この共同研究会は国際会議ではなくて，今のこの日本で，公共哲学を共同で研究しようという発想で出発した．やがてこれは恐らく，金先生や矢崎理事長の今まで言われてきたことからすれば，国際的なものへ広げられていくと思う．しかしこういう問題を日本で実行する場合とアメリカで実行する場合とではやはり違う．

　一つの事例をお話します．アメリカ人は，家を建てるときにはちゃんと周りの状況を考えて建てます．同じような法規制の中で，自分たちの町づくりをちゃんとやるんだという何らかの倫理的自覚を持っている．それが日本にはない．

　私は20年ぐらい前に埼玉県に住んでいて，建築条例というものをつくる運動の中心になったことがある．これは私有権を制限して自分たちが緑を守るような家の建て方をするということを協定し合うという，当時としては珍しい市民運動だった．そのときにある地主さんは，「天から地の底まで自分のものだから，だれの規制も受けない」と言う．日本の市民運動も，大体こういう日本人的な私権から出発している．これは「おおやけ」というものがお上であったという困難さの裏返しになっているわけで，私権がエゴイズムに収斂するという日本的困難さがある．

　先程佐藤さんからご報告があったように，そういう日本でいろいろな問題を解決していくという面も含むとすれば，そういった困難さに対応できる我々の日本的な特性は何か，あるいは日本的な伝統の中で何を活かし，何を利用することができるのか．

　例えば丸山先生の文章を拝見していると，共同体イコール村であって，そういう規制の中からどのように自分を析出して，近代的自我を持った個人を確立していくのか．インディビデュアリティの確立，個人的権利をどう保障するか．丸山先生が命題としてお出しになっているそういうものを我々がそのまま踏襲していくことで，本当の意味の「おおやけ」構造を改革する社会を日本で建設できるのだろうか．

　日本の「おおやけ」的ないわば日本的なつながりの中でつくられている秩序をどのように公開し，民主化していくか．つまり「おおやけ」から「わたくし」を析出するのではなくて，「おおやけ」の中にいる「わたくし」自身によって，「おおやけ」自体を民主化していく．こういう面もなければやっていけないだろうと思う．

　だからヨーロッパの「パブリック」，中国の「公」を無媒介に日本に持ってきて，中国の「公」はすばらしいんだよというようなことを言っていてもしょうがない．

　ここにおいては善かれ悪しかれ日本の我々が背負っている伝統というものを自覚して，日本に責任を持つという形で，世界の公共にどのような貢献ができるのか．

世界の難民救済をやるとか，地球の環境を考えましょうと言って飛び出していくのも，もちろんそれはそれで意味があるが，それだけではやはり本当の意味の力にはならない．日本をどのように開き，国際化し，地球化していくのか，また日本の中の諸問題をどのような法システムで解決していくのか．そして，日本が日本のことを解決していく方法というものをどのように世界に役立てさせていくのか．そういう中から，先程申し上げた多様，多元的なものの中における普遍的な，あるいは道義的な，調和的なものの模索に入っていくのだろうと思うわけです．

金泰昌　ありがとうございました．いろいろ貴重なアドバイスを承りました．日本から新しい「公」と「私」の考え方を見直してみようということが始まるわけです．従来の考え方を十分反省しながら，もう一回見直しができれば，新しい観点を構築できるかなと期待しています．

イスラームの視点

板垣雄三　日本でよく私が直面する状況というのは，イスラームの話などをし，そしてタウヒードの話などをしますと，必ず出てくるのが一神教というのはどうも肌合いに合わない，一神教には抵抗を感じるとか，日本はそういうものとは全然違う文化風土，思想風土なので，一神教でなくてよかったとか，そういう一神教アレルギーとも言うべき反応です．タウヒードもそのような感覚の延長線上で，非常に個人が抑圧されるといいますか，文字通り全体主義的な次元で理解される．統合のある側面だけが切り離されて強調されるような気がするのです．

私はおかしな言葉ですが，多元主義的普遍主義ということを言っております．タウヒードというのは，一つにするということのまず前提として，気も遠くなるほど，頭の中がごちゃごちゃしたということを言われた方が何人かおられて，その原因の一つは私の話し方にあったかなと反省しているが，頭が本当におかしくなるような，そういう多様性というか，差異に満ちた世界，宇宙の現実を認めて，その上で，これにめげずに，それを一つひとつ数え上げていくというタフな精神，それを私は「枚挙の精神」と言っているわけですが，そういうものに支えられるところで成り立ってくるような究極的統一の確信，これこそがタウヒードなのだと理解しております．宇宙から人生にわたるあらゆる事象現象が神の存在の「しるし」なのだとする確信する精神から科学は成立する，とイスラーム教徒は考えるのです．

違いはいろいろあろうがともかく一つだ，一つにしてしまえというような暴力的な話ではないように思う．そこで多元主義的普遍主義と言ってみたりしているわけです．

そのことをもう少し別の格好で言うと，タウヒードというような思考様式，それは「公」というものを発見していく，「公」をつくり出していく，そういうような，今田さんのお言葉を借りれば「プロセス」．あくまでも「プロセス」として「公」をつくり出していくような「プロセス」としての意味を与えられる．そういうものとして理解されるべきものではないかと思っています．

　それから，とかく私がタウヒードについて説明しようとすると，そんなに立派な考えを持っているイスラームがどうして現在の情けない状態になっているのか，そんな立派な考えであるのなら，イスラームというのは今のこんなことにはならないで，ヨーロッパなどの風下に立たないで来れたはずではないかとか，そういう話が必ず出てくる．

　例えば私がイスラーム教徒にイスラームとは何かについて尋ねた場合，一言で説明するとしたら「それはタウヒードだ」となる．イスラームの立場というものを説明するときに，タウヒードは非常に基本的で重要な概念であることは確かだが，同時に自らイスラーム教徒と思っている人が自分自身のイスラームを具体的にどういうふうに捉えているのかといえば，当然のことながら人様々なわけです．

　しかし全般に特徴的に表れる傾向としては，イスラームとはタウヒードを実現しようとする立場なのだということを言いつつ，自分たちの側でタウヒードが衰弱しているというか，タウヒードの精神を失ってきているという自覚が強くあることです．イスラームは自己批判の宗教だということを昨日の発題講演で言いましたが，自分たちがタウヒードというものを独占しているというか，体現しているとか，そういうふうな格好で，いわば誇れる立場でタウヒードを言うのではなく，むしろタウヒードという知恵を神様から与えられたのだが，それを自分たちが本当にちゃんと実現し得ていないことを認める．自分たちの側でタウヒードが衰弱しているという自己批判，むしろ自分自身を告発するというようなことがある．そういうことが全般的な傾向としてイスラーム教徒全体の中にあるということを見ていくことが大事ではないかと考えている．

　万物一体とか，いろいろつながり合った，ほかの考え方，表現，説明のしかたがあり得るが，「多」と「一」をいかにして折り合わせるか，「多」の間の折り合いとして，いかに究極の「一」を予定するかという，そういうことだと思う．あまたの「私」というものを前提にして「公」というものがどう予定されるかということにもなっていくかと思う．そういういろいろな人類の知恵の中の一つとしてタウヒードというものの意味をちゃんと受け止めることが必要ではないか．

　ですから，タウヒードの話を聞いて，一神教はどうも肌合いに合わないとか，そ

んなにそれがいいものだとすれば，どうしてイスラームはだめになったのかとか，こういう反応の仕方が持っている問題性ということを，かなり根本的に考え直す必要があるのではないだろうか．

あらためて「世界史における近代化過程」の図を OHP で見ていただくが（次頁参照），この図と関係することとして，京都の東洋史の先生方の仕事というか，日本の東洋学の中での京都の位置というか，そこでの中国認識の特徴ある伝統といいますか，そういうことが私の頭の中にあります．宋代以降の中国を中国という場面だけで考えてしまうのではなく，もっと広くイスラームと結びつけて，あるいは中国に及んでくるイスラーム化という問題の中で中国を考えることが必要ではないか．私は前から絶えずそういう考え方を提案してきました．

昨日も中国のイスラーム化とか，儒学の体系の再構築はイスラームと無縁ではなかったのではないかということをいろいろ言ってみたが，朱子学にしても陽明学にしても，それらの形成や構築について，勝手に中国という場の枠を決めておいて，その枠の中だけでものを考えていくようなやり方でよいのだろうか．中国という枠組みの端っこの方にイスラームを小さく括って極力それを外在化させようとする考え方に対しては，私はこれを非常におかしいのではないかと言っている．

しかし実際には世界はさらにダイナミックであると私は思っている．「世界史における近代化過程」の図で，ヨーロッパとイスラーム世界との関係というのは，鯨が口を開いたみたいな格好だが，東向きの矢印の意味については，私は一方で非常に強烈なインパクトと同時に，ある種のシンパシー的局面というか，あるいは，こういうところで形成されるひとまとまりのハイパースペースを考えている．直接の影響と同時に，おのずと通底しあうような形で醸成される内側の主体的な動きと呼応しあう一致．これはいろいろな格好で説明できると思うが，シンクロニシティ（同時性）ということも言えるかと思う．因果関係とは違う次元での 'coincidence'（一致）です．このようにして，明らかにイスラームの思想というものを中国人の側で参照しただけでなく感応したのだと思う．それは否応なくです．

モンゴルの中国支配においては，実際上これを運営していたのはイスラーム教徒ですから，そういうところで中国人は単に遠くからもたらされた思想などということではなくて，もっと生活的な現実，社会活動の実践の中でイスラームというものに直面したと思われる．

そういうところで，「タウヒード」も「万物一体」もたまたまどこかで一致する，比較できるというそんな問題ではなくて，もっと内的につながり合ったものとして，ないしはシンクロニシティとして捉え直される必要があるのではないか．

図　世界史における近代化過程

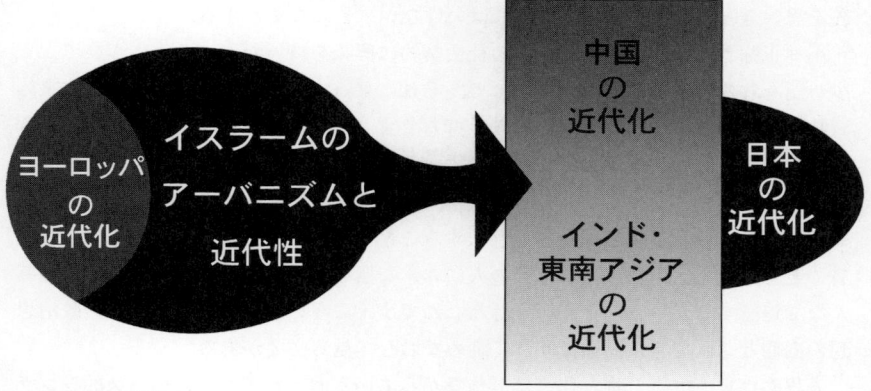

[図：ヨーロッパの近代化 → イスラームのアーバニズムと近代性 → 中国の近代化／インド・東南アジアの近代化、日本の近代化]

出所：板垣作成．

　先程の佐藤さんのお話に対して金先生は「コミュニケーション」に言及されたが，「公」を獲得し実現していくプロセスとしてのコミュニケーションの次元で，タウヒードと万物一体の仁の比較ができないものだろうか．それは単なる思想史上の国際比較というようなものではない．そういうことを絶えず考えようとしていくということそれ自体がタウヒードなのではないか．

　これでタウヒードの話は終わりにして，あといくつか先程からお話を伺っていて考えたことを言わせていただきます．

　先程溝口さんは私が中東・イスラーム研究をやってきたことについての評価を述べてくれました．それと関係すると思うが，私は絶えずノイズとしての役割を自覚的にやろうと考えている．そういう趣旨で，昨日からもプロヴォケーション（挑発）をいろいろ試みております．聞いていただきたいのは，やはり世界の知り方を問題にすることが，21世紀に向かってすこぶる大事なのではないかということです．

　単なる文化相対主義的な，あるいは世界といってもいろいろあります式の，いろいろな文化を横並びに対等のものとして理解しましょうといった呼びかけでは済まないような問題があるだろう．我々の発想や，思考の手続きを，全部どこかでひっくり返さなければいけないような，そういうことがあるのではないか．

　問題は主として19世紀以降に起きたと言ってもいいかもしれない．19世紀はかなり問題がある世紀で，20世紀はそれと並んで，あるいはもっと問題をつくり出したかもしれない．19世紀につくり出され，そしてたちまち制度化され，制度的

な力でもって無理矢理地球大の規模で押しつけられるようになってきた欧米中心主義を思いきってひっくり返さなければいけない．そんな気がする．

　小林正弥さんから，イスラームの社会契約に興味を持ったが，それについてもう少し話をしろと言っていただいたので，それに乗って言いますが，バイアの本来の意味は商取引きの契約成立時に行う手打ちです．実際に関係人同士が手を打ち合う．それが契約成立のシンボル的な行為です．そのバイアが金曜日の集団礼拝で地区，地域ごとに集まったコミュニティの人々，一般人によって，為政者のレジティマシー（合法性）を承認する行為をも意味することになった．選挙を毎週やる手続きは省くとして，もし選挙をやればその人にみんな票を入れることになるというのをみんなで追認するという，そういう行為なんです．こういう話はヨーロッパの政治思想の内側とされてきた問題に向けて眺めなおして見る必要がある．

　先程タウヒードと万物一体とは，つながっている面とハイパースペース的シンクロニシティと両面があると言った．それと似て非なるケースですが，イスラーム世界とヨーロッパの場合には，開いた鯨の口のような格好で，地続きというよりもむしろ切れ目がない．これを一生懸命切って違う世界なのだと言って，二つの世界の話にしたのは，昨日強調した通りです．実際にはイスラーム世界とヨーロッパとがひと纏まりの展開だったというふうに私が感じるのは，イスラーム教徒のウラマーたちが数百年間にわたって政治的リーダーシップをめぐるイマーマ論という非常に激しい議論を積み重ねてきた，それがヨーロッパにそのままつながっていくわけです．イマーマ論の展開の中にはのちのヨーロッパのいろいろな考え方が全部ちゃんと散開・展開していて，サンプルが揃っている．

　例えばイブン・ジャマーという人は，ある政治権力が存在しているということは，神がそのように定めたからだといって，王権神授説を提起した．マーワルディーの場合のように，カリフの資格を，つまりは統治者の欠格条件を徹底的に吟味した仕事もある．クルアーン5章の話に関連して，悪しき為政者は倒さなければいけないという君主放伐論もあれば，さまざまな立場がすでに9世紀あたりから数百年間の議論の中に見出されるのです．

　それがいわばイスラーム世界とヨーロッパとをつなぐ地続きのひとまとまりの「世界」の中でずっと受け継がれていく．そこにヨーロッパ的局面が認められるわけです．ロックにしても，ホッブズにしても，ジャン・ジャック・ルソーにしても．

　私は東京大学の東洋文化研究所というところで助手になったとき，私がついたのは人文地理学の飯塚浩二という先生でした．飯塚さんは東大でイスラームをやる人間がいなければいけないという考えで，違う分野の人間を自分のところの助手に据

えた．その飯塚先生がよく言われたのは，東大は西洋のサルまねで東洋文化研究所なんていうのをつくっている，これは悲しい状況だということでした．

飯塚先生は1930年代のヨーロッパを体験して，自分ほどヨーロッパがわかっている人間はいないという自負があって，生半可にヨーロッパのことをわかったような顔をしている人を見ると腹が立って仕方がないという，そんな感覚をお持ちだったのだろうと思う．日本社会のヨーロッパ観が根本的におかしいということを絶えず言っておられた．私にはそういう批判精神をどこかで生かしたいという思いがある．

そういうことで，「公」を近代社会に結びつけ，「私」を近代的な自我に結びつける近代観はかなり根本的な組み替えをしなければいけない，というふうに私は思っている．

21世紀の世界を考えていこうとするとき，途上国と言っても，「南」と言っても，第三世界と言っても，アジア，アフリカ，ラテンアメリカと言ってもいいのだが，そこでの主要問題はイスラームである．さらに今や欧米でもイスラームがそのまま内在的問題なのである．ヨーロッパ意識そのものが改めて新たなる対イスラーム関係という問題を内包せざるを得ないことにもなっている．まさしく人類は地球的現象としてのイスラームという問題に直面しているのです．

しかし直接にイスラーム教徒がたくさんうごめいている，あるいはそのうごめきが直接関係しているという意味で，ラテンアメリカを含めていわゆる第三世界と接触する場面で，欧米の側にもいろいろ考え方の転換が出てきている．

例えばポストモダニズム．それはヨーロッパ的近代が行き着くところまで行ったのでポストモダンという話になるというのではなくて，いわば近代世界が内包していた地域的な問題，それは文化や文明の問題でもありますが，のっぴきならぬ多角的接触の中で欧米自体でも考え方の転回が起こってきている．それなのに，日本では現代思想というと，例えばフランス語を日本語に置き換えて，それでもうわかったことにしてしまっている．

実はヨーロッパ人にとっての新しい着想が例えばアルジェリアで働いていたところで閃くとか，そういうことが重要なのに，接点というか，インターフェース（媒介）の問題が全部すっぽり抜けてしまっているような欧米の捉え方が日本にはある．それはかなり重大な問題なのではないかと思う．

私自身の経験で言いますと，「それは本当か」と言われることがあるのですが，例えばアラビア半島のシャルジャとかアブダビとかドバイなど首長国では，夕方になると，首長の宮殿に一般の庶民がふらっと散歩がてらやって来て，広間に車座に

坐って，首長を車座の中に入れて，あることないこと，苦情やら，どこそこの家が近隣に迷惑をかけているとか，あの家だけ三階にしたのは困るとか，そういうたぐいの話をワーワーやるわけです．そのとき，誰もが首長に話しかけるのに例えば「ヤー，アフマド」という式で，「おい，アフマドよ」と呼び捨てなのですね．そういう世界です．

　皮膚の色の違いとか，民族の違いとかにかかわりなく，イスラームは人間を平等のものとして見るとか，男と女も平等の関係で問題にしなければいけないと教えているとか．そういうことを理屈として聞いてわかるというだけではなく，実際にそういう場面を見ることが重要だ．

　みんなある役割を演じているだけであるかもしれませんが，そういう平等感覚は実際に触れて見て初めてわかるということがある．

　また話が飛ぶようだが，今山口大学で教えているイスラーム学の中田考さんはハサンという名をもつイスラーム教徒です．奥さんの中田香織さんはフランスに留学してパリでイスラームに改宗し，日本人のイスラーム教徒同士で結婚した．中田香織さんが彼女の著書『イスラームの息吹の中で』（泰流社）の中で書いていることです．パリで，その後中東では無論ですが，日本に帰ってきても，ヒジャーブをつけている．顔まで全部隠すということは日本ではしていないが，髪の毛を全部隠す，そういうイスラーム的服装を断固守って電車などに乗って動きまわっている．

　彼女はヴェールをしたときの体験を書いています．日本人一般のヴェール観は，隔離という面で捉えがちだが，彼女は実際にヴェールをしたときには，「他人の誰からも自分のことは見えない，ところが自分には全部見える，そういう自分が世界を見ているところで，『個』としての自立がむしろヴェールをした結果，非常に鮮明に，かつ強烈にできるようになったと感じる」と言うのです．

　日本人の女性がヴェールをしてみてそういう発見をする．せっかくそういう経験があるのだから，もう少しみんなのものにしたらいいと思うのです．なにも全員でヴェールをする必要はないけれども．

　そういう実地の体験を含めた世界の知り方を怠り，我々は今までだまされて，近代とはこういうものだと教わった通りの思い込みをしてきたのではないか．そういう世界の知り方を思いきってひっくり返す必要があるのではないか，と思う．

　タウヒードというと一神教の硬直したイメージにつなげて，一つにするというのはなんとなく恐ろしいなどと言う人が多いが，実は19世紀以降の世界の秩序というのは，それはなにかもっと残忍，かつ陰険なやり方で世界を一つにしてきたのであって，そちらの一つにするしかたを批判しないでおいて，タウヒードは危険だと

いう話にするような考え方を転換する必要があると思うのです．

　いずれにしても善玉・悪玉というような二極に分ける，そういう考え方を転換していくところで，タウヒード理解も変化することになるのではないか．

　総まくり批判をやるということになると，どうしてもそれは大きな物語になると思うが，「大きな物語」という言葉で名指されたものとは違う，我々自身の「個」の体験に根ざした大きな物語を一生懸命考えなければいけないのではないか．

　創造における個物個人の問題に重ねて触れておきたいと思う．将来世代は我々が生殖行為によって人間を増やし続けていくというようなことではない，というイスラームの考え方を，DNAも含めて素材の問題からも再検討すべきだろう．

　ある個体は，どこで切っても全体性と共に部分性が宿るような存在で，ケストラーの概念を借りてホロンとか，ホラーキーという言葉でイスラームの考え方もある程度わかるのだが，そういうものが層状に積み重なっている被造物の全体，つまり全体世界，宇宙がつくられているとして，それのどこを取ってもそれぞれ全体であり部分であるという，その連鎖の中で個人になっていたり，個物になっていたりする．

　ホラーキーの層状的な積み重なりの中の，ある特異点としての一人の人間の全体性を無視して，ある部分性におけるガン細胞をやっつけるというような医療の考え方で果たしていいのか．こういう問題にもつながっていきます．全体性と部分性という問題をどう考えたらよいのか．

　これは「公」と「私」から非常に遠い話をしているかのようにも見えるかもしれませんが，そこのところでの全体性と部分性の振り分け，問題の捉え方について，私のハンドアウトでは，最後のところで「釣り合いのとれた配分」と書いたと思うが，そういう方向で考えてみたいと今は思っている．

　脳死の問題とか臓器移植の問題とかは全部そういうことから始まって，そして今回の我々の課題である「公」「私」の問題にまで全部つながっている．そういうことではないか．

　「公」「私」という問題を考えるときに，臓器移植問題の社会的な意味とか，倫理的な意味とか，そういうことだけではなくて，全体性と部分性という次元でも問題を考えてみる必要があるのではないか．

　次に言っておきたいのは，情報公開の問題だ．情報公開はしばしば「官と民」的な次元では「官」の側から，「公と私」の次元では「公」の分野で，進められるべきものとされている．それはそのとおりだ．しかし，人間はもう洗いざらい神様の前で情報公開させられてしまっているのだというイスラームの考え方の次元で問題

を見直してみると，そもそも折り合いをつけるべき「プライバシー」とは一体何なのかという問題が出てくる．

　それから情報公開といっても，ただ公開するという行為自体に意味があるのではなくて，本当に公開したのかとか，何をどう公開するのかという，そこのところが問題なので，根本的には内的モティベーション（動機づけ）といいますか，何のために，何をどう公開するかというところがはっきりしなければならない．議員さんが財産目録を発表しているような，ああいうことで確かに情報公開をしましたという，そういうことだけで終わってしまうような情報公開で，本当に未来に向かっての「公」を問題にできるかどうか．

　そういうことまで考えると，どうしても別に我々はイスラーム教徒になる必要は全くないのだが，頸動脈の近くにいる神が自分を見ている，そしてやっていること，思っていることが全部記録されてしまっているのだという，そういう感覚を，我々なりに情報公開における「プライバシーの問題」，「内的モティベーションの問題」の次元でどのように生かしていくことができるかということも考えるわけです．

　それから，時系列的な問題．殊に将来世代との関係の問題では，絶えず終末の日に備えて暮らすというか，それを「現在」化して生きるという観点に照らして見直すと，将来世代というのは決して未来永劫，永久に人類があるという前提で考えるのはおかしいのではないか．初めがあれば終わりがある．そして，またそれはいろいろに受け継がれ，遷移していくであろう．人類，あるいは将来世代というのがある限り，人類史の終わりにつながる自分を見つめ，自分が絶えず人類史の終わりにどう直面するか，そこでの責任の問題をも自ら問わなければならない．それは一つにすることの恐ろしさと同じで，そんな恐ろしいことはいやだという感じが出てくるかもしれない．しかし日本の社会には，無常の世の覚悟もあったはずだ．

　イスラームについて考えはじめると，人類史の終わりにまで自分の責任をつなげ，そういう責任意識で将来世代の問題をも見ようとする人が，この地球の上に存在するという事実を認めなければならなくなるのです．先程言ったように，シャルジャやドバイの宮廷で，みんなが首長を呼び捨てにしているとか，日本人の女性がヴェールを被ってみたら個の自覚とはこういうことなのだとわかったとか，そういうたぐいの世界の姿に対する驚きをもって受けとめ直しつつ，エスカトン（終末）まで自分の責任をつなげて考えようとしている人たちと私との関係を考え直してみたい．

　金泰昌　貴重なお話をありがとうございます．またこのような研究会をもつことの大事さを改めて感じました．

「もう一つの近代」

溝口雄三　二点あります．一点は「万物一体の仁」についての解釈の問題で補足させていただきたい．

「一化」（タウヒード）という話が先程から出ているので，もう一回少し言わせていただきたい．「万物一体」の一体は「一」になるというふうに考える人もいるんですね．ある種の自然との一体感とか，あるいは宇宙的合一感とか，あるいは宗教的な境地として万物一体の仁を考えていらっしゃる方もある．それはそれで一つの解釈だと思う．

以前に私は中央公論社の王陽明の『伝習録』の翻訳の中で，「一体」を「ひとつながり」というふうにルビをふった．これは仁というものの本質を考えた場合に，先程申し上げたように朱子は仁は「天地ものを生ずるの心」だと言っているのであって，生命活動の根源であると同時に，生命活動の脈絡であるので，「万物一体の仁」を私は三つの項目で捉えてみた．

まず生存の継続とか生存の循環です．先程の板垣さんのお話のように終末に向かって行くとすれば，循環ではなくなるんですが．

それからもう一つは，生存の調和．ひとつながりというのは継続だけではなくて調和，万物の調和性というのがあると思う．

その調和なり継続を可能にするものとして，生存の条理性．先程私は道義性とか原理性とかいう言葉で申しました．この「継続」と「調和」と「条理」という三つのパラグラフに分けることができると思う．

板垣さんがアラブ学の方からおっしゃったことを，中国学の方から申し上げたいが，それは20世紀を覆った世界的な価値観を21世紀にどういうふうに相対化するかという問題になろうかと思う．私は最近，東アジアの知識人として近代の問題を考える場合に，三つの枠組みで考えようと思っている．

その一つは，ヨーロッパに実際にあった近代の歴史過程というものだ．ヨーロッパ人自身もそれを近代と自覚している．とにかく実際にあった過程としての近代．これは良知力さんの『向こう岸からの世界史』を初めとして，多くの研究がまだまだあっていいのではないかと考えている．

それと，ヘーゲルに代表されるような「近代」で，この「近代」はある意味では抽象化され，あるいはある価値またはイデオロギーとして造形されて東アジアにも流れてきている．端的に言えばイデオロギーとしての近代．これとどう対抗し，あるいは受け入れるのか．20世紀において私たちは，そういう課題としてイデオロギーとしての近代に対面してきたと思うのです．

私は最近「もう一つの近代」を考えている．それはアジアに実際にあった近代過程です．これはヨーロッパの近代過程とやはり違う．イデオロギーとしての近代過程からは欠落なり，後進なりとしてしか見られなかったアジアの近代過程だが，それは非常にヨーロッパと違う形の近代過程であり，その具体例の一つが中国のそれです．ヨーロッパでは大帝国としてのローマ王朝が非常に早くに分裂したり，解体したりしたのに対して，20世紀まで大帝国王朝が存続したあの中国大陸に興った文明体系というものがどのような歴史の体系を持っているのか．卑近な例を一つ挙げれば，ヨーロッパの近代の政治過程が封建制の地方分権から中央集権化の方に，国民国家の形成へと向かっていったのに対して，中国では2000年の中央集権的王朝が地方分権の省の独立運動という形で解体して，分権化していく．こういう流れとして，この300年の間を捉えることができる．政治過程としても真っ向から違う近代過程をとっている．

　こういったものは，今まで実は自覚的に物語られてこなかった．ヨーロッパの近代過程は実に精緻に物語られており，歴史の物語として意味づけられてきた．しかし，これまで物語られてこなかった中国というものを，そういう目で意味づけ，物語ってみれば，ヨーロッパから流れてきた「イデオロギーとしての近代」というものを相対化できる．

　例えば村的「おおやけ」のパブリック化，あるいは村の市民社会化．先程申し上げたように「公」を析出して，自立させていくというような，村的「おおやけ」から離れるというような，そういう思考パターンが20世紀的な観点では中心的であったろうかと思う．

　今回，板垣先生のお話からイスラームという衝撃的な世界を知ることによって，我々は，かなりビビッドに世界が多元的であるということが実感できたと思う．中国の中でもそういうことが言えるわけであって，これから世界規模で「公」の問題を考えていくときには，ヨーロッパに向けて開くといった世界化だけではなくて，イスラーム，中国，ヨーロッパを相対化しながら，それをもう一つ乗り越えた，地球的な，普遍的な価値が何であるかという立場で考えていただければ大変ありがたいと思う．

　金泰昌　ありがとうございました．「フューチャー・ジェネレーションズ」と言うときの「ジェネレーション」を，普通「将来世代」という「世代」の問題だけで捉えているが，実はそうではなくて，私はその「ジェネレーション」ということが「クリエーション」との関係でその特徴を明確にすることがかなり大事なことだと思う．そのことを板垣先生のお話をお聞きして感じた．

クリエーションと言うと，瞬間瞬間，全く別のものが創られる．それで断絶ということがある意味では強調される．しかしジェネレーションはそうではなくて，ある意味では継続です．「過去の世代がやったことを否定して，切ってしまって新しいものを創るのだ」というのが革命思想のどこかにある．それは，西洋でも東洋でも近代性というのは前近代のものを全部否定，破壊，除外して，無の状態から全く新しいものを創るというようなところが強かった．それは個人，社会，その他いろいろな場合でそうだった．

フューチャー・ジェネレーションズと言うときに過去世代と現在世代と将来世代が互いに批判したり否定しあう部分もあるが，また繋がりとしてずっと続くという連鎖としての生命観もある．連続的な生命が底でずっと続いているが，その時その時に現れた瞬間が今の世代である．溝口先生が朱子の解釈に基づいておっしゃったように，我々が捉える仁とは「天地ものを生ずるの心」である．万物一体もどちらかと言うと天地生成であり，それを英語で言うと「ジェネレーション」ではないかと思う．そういう深い意味を込めてフューチャー・ジェネレーションズと言っているわけです．

ただ，今まで我々の心はあまりにも過去とか現在にとらわれすぎているから，それを少し未来の方向に延ばそうということでフューチャーという言葉に重点を置いた．このフューチャーは現在と過去がジェネレーションを通じて繋がっているという生命観に基づいた考え方です．今お二人の先生からもいろいろな意味で共感を寄せていただけて意を強くしました．

この「公」をある友達が冗談半分で「公は空で，空っぽの虚，結局は無です．だから〈私〉が空，虚，無の状態に変わって，自分をもう一回考え直すというプロセスのあり方ではないか」というようなことを言いました．この討論の過程では，一回，御破算にする過程が出るなと感じているが，今日もそういうお話もあった．しかし今まで思ってきたことがごちゃごちゃになって崩れることによって根本的に考え直すきっかけに遭遇することは悪いことではない．ある意味ではいいことではないかと思う．

次に渡辺先生に移りますが，その前に先程佐藤先生がおっしゃった情報公開ということについて，誤解される余地があることを恐れて一言申し上げておきます．「開き」ということの一つの事例として情報公開があるわけです．今までは「プライバシー」をあまりに「公」が侵害しすぎた一方で，官庁であまりにも障壁を守ろうとして，公開してもいい情報まで秘密にして閉じ込めてしまった結果出てきた問題もたくさんある．だからそういう観点から見る場合はやはり「開く」，「公開す

る」ことが大事である．しかし，だからと言って，個人個人の「プライバシー」を侵害するまで全てを公開しろということではないと思う．

　これはいつもダイナミックに両方を見るということであって，たまたま公開が必要な部分に関する言及があったんだと思う．せっかく問題提起された「情報公開」ということをそのような意味で受けとめたい．

　佐藤錬太郎　私は陽明学，特に李卓吾という人を研究しています．李卓吾の先祖がイスラーム教徒です．先程の板垣先生のお話では元の時代はイスラーム教徒の人が実際に政治を動かしていた．そういうことから考えると，現代の中国思想の研究はその部分が欠落しているんですよね．

　宗教を考えるときに，仏教や道教までは自分の守備範囲だという意識はずっとあったが，イスラーム教は人ごとのように考えていた．福永光司先生がよく，「全部道教と関わるのだ」ということをおっしゃっておられた．人からは「何でも道教」と批評されたが，それは悪口でもあり，誉め言葉でもある．ご本人は「日本の文化も道教と関わる」とおっしゃっている．それは今も変わっておられない．そのイメージと板垣先生のお話とが重なった．今後はイスラームも視野に入れて勉強したいと思う．

　板垣雄三　宋代以降の中国を，非常に広いイスラーム世界の中に組み込むという考え方は京都の先生たちにはもともとあった．

公共性への視点

　渡辺浩　大きく分けて三点ぐらいを述べたいと思う．

　一つは公共性について議論する場合も含めて，思想とか信仰について，効用論的見地からこういう考えは重要であるとか，いいとか言うのは，やはり無理があると思う．

　溝口先生も言われたことだが，環境破壊がいけないというのはわかっている．ではどうすればいいか．それを重んずる思想を広めればいいのだ．それには「万物一体」と考えようとか，そういう種類の思想の効用論，——効用から思想や信仰はこういうのがいいのだと言うのは，基本的に無理があるのではないかと思う．

　あるいは現在「わたくし」化が進みすぎていてよろしくないから，公共的なるものへの意識を高めよう．そのためにはこういう考えを持たせようとかする．「自分」はもうすでに「公共的」なんですね，そういう場合には．しかし，それは少し無理がある．その目的，何がいいことかを決めるのが基本的に思想とか信仰です．それの交流というのは非常に辛い面を含むわけであって，どこか高いところにいて，こ

れがいいからこれを採用しましょうという具合にはいかないと思う．

そして，その中で場合によっては自分も変わらざるを得ない．実は対話するということは，すでに自分が変わるということを前提にしていることだと思う．

私が江戸時代や明治のことをお話したのも，こういういいことがあるから採用しましょうというようなことを言ったわけでは全くない．一つは混乱を避けるために違いをはっきりさせたい．現代の日本語では西洋語の翻訳としての「公」と，もともとの中国語の「公」と，日本語の「おほやけ」に漢字を当てた「公」とがごちゃごちゃになって議論されている．「わたくし」についても同様であるために，あえてその違いを強調して申し上げたという事情がある．

「おほやけ」の語源についてご質問があったが，これは一致した説で，「やけ」は三宅さんの宅と同じで，大きな家という意味です．

これと同じ，つまり「おほやけ」の意味の「公」で御公儀があって，江戸時代末期だと，これと公議輿論の中国の方から来るこの「公」が入り乱れて用いられていることがあったわけだ．そして御公儀の当主は公方様(くぼうさま)であるという不思議なことになっていた．

全部同じ漢字だから同じ意味だと思うと，訳が分からなくなるので，そういうことで申し上げた．それが第一点．

第二点は，特定の過去の人類の社会のある面のここがいいところで，ここは学ぶべきだとか，生かすべきだとか言うのはなかなか難しいことではないか，ということを思った．つまり，おいしいところだけを取るというのは非常に難しいのであって，おいしいのとまずいのは大体裏表になっている．

例えば日本は「小さな平和な島国」で，「和を以て貴しと為す」で仲良くやってきたというイメージは，事実に反すると思う．

すさまじい戦国時代もあった．戦国時代の武士の人の殺し方というのは凄い．夜討ち，朝駆け，火攻め，水攻め，何でもやる．キリシタンや一向一揆の弾圧の仕方などもすさまじい．日本人が日本人を残虐に大量に殺すということはいくらでもありました．東アジアの中で唯一，学者，知識人ではなくて軍人集団が永く支配した社会です．東アジアの中でもそういう特異な社会を，江戸時代の対外的，対内的な安定のイメージだけで考えると，違うのではないかと思う．

日本における広場的なもので，街角についてのご指摘があった．街角ということでどういうことを具体的にお考えになっていたのかよくわからなかったが，盛り場的な人の集まりというのは群衆である．公衆ではないのであって，少し分けて考える必要があるだろうと思う．

日本の町で広場的なものとしてまず思い浮かぶのは，札の辻です．少し広くて，人が集まって，お店なども出るところだが，その札の辻の「札」というのはどういう意味かと言うと，お上の御高札，命令を書いたものが高々と掲げられているところであって，そこで語っているのは「パブリック」ではない．日本語の「おほやけ」が下々に掟を示すところが札の辻で，そこで人民集会などは開かれない．
　江戸にあるのは広小路です．上野広小路とかがある．しかしあれは火事が広がらないようにつくっただけのもので，それ以上の機能は考えられていないと思う．
　それから無文字社会というのが結構よかったのではないかというお話があったが，「環境との調和」という一点では採集で食べる社会というのはいいと思う．が，それでは無文字社会の社会生活がそんなによかったのだろうか．問題は我々はもう恐らくもとへ戻れないということであって，ルソーではないが，もう森に戻って熊と一緒に暮らすことはできないという前提で，考えざるを得ないと思う．
　ある意味でいいことと悪いことが裏表になっているという点で，第三番目に江戸時代の話に少し戻りたい．
　自我とか自分のアイデンティティの問題で，超越者がいて，超越者とつながって自分がいるというような感じ方が一つある．恐らくキリスト教とイスラームでは違うところがあると思いますが．
　では中国の場合はどうなのか．一つは宗族の気の流れの中の一点として自分を意識するわけです．自分は陳と名付けられた陳家の気の流れで，これはまたあとへずっと続いていくものであって，ここでポツッと切れてしまったら，これまで続けてきた先祖たちに対して不孝だし，かつ自分としても不幸なことであって，自分の人生の意味がなくなる．それは中国人の伝統的な自己意識にとっては本当に辛いことです．ずっと繋がる気の流れの一点として自分がいるのだ，というのが中国人のアイデンティティの基本だと思う．
　それと同時に費孝通氏の語でいえば差序の構造があって，その中でもう少し自分と同一体のものを広く考える．小さな家族だけではなくて，宗族で考える．さらにもっと大きく考えていき，一番大きいのは天地万物一体の仁というところまで広がって考える．自分の心が全宇宙を呑み込むように広がっている．そういう自我のあり方だと思うんです．
　日本の場合は，少なくとも江戸時代はそういうあり方ではない．やはり「家」というものの中に帰属することによって自分であって，あるいは家業に従事することによって自分は自分だ，ということになるのだと思う．しかも家業は天職で，それぞれの家がその天職である家業をちゃんとやれば全部がうまくいくという意味では，

すべての家は公的な役割を果しているということになっていて,「公」「私」の連鎖,「公」「私」の入れ子ということは,つまり私的な家がもっと大きな「公」にひたすら押しまくられるということだけではなくて,一面でどんな家もある意味では「公」である.個人に対しては「公」である.あるいはもっと広い「おほやけ」に対してもある機能を果しているということになるわけです.それが家業道徳論のようなものに帰結すると思う.

家業道徳論というのはある意味で平等性を含んでいる.つまり上は将軍から下百姓に至るまで,その「家業に励む」ことが人生の意味だという点では道徳的に平等なんです.家業の中身が違っていても,それぞれの家業をちゃんとやれば,人として誇りを持って生きられる.ただ,それは,政治的社会的な平等は全く含まれていない.先程板垣先生が言われたような根本的な平等性のようなものが,少なくとも表に出るということはあり得ない.上の人を呼び捨てるというのは,これはあり得べからざることであって,少し上の人には土下座をするという社会です.上から下まで「差別の体系」で出来た社会である.

ちなみに江戸時代にも差別という言葉は使われていた.しかし,それは現代で言う区別と同じ意味で,非難する意味合いはない.なぜなら差別ということを悪いことと考えなかったからです.

ただ,家業道徳意識はある種の専門職業人意識を生むという面はあって,恐らく現代の拡大した家としての会社においてもそれが残っている.例えばこのホテルにあるような素晴らしいサービスを支えているのは職業人意識だと思う.

これは一面でいろいろ困った帰結も生む.例えば家というのは家業のためにあるから,家の成員として家業に役立たない状態になると引け目を感じるということになる.病人になるとか,障害者になるとか,老人になって,むしろ家にとって重荷であると感じられると,大変辛いことになり,罪悪感を感じる.姥捨ての話ができたのは,やはり偶然ではないだろうと思う.

そういう「仕事」によって生きるのが当然で,それによってアイデンティティが保持される.恐らくそれが現代にいくと,会社への滅私奉公的なものになる.家庭の事情で会社の仕事がおろそかになるということには罪悪感を覚える.それは「わたくし」より「おほやけ」が優先すべきものですから.「芸のためなら女房も泣かす」というのは,やはり「おほやけ」「わたくし」構造から,そういうことになるのだと思う.そういう「家業」に当てはまらないような価値は,なかなか道徳的権威を持ちにくいということになるのだと思う.

現在に引き寄せて言えば,例えば一般消費者の立場とか利益とかいうのは,代表

する者がなくて，それが道徳的権威を持ちにくいという構造になると思う．それぞれがそれぞれの職業において働く．あるいはその職業において働く人を助けるということによって誇りを持つという構造になるために，その職業ではない，ただの人（一般消費者）としての面は代表されない構造にどうもなりやすいのではないか，というふうに現在については感じます．つながっていると証明するのは難しいですが．

　現代につなげて日本社会で言うなら，金先生が先回りして先程おっしゃったように，「公共哲学」というときに，やはり「私」の方のことも考える必要があるのではないかと思う．何でも開けばいいというものではないだろう，と私には思えてならない．つまり，「私の心の中には後ろ暗いものが一点もない．透明になる」というのは朱子学などにもある理想だと思う．誰に見せても恥ずかしくない，心の中に一点も後ろ暗いところもないようにするのだということで頑張る人がいるが，他の人にまでそれをやれと言うのは，いろいろと恐ろしい結果を生むのではないかという気がしてならない．それぞれに，誰の視線からも自由なものを持ちながら生きていくという余地が必要なのではないかと思います．

　金泰昌　渡辺先生に確認しておきたいことがあります．日本人の自我論をいろんな人がいろんなことを言っている．京都に住む有名な精神科医で元京都大学教授の木村敏先生が長い間，日本人の自己観をいろいろな角度から研究してきた．木村先生はドイツ人との関係で日本人について，血縁史的，風土史的自己だということを，ほとんど最終的なこととして言っている．

　ドイツ人だったら，日本人と結婚して生まれた子供をドイツ人と言うのに何の抵抗もない．また例えばアメリカに行ってアメリカの市民権をもらえば，それでアメリカ人になることに対して何の抵抗もない．精神医学的な観点から見てきた木村先生によれば，日本人は例えば外国人が日本に来て，どんなに長い間日本に住んで国籍を取っても，日本人とは見てくれないという一面がある．逆に日本人がアメリカに行って，そこで国籍を取って法律的にアメリカ人になっても，最終的には日本人的なことをほかの人種と比べると捨てにくい．日本人の自我はどうしても血縁史的であり，しかも日本という風土との関係が強いように見られるということを，臨床体験のいろいろなケースから言っているわけです．

　将来世代総合研究所のオフィスが京都にあり，京都的な考え方を理解しようと努力していることもあってか，今先生がおっしゃった「家業道徳論」ということに理解を持ち始めました．先生のお話は日本人の自我観，自己観としても面白い内容で，そういう観点から見ると日本人は財産を持っていると感じました．家業道徳論とい

う先生の日本人観からすると血縁史的，風土史的自我とはまた違う理解になります．その辺はどうでしょうか．

渡辺浩 何が日本人かというのを日本人はどう考えるかということだが，それは例えばアメリカ人が何をアメリカ人と考えるのかというのと違うと思う．それから，イスラエル人が何をイスラエル人と考えるかということとも違う．中国人が何を中国人と考えるかということとも違う．

つまり地上に同じように「ネーション」として並んでいるものの，それぞれ何がネーションを形づくるかということによって考え方が違うと思うんです．

日本は基本的には血縁社会ではない．私はそう思います．血縁社会はやはり韓国と中国であって，それを一番よく表していると思うのは，英語で言うところの'Chinese American' だ．つまり「中国系アメリカ人」というのだが，中国語で何と言うかというと，「美籍華人」（アメリカ籍中国人）と言う．つまり，何代いようと中国人の子供は中国人，華人であるという考え方がある．それはつまり血統の宗族の考え方からいって当然だと思う．

私はあるとき中国の人に，アメリカの白人と結婚して子供が生まれたら，その人は何人なのかと聞いたら回答は極めて明解で，お父さんが中国人だったら中国人．つまり姓がそうなるのだから中国語が話せなくても華人には違いないのだという明解な答えだった．多分韓国のほうもそういう感覚なのではないかと私は思います．

日本のほうはもともと血縁ではない．血縁というものを擬制するが血縁それ自体を重視するわけではない．アメリカに行って二世，三世になっていて，先祖は確かに日本から来ているが日本語は全く話せない．行動様式も全くアメリカ人になった人を日本人が日本人と認めるか．日系人かもしれないが，日本人だとは言わないと思うんです．

つまり日本人が日本人であると認定するのは，やはり「文化」が一番大きいのではないか．だから外国人が日本人になれないと言っても，生まれたときから住んでいれば，かなりなれると思う．

でもある年から日本に来て，言葉を聞いて普通の日本語ではないという人は，やはり日本人には入りにくい．

何を日本人たらしめるかということの漠然とした意識というのを，いろいろ考えてみると，私はそういうふうに思うようになっています．少なくとも血縁が日本人たらしめているというのは，日本社会のこれまでのあり方からいっても違うのではないかなと思います．

金泰昌 将来世代国際財団と将来世代総合研究所は「将来世代」のことを考えて

いるが，血縁的な将来世代のことしか考えない固まった思考の次元を少し高めなければならないと思っている．我々から見ると，どうしても血統利己主義に帰着する傾向が強かった．だからそこから抜け出ようとしてきた我々から見ると，今先生からお聞きした「家業道徳論」に新鮮な衝撃を感じたのです．

　というのは「世代」の繋がりが，例えばどういう「仕事」をし，どういう「家業」をするのかに重点があって，「血縁」とはあまり関係なくこれが繋がれる．言ってみれば自我観，家庭観というものが日本にあったというお話なのだから，私には大変新鮮なインパクトでした．あまり誇張するのはよくないが，発想としては，今まさに地球大で問われている問題の一面がこれだと考えます．

　経営が出来ても出来なくても自分の息子だからこれに継がせようという韓国式のやり方は全然間違っている．いろいろな面倒を起こしているにもかかわらず，そこから抜け出せない．これは大変大きな問題です．これはただ韓国だけの問題ではない．いろいろなところでぶつかっているにもかかわらず，それに対する代案がなかった．「家業道徳論」が今お聞きしたくらいにはっきり言えることであれば，それはかなりいい一つのモデルになるのではないか．もっと深く考えてみるべきだなという刺激を私は感じました．

　渡辺浩　ただ，日本の家の観念で血縁ではない人にも継がせるというその裏として，血縁であっても，別の家に行ったら他人なんです．極端な場合は，自分の父親も殺せという話にもなるわけだ．韓国や中国の方が聞かれると非常に新鮮で，しかも男の子をつくらなくても別に問題はないし，結構いいではないかと思われる面があるかもしれないが，裏がありますから．

人間形成と公共性

　福田歓一　板垣先生のお話の中で，実に懐かしい飯塚浩二という名前が出てまいりました．それで一番先に私は二つ思い出したことがある．

　東大文学部の東洋史の教授は清朝が雲南まで完全に征服したことを，「大理皇恩に浴す」と表現するという意識を持っている．そういう批判をされたことが一つ．

　もう一つは，飯塚先生は大塚久雄，川島武宜両先生と三人，与瀬へ疎開した仲間だが，日本の近代主義者はその背景にあった植民地の問題を十分には言わない，見ない．その二つのことを私に言われた．その言葉を先程の板垣先生のお話で思い出したわけです．

　今度は近代的自我を前提にして，初めて「公」「私」の問題は出てくるというテーゼが一つあったわけだが，それとの関連で言うと，先程の国際法の問題がある．

これはオスナブリュック条約以後のステート・システムというもの，さらにステートが共同体性を持つようになったネーション・ステート・システムというものは長い長い19世紀の間にほとんど確立して，一方では植民地を持っていた．

20世紀の初めに人類の半分は自分の国を持たなかった．今日，国連の加盟国が187になったが，香港が中国に返ったりすると，今自分の国を持たないというのは全く例外になってしまった．しかし，そのこととネーション・ステートというものが実質を持ったかどうかということとは全く別のことだ．

それと同時に187の国連加盟国というものの実態を見れば，片一方では10億以上の人口を持つ中国もあれば，8億の人口を持つインドもある．世界の経済力の恐らく40％を占めている米国もあれば，地球上の何分の一かを占有しているロシアもある．また一方では人口10万のセイシェルというような島国もある．それを全部ネーション・ステートでカバーするということが実質的な意味でのグローバルなものを見ていく上で，はたしてどれほど意味を持つか．

このネーション・ステート・システムというのは一つの約束事，一つのシステムであって，19世紀に確立されたシステムだから，便宜上，今でもそれをそのまま通用しているという，フィクティシャス（擬制的）な性格というものをまずよく見ておかなければいけない．

それを見ていれば，なぜ国際法の上での「パブリック」ということをなかなか言えないのか，どこに問題があるのか，条約になるとこういうことは問題になる，ということのいわば裏側が見えるわけです．

片一方では環境問題一つを見ても，私はリオの条約のことから矢崎さんがこういうこと（将来世代国際財団・将来世代総合研究所）をお始めになったのに非常に感動しました．文字通り地球は村です．こののっぴきならない状況の中で，どうやって「パブリック」というものをつくるかというのは避けて通れない問題であるだけに，フィクティシャスな性格にどう向かい合うかということに，本当に知能を絞らなければならない．これをあとに引き継いでいく問題として，ぜひ申し上げておきたいと思います．

そこで問題になるのが「フューチャー・ジェネレーション」なんです．この場合にいったいトラスト（信託）かコントラクト（契約）か．コントラクトという考え方でフューチャー・ジェネレーションの問題をカバーした人は，エドマンド・バークです．"Truly society is contract."（真に社会は契約である）と，はっきりそういう表現がある．ただし，その場合のコントラクトには，ロックを受け継いだ方法として，片方の極にエドマンド・バークがあり，もう一つの極にはトマス・ペインが

いたわけだ.

　ペインの方は，社会は良いが国家が悪い．むしろコントラクトで社会をつくっているから，それに対抗する専制権力は国家という名前で悪い，ということを言う.

　ところがバークの方は，コントラクトはただそのときそのときの人民だけではなく，遠い先祖から，遠い未来の子孫も含んだコントラクトだと言っている．これはロックは全く言っていない．拡張解釈をしたのです．これがつまり保守主義の強みをつくり上げたということが言えるわけだ.

　その関係でもう一人挙げるとすればジェファーソンです．ジェファーソンは憲法がソーシャル・コントラクトだと考えていた．今の合衆国の憲法をつくったが，'one generation'（一世代）のあとでは憲法を見直さないといけない．その都度その都度のコントラクトがいる．ジェネレーションごとのコントラクトがいる，という主張をしたわけです.

　やはり「現在の人間の合意で」ということの一番の弱みは，時間の経過を含まないということにある．しかし，それに対する対応の仕方というのはバーク的な対応のしかただけなのか.

　逆に言えば，昨日私がロックにはこういう弱み，こういう二つの問題があると言った一つはまさにこの問題でした.

　未来ということを，抽象的に遠い先の未来までを含むということを言っても，それは今日の予測にすぎない．それに対して，どういうシステムが本当に責任を植え付けていくのかという問題は，この主題をこれ以上発展させていく上で，非常に大事な問題であるように私は思う.

　それとの関連で次に申しますのは，今日は吉田先生が公教育という問題をお出しになった．公共ということを考える上でどうしても避けて通れない問題だが，時間がなくて私は言及しなかった．特にこの点で大事なのは，これもまたジョン・ロックが出てくるのだが，つまり英米系の考え方と大陸系の考え方とで非常に違う.

　ジョン・ロックの「セカンド・トゥリーティーズ」はまさに『パトリアーカ』に対する反論だから，親の子供に対する支配権が君主の臣下に対する統治権につながっていくという考え方に対する反論で，どら息子が大変喜びそうなと，よく冗談を言うのだが，親には子供を成年に達するまで養って，きちんと教育する責任がある，義務がある．子供を支配する権利があるのではない．子供が成年に達したら親子の関係は全く平等だ．これがジョン・ロックの教育です．しかし，そこまでは親の責任なんです．ですから公教育の思想というものはジョン・ロックには無いと言ってかまいません.

一昨日の報告の中でも，1870年というのは，義務教育が始まったという意味で一つの画期であったということを申しました．実を言うと，日本で学制頒布がなされたのは，英国で義務教育ができてから10年です．それだけを見ればほとんど違わないんです．

　戦後教育制度の改革の時に田中耕太郎文部大臣は学区制と全国を大学区に分けて，そこの大学の総長がその管区の中の初等教育から全部責任を持つという中央集権的なフランスモデル（最後には文部大臣の「任命」になるのだが）を考えていた．ところが，これはアメリカが受け入れるはずがないわけです．このフランスのモデルがどこから来たかというと，コンドルセの革命議会における教育計画からもとは由来している．

　つまり政治革命を行ったからといって，人間の行動様式が新しいレジーム（政治体制）にふさわしい行動様式，つまりそれまで単に国王の臣下であった者がシトワイヤンとして自分の政治責任を果たすような，そういう行動様式をすぐに持てるものではない．そのためにはやはり公教育によって革命のレジームにふさわしい行動様式を養わなければならない．これはいわば革命の定石です．フランス革命ばかりではなく，ロシア革命でも中国革命でもみんな同じ考え方がつながっていく．

　それに対して革命から生まれてきた体制であるにもかかわらず，英国の場合には公教育という考え方はそういう形では出てこない．それがどういう形で出てきたかと言えば，親の義務の，共通の事務管理として学校というものをつくる．それがアメリカでは教育委員会の制度になって，普通の地方議員の選挙と別に共通事務管理をあずかる者としての教育委員を選出するというシステムをつくった．戦後日本はまさにそれを受け入れたわけです．

　ところが，日本でそれをすると，学校の先生の古手ばかりが教育委員になり，日教組の影響が強くて仕方がないというので，自民党の権力と大喧嘩になって，教育委員公選制の廃止という悲劇にやがて流れていく．そういう経過があった．

　ただ，私はやはりその点で言うと，教育は親の義務である．親の責任であるという考え方を強く持ち続けたいと思う．

　私がオックスフォードでシニア・コモンルームにいた頃に，日本の学者が一人いるとなるとみんな気を使って，ハイテーブルで食事が終わってから，コモンルームへ帰って，果物やデザートを食べるとき，なんとか日本の話題を持ち出そうとする．ちょうど日本で「道徳教育を小学校でやれ」という議論が盛んになったその時点だ．『タイムズ』を見ていたら，「日本ではモラル・エデュケーションを学校でやれということが大議論になっているが，これはどうしても自分には理解できない」と言う．

「我々にとってモラル・エデュケーションをやるのはホームだ．そして，次はチャーチだ．その次はローカル・コミュニティだ」と言う．「ローカル・コミュニティというのはどういうことか」と尋ねると，「交通信号を守っていたらはねられないということだ」と言う．「スクールはその次だ」と言うわけです．

この考え方がないと，学校にすべてを委ねてしまうことになり，そうして現在の教育の荒廃を片づけようというのは，根本的な間違いを犯すと私は確信したのです．そういうことがありまして，私は「教育」という言葉を使わないで，その代わりに「人間形成」という言葉を使うのです．そういう本も出したし，著作集の今度の第九巻もそういう題で出します．

それはなぜかと言うと，先程申したように，日本で学制頒布がなされた時期は，日本が学校制度を取り入れた時期，そして「エデュケーション」の訳語として「教育」という言葉を用い出した時期である．

ですから不幸なことに，日本で「エデュケーション」と言うと「学校教育」に決まっているという前提で受け取られてしまう．そのことが教育者にどのくらい本来背負ってはいけない責任を背負わせているのか，という問題があると同時に，家庭の中で，いわば「学校教育の補助者」として以上の教育をやらないという，非常に恐ろしい事態を招いている．

昔の師範学校の教育でさえ，必ずみんなに読ませたのはルソーの『エミール』です．ところが，どこを見ても，あの中には「学校教育」はひとつも出てこない．そんなことを何も気がつかないで『エミール』を教科書に100年間やってきた．だから，教育という言葉を使うのはやめて，「人間形成」ぐらいの思い切った用語を使わないと，これは直らないと私は思ったわけだ．

公教育でだいぶよけいなおしゃべりをしたので，ついでに個人の自立，自我の形成の問題に多少触れたいと思う．

人間の精神的な自立の問題です．今の世の中は学歴社会だから，高校三年生で受験勉強がよくできれば，学校でも家でも世間でも大変いい子供であるということになるわけだ．その中には，いい学校でも出れば，少なくとも経済的には自立するだろう，大人になる，一人前になるだろう，という期待はあるのだろうが，逆に言うと精神的にはひ弱になる一方である．他に預けている．あまり当てにならないものに預けているわけです．

人間が精神的に自立するというのはどういうことか．普通の社会生活では人間は作為，不作為，自分の作為，自分の不作為のいずれかを理由としないで責任を負わされることはない．アカウンタビリティの問題がだいぶ出たが，やるべきことをや

らなかった,やってはいけないことをやったというときに,咎められるわけです.
　ところが,人間が生きているというのは自分に責任のないものを背負わされる.人間が生きているというのは,親にもらってきた素質でもってこの環境の中に生きることで,どんな家庭に生まれるかわからない.どんな時代に生まれるかわからない.しかし自分の生涯というものはその他にあるわけではない.どんなに親がよく見てやろうと思っても,限度があります.身体障害者を子供に持っている親御さんの気持ちがよくわかります.それでさえ限度があるのに,普通の人間が,不逞にも「生んでくれと頼んだわけではないわ」などと不心得なことを言う.そういう中で放っておいたら,精神的に自立しません.
　本当に不条理です.自分に何も責任がないことを与件とし,自分で自分をつくっていかなければならない.この不条理を認識してそれを受け入れる覚悟をはっきり身につけることが,精神的に自立するということだし,それをすぐ示すものはイントロ・パーソナルな自己対象化だ.自分の中で,つまり「生んでくれと頼んだわけではない」と言う自分を叱る.「しかし,ここからしか自分の生涯というものはつくれない」ということをはっきり見届けている自分が,自分の中で所与の自分を見る,つまりイントロ・パーソナルに分化するということです.
　ところが,イントロ・パーソナルな分化が起こるということは,インター・パーソナルな交渉とつながりをもつ,非常に大事な契機です.これは他者感覚を生む.自分自身の中でさえ,自明のものではない.それと同時に自分にとって,避けられない課題であるものを,他人も背負っている.それに対する他者感覚を生んでいく.そして更に私の考え方,あるいは板垣先生の考え方もそうかもしれませんが,非常に恵まれた場合には,ハイパー・パーソナルな,絶対者からのレベレーション（啓示）が精神的自立の大きな助けになる.超越者との関係での自我.それが最後の支えになるケースは例えば,マルティン・ルターの "Ich kann nicht anders sein"（私は他の者ではあり得ない）という言葉一つを思い出しても,はっきり解るわけです.
　これは,戦時中を生きてきた人間にとって,何があったから崩れたか,あるいは何が支えになって崩れなかったかを見ると,多くのケースの中で,ハイパー・パーソナルなものへの信頼をもっているということの強みが,私などの世代には非常によく解る.
　教育の話から自我の話にまでなったが,文化による相対的なものをそれぞれの事実として認識していくことは非常に大事だ.同時にその中にあらゆる文化を通じて貫徹する普遍的なものを確認していく.あるいは,何をクライテリオン（批評の基準）として,人間を精神的に頼もしいものに仕上げていくか,次の世代に期待をつ

ないでいくか，ということを見るときには，今申し上げたようなことを一度は頭に置いておく必要があると考えている．

　その場合に，それは「私」であって結構です．福沢諭吉の『丁丑公論』の中に，「立国は私なり，公にあらざるなり．大義名分は表向きなり，廉恥節義は私にあり，一身にあり．一身の品行あい集まって，一国の品行となり．その成跡，社会の事実に顕れて盛大なるを目して，道徳品行の国と称するなり．ゆえに大義名分は，もって一身の品行をはかる器とするに足らず」とある．福沢は「一身独立して，一国独立す」という考え方からこう言っている．同時にその中の「一身」というのは，やはり「プライベート」であっても「エゴイズム」ではない．

　一人ひとりの人間が，先程話したような意味での精神的自立を遂げたときに，手放しの自然存在としてのエゴイストであるということはありえない．必ず他者感覚をもち，そして自分を超越する．自分自身と戦っても，何かをやろうというだけの意欲をもち得る．そういうものを育てるということなしに，次の時代を何がいったい支えますか．物が支えるかどうか．その点を私はもう一度考えていただきたいと思う．

　若干の提言を最後に申し上げるということをお約束しながら今まで保留にしていましたので，次の研究のためにここで申しあげます．最初に申し上げたいのは，このグローバリゼーションの時代に，ネーション・ステートが全ての「おおやけ」を独占している時代のイメージをもち続けることはできない．それは官の考え方であるし，仮にいかにそれが公開されたとしても，ネーション・ステートだけを「おおやけ」とするということで片づく時代ではない．

　逆に，アイデンティティの追求から言えば，例えば英国における革命一つを考えても，はるかに小さいところの中に非常に切実な公共というものが成り立ち得る．このネーション・ステートという単位，現在の，先程国際法の中での嘆きを聞いたような単位を相対化する視点というものはどうしても必要である．しかも官の言う公共というものは，権力を伴うことをほとんど当然の前提にしている．これは，どんな教育政策も，どんな福祉政策も，強権的に徴収した税金の上に成り立っている．

　ボランティアの問題を考えるのに，税金の問題を無視しては困るということを言ったが，この強制というのはそれだけの意味ではなく，先程，会社という言葉が出たが，20世紀というのは，実は私的権力が大変強くなった時代だ．会社から財閥にまでなったわけですから．だから，そのために私的権力が大きくなっているときには，権力の公共性を自ら証明すること，権力の公共性を確認させることに，公開の目標がある．まさにそれを「おおやけ」にするために，公開の目標がある．

銀行とはいったい公的な存在なのか，どうなのか．私は発題講演で，新聞その他のマスコミについて，若干その問題に触れたが，アメリカでは30年代から後は銀行も公的な存在であり，私企業であるにもかかわらず，公的な性格をもっているものはたくさんある．病院もそうであれば，学校もそうである．そういうところでは，公共性を自ら立証するために公開を要求していい．自ら実証することを心がけてほしいし，それがなされないときには公開を要求するのは当然である．それでないと，これから先の「公共」というものは考えられないだろう．

次はその裏側として，そういう公的なものと不可侵の領域，侵してはならない領域というものを必ずセットとして考えていただきたい．内面の自由の問題から，先程渡辺さんが触れられたような，「まるで影のない，一点の曇りもない」などという無理なことを言わないために，安らかに生きていく上の不可欠の要件としてもそれが必要であろう．

その次に私の提言は，個人にとって公共の経験（どのレベルでもかまわない）をもたないで，本当の公共というものをつかむことはできない．先程申しましたように，精神的に自立した人間は他者感覚をもつ．そしてその中から，例えば放っておいてもボランティアに出るかもしれない．そして公共の経験を与える機会をつくりだすことに，意識的に努力をしていくことが未来を開いていく上で非常に大事であろうと思う．

また，まさにグローバリゼーションの時代であるがゆえに，一方にアイデンティティの要求がある．その場合どうしても避けて通れないのは，マイノリティの問題だ．「デモクラシーというのは多数決のことだ」と政治の単位を固定して議論すれば，何度戦ってもマイノリティは絶対に勝つ見込みがないわけです．そういうときには枠組み自体を，考え直さなければならない．

そのときに多様な性格をもった人類の，このグローバルな人類の中で，人権の視点からの具体的な普遍，抽象的な普遍ではなく具体的な普遍というものを追究していく歩みが始まると思う．それは一度には決してできない．

リゴベルタ・メンチュウという名前を記憶していらっしゃる方もあるかと思う．1993年の国際少数民族年の前年にノーベル平和賞を貰ったグアテマラの女性で，最低の貧民層の中から立ち上がって目覚ましい活躍をした女性だ．私自身，日本を訪れた彼女と会って話をした．どうしても忘れられないのは，「やはり日本の問題は日本の女性にやってもらいたい．私は自分の持ち場で，精一杯やっています」という言葉だった．「共通の気持ち」と，「自分の持ち場の中で最善を尽くす」という，この二つのものが組み合わさったときに，単なる抽象的な普遍ではない具体的

な普遍，あるいは多様性を含んだ普遍というものが夢ではなくなるのではないか．私はそういう期待をもっています．

　功利主義者について申しますと，私はジョン・ロックはフィジカル（身体的）なものから出発したということを言ったが，ただジェレミー・ベンサムは，「神は人間を二人の支配者の下に置いた．それはプレジャー（快楽）とペイン（苦痛）だ」と言う．この場合の「快楽と苦痛」というものと，「セルフ・プリザベーション」（自己保存）とは天地の違いがある．自己保存というのは人間が生きていく上にどうしても欠くことのできないものがあるということであり，快楽や苦痛は，自然としての人間から出発し，一つひとつ積み上げたものではなく，文化の上にできたものである．「これを食べたら美味しかった」「何かやってみたら面白かった」という考え方で，人間を一番基本的な要求から切り離してしまう．

　功利主義の道徳に対する批判は，英国の20世紀の倫理思想史の上で非常に大きなモチーフだ．エドマンド・バークはバーチャル・リプレゼンテーション（潜在的な代表）の理論と結びついているということを私は言ったが，バーチャル・リプレゼンテーションの理論にベンサムが真っ向から挑戦したわけです．各人は 'his own interest' の 'the best judge' と同時に，一人は一人として，一人以上にも一人以下にも数えられるべきではない．これがなければ，普通選挙というものは出てこないわけです．

　しかしその基礎が，単なる「快楽と苦痛」というようなもの，せいぜい「最大多数の最大幸福」というようなものになるとそれは問題で，実はフィジカルなものから出発して，一つひとつ人間の能力を開発していけばこそ，人間は精神的自立に達し，そして自己を超越するものに対する望みを持つわけです．そのことなしにはやはり駄目です．功利主義だけならば，リオ・サミットにおけるアメリカになってしまう．

　これを繰り返していれば，CO_2 排出権の取引か何かの段階は出てくるが，いつまでたっても（地球環境問題の解決が）パブリックの方向には行かない．「パブリック」と「最大多数の最大幸福」は，私は同じだとは思わない．そこには，それを担う人間の「質」の問題がある．あえて私が「人間」の問題に立ち入ったのは，そういう理由があるからです．

　今の若い人達が一番気の毒だと思うのは，本当に苦しい思いをして，そしてその上に味わう満足感をあまりにも知らないということです．私はルソーが非常に好きです．ルソーはレゾン（理性）という言葉を非常に多義的に使う．しかし本当のことを言うと，理性よりも情念に人間を動かす力があるということを，彼は非常によ

く知っている．

　だから，ある情念の喜びに対して対抗できるものは，やはりそれに勝る深心な喜びしかない．その中に，例えば達成感のようなものがある．達成感を得るということは，やはり難しいことをやり，苦しいことをやり，その上で初めて得られることです．手近に，すぐにこれは面白いということをしていれば，人間は精神的に少しも向上しない．それを自分で不幸だということも知らないほどの不幸は，それこそキルケゴールではないが，人間の「死に至る病」は絶望だという，絶望していることを知らない絶望だというような不幸です．

　学者をやっている以上，苦しい苦しい思いをしたからこそ，他では味わうことのできない大きな幸福を味わう経験は，誰しもあると思います．それを，別に学問に限らないで，実践の上でも，とてもこんなボランティア活動はできないと思っていたが，試してみたらできた．何がそれを成功させたか，何が偶然で，何がどういう資質であったか，どのような友人が役に立ったか，その中で人間が成長していく．そのときの達成感の幸福というもの…．つまり私は「個人主義は駄目か？　そうではないだろう」と言いたいのです．

「活私開公」へ

　金泰昌　皆様今回はお忙しいなか公共哲学共同研究会第一回目の会議にご参加頂きましてありがとうございました．また大変貴重なご発題を通して示唆に富んだ問題提起をしてくださった先生方にも深くお礼を申し上げます．

　今回の会議を通して提起された問題や議論が十分でなかった論点は，継続していく対話を通して，相互理解とより相応しい観点の共創へ向けての努力を積み重ねていくつもりでございます．

　欧米，中国，中近東，そして日本，それぞれの思想史的脈絡から「公」と「私」との相互関係を一方への過剰偏向による弊害を十分警戒しながら，昨今のバランスを喪失した「公」による「私」の弾圧と「私」による「公」の破壊という問題状況に対して未来建設的にどのように対応していくかということを皆で一緒に考えてみたわけでございます．

　私が個人的に感じたことは例えば戦前戦中の日本で盛んに強調された「滅私奉公」や中国の共産主義革命のスローガンであった「破私立公」というのが一時的妥当性があったとしても，現在，そして未来の日本と世界という観点からどうなのかという問題意識が個人のレベルでも人間集団のいろんなレベルでも現実的に存在するのです．戦後の日本や改革開放政策推進の下での現在の中国では「滅公奉私」の

流れが過剰強調されているのではないのかという気もします．

　お集まりになられた先生方が今回ほとんど意見を一緒にしたことは，個人の存在が否定されない方向で国家に独占されない公共性が形成・確保・発展するべきであるということではなかったかと思う．それこそ私どもが今までずっと考えてきた「活私開公」という方向と方法と目指しではないかと感じるのです．もちろん今後多様な発想と観点のぶつかり合いを通して新しい認識と行動の次元を開いていくための対話を続けていくことが大事です．「活私開公」とはまさに多様な意見の相互作用の中から生成する公共性を目指すという発想であるからです．

特 論
インド思想史における公と私

奈 良　　毅

はじめに

　21世紀における人類の生き方を考える際，自己と異なる価値観や世界観をもつ他人といかに争わずに共存・共生していけるかが，たいへん重要な課題となる．そこで，共存・共生を可能にする理論と実践のための方法を見いだすため，われわれはさまざまな古典を今一度読み返し，その中に含まれる人類の知恵を引き出してくる必要がある．

　ところで，「共存」という単語は，互いに異なる思想や社会組織の間で，相手の存在を容認しかつそれを侵害しないという，一種の非干渉主義的在り方を示す言葉であり，アメリカ合衆国とソビエト連邦という東西二大勢力のどちらにも巻き込まれたくない第三世界諸国が，1961年の会議で東西両陣営のどちらとも同盟を結ばない非同盟外交路線を標榜して以来頻繁に使われるようになった言葉である．それに対して「共生」という単語は，単に人間の組織同士の関係にとどまらず，個々の人間同士や，人間とそれ以外の生物・無生物を含む自然環境との関係をも視野にいれた，有機的相互依存の生き方を示す言葉である．

　さて本論文は，インドの古典の中にそうした生き方を示唆するような知恵を見いだし，人類の公共に役立つ理論と方法を紹介しようとするものである．そこで，「インド思想」とか「インド文化」といわれるものの特徴を明らかにしておきたいと思う．

1. 不干渉共存主義に基づく多様性

　ここで言う「インド」とは，昔よく用いられた「インド亜大陸」のことであり，現在では「南アジア」と呼ばれる文化圏を意味するものであることを，まずことわっておく必要がある．そしてこの「南アジア」文化圏には，インド共和国をはじめ，パーキスターン共和国，バングラデシュ人民共和国，スリーランカ共和国，ネパール王国，ブータン王国，モルジブ共和国の7カ国が含まれるが，かつては大英帝国の統治のもと植民地国家の枠組みの中に入れられていた地域であることと，この地域共通の伝統的文化特徴を持っていたという理由から，本論文では「南アジア」という新呼称ではなく，「インド」という旧呼称を用いながら古典思想を論じてみようと思う．

　さてインド文化の特徴を一口で言うならば，まず第一に「多様性」ということになるであろうが，筆者はそれを「鉄板焼型文化」と名付け，「お好み焼き型文化」の日本文化と対比させて説明することにしている．原日本人は，北方のシベリアから移住してきたアイヌ人の文化や，南太平洋から移住してきた海人（あま）族の文化，さらには大陸から朝鮮半島を経て移住してきた騎馬民族の文化を，既に先史時代に受け入れており，歴史時代に入ってからも中国や西欧や米国などの異文化を積極的に摂取しているが，すべての異文化を混合・融合させ完全に日本化させてしまっている．

　それに対してインド人の場合は，積極的に外部の異文化を取り入れるというよりは，外部から接触してくるいかなる異民族の文化をも拒否することなく，既存のインド文化を意図的に侵害し変容しようとせぬ限り，それらの共存を許すという態度をとる．したがってインド文化は，さまざまなタイプの文化が原型をとどめたまま混在・共存する多様な文化であり，一つに融合してしまっている日本文化とは対照的である．

　この文化的特徴は，日本人がお椀や小皿にいろいろなおかずを取り入れていっしょに混ぜて食べるのに対し，インド人はバナナの葉や食盆に盛られたさまざまなおかずを一つずつ順序よく食べていく，という食事の仕方にも反映されている．

特論　インド思想史における公と私　253

　またインドには，少なくとも1万年以上の昔から，アフリカを起源とするネグロイド人をはじめとして，南太平洋や東南アジアを起源とするオーストロ・アジア人，地中海付近を起源とするドラヴィダ人，コーカサス地方を起源とするアーリア人，中国やチベットを起源とするモンゴル人などが次々と移住し，それぞれの言語と文化を持ち込み，多少の相互干渉はあるものの，21世紀の今日に至るまでそれぞれの独自性を失うことなく継承してきている．
　したがってインド内に住む人々は，皮膚の色，身体的特徴，言語，衣食住の様式，信仰儀礼，社会習慣のどれをとっても，それぞれ固有の人種的・語族的特徴をいまだに保持しており，その点からするとインドは一国家と言うよりはむしろ一つの世界の縮図とみなし得る様相を呈している，と言っていい．
　事実，日本人である筆者はインド国内を何度も旅行しているが，一度だけ中国人に，あとはほとんどネパール人か東北部のマニプール人に間違われた経験を持っている．つまり，外国に旅したことのある一部の人を除き，大多数のインド人は，白人であればイギリス人，それ以外の見知らぬ人はインド国内の他の地方の人であるに違いないと考える傾向があり，インド以外の外国から来た人と考えることは稀である．こうしたインド人達は，それぞれが住む藩王国の住民か，ある言語集団に属する一成員であるという意識はあっても，インド国家の国民であるという意識はほとんど無かったであろうし，インド文化圏が英国の植民地となったのち，イギリス帝国の官吏に採用された一部の知識人のみが国家・国民意識を持ち始めたと言っていいであろう．
　一方，日本においては，同じようにさまざまな外来人種が日本列島に移住してきたにもかかわらず，その人達の持ち込んだ言語や文化は，わずかにアイヌ人を除けばすべて日本化してしまい，言語は日本語に，文化は日本文化に融合し，ほとんど原型をとどめぬ状態となってしまっている．そして外来の王を先祖に持つ大和王朝が，やがて日本列島全体に勢力を伸ばして日本という国家を樹立し，朝鮮半島や中国本土にある国家群と交渉を持つ，という歴史を辿る．
　なおインドには，伝統的民族宗教であるヒンドゥー教をはじめ，ジャイナ教，伝統仏教，シーク教などの在来宗教を信仰する人達のほか，ユダヤ教，イスラーム教，ゾロアスター教，キリスト教，チベット仏教などといった外来宗教を信仰する人達もいて，それら全ての人々が同じ地域に共存しながら日常生活を

送っている．しかもインド政府はそれぞれの信仰集団の活動を公に認め，互いに他の信仰集団に干渉せぬ限り，それに対する経済的支援をも含む福祉・保護政策をすら積極的に推し進めている．しかし，ある宗教の信徒や集団が他の宗教の信徒ないし信仰集団に干渉し，例えば改宗工作をしたり危害を加えたりした場合には，政府は断固としてその工作者や加害集団を抑圧し，時には国外追放という強い態度をとることすらある．

　日本にも，固有の伝統宗教である神道のほか，外来宗教としての仏教や儒教やキリスト教などが伝来しているが，それぞれの信徒が国内に共存するというよりは，一人一人の日本人の心の中に在来・外来の宗教が共存するという一種の重層信仰（シンクレティズム）の形をとり，信仰の面でも日本化の現象が起こっている．例えば一人の日本人が，子供の誕生や七・五・三のお礼参りの時には神道の神社に参拝し，結婚する時にはキリスト教会で式を挙げ，死亡した時には仏教の寺院で葬式を営むなどということは，ごく当たり前のことであり，また，同じ人間がお正月には神社に，お彼岸やお盆には寺院に，クリスマスには教会にお祈りに行くというのも，平均的日本人の典型的な行動様式となっていて，純粋な神道でも仏教でもキリスト教でもない，まさしく日本教の信徒とでも言うべき存在になってしまっている．こうした日本式信仰様式も，確かに「共存・共生」を可能にする一方式となり得ることは間違いないが，しかし実現までにはかなりの時間がかかりそうである．

　それに対していますぐにでも実行できそうなのがインド方式である．つまり，これまで日本文化と比較しながら見てきたように，インド文化のもつ多様性と寛容性は，あくまでも「不干渉」の原則を基盤としており，かつてネール首相が提唱した第三世界国家群の非同盟主義も同じ原則を適用したものである．このインド文化の特徴の一つである「相互不干渉による共存・共生」の思想こそは，21世紀の世界を平和に導く政治・社会理念の一つの柱となり得るかもしれない．

　もっとも，「相互不干渉」という言葉は，いささか消極的響きを持つ言葉のように聴こえるため，むしろ積極的に善を行い愛を施すことを主張する人が出るかもしれない．しかし，何が善で何が愛であるかは，時代により地域により，あるいは人によって異なるのが普通である．自分で良かれと思ってしたことが，

かえって他人を傷つけたり、不利な状態に追い込む結果になってしまったりすることは、よくあることである。したがって、「己の欲せざるところ他人にほどこすことなかれ」、つまり「自分が他人にされるといやだなと思うことは、決して他人にもしない」というインド的「相互不干渉」の生活態度が、21世紀を生きる人類にとって大きな意味をもつ生き方になっていくのではなかろうか。

2. 現実妥協主義に基づく柔軟性

インド文化のもつもう一つの特徴は、文字よりも音声を大切にすることである。確かに、インドには宗教書・文学書・歴史書など膨大な量の文字資料が存在する。しかしインド人は、書いた材料はいつしか朽ち果てて消えるし、人が書き写したものに誤字・脱字は避けられないし、時には意図的に内容を削除したり逆に加筆したりすることもあることを知っており、彼らは伝統的に、真実は文字を通しては伝わらず音声を通してのみ伝えられると信じている。したがって、真理を悟った聖者は、その内容を伝えるのにふさわしい弟子を選んで自分の家に住まわせ、長い間精神的訓練を施した後、ある日密かに口頭で弟子の耳に真理を伝えるという形式をとる。

インドの最も古い古典であるヴェーダの内容も、複数のバラモンの家系において、父から子へと代々数千年の間、連綿と口頭で伝えられてきており、しかも面白いことに、いくつか現存する文典の写本の間では相違が見られるのに、口頭伝来のテキストの間には相違がなく完全に一致することが確かめられている。今日でも、インドの子どもの学習は、まず家庭において親の朗唱する詩や童謡を聴いて復唱することから始まり、入学してから初めて文字を習うのが普通である。

こうしたことから、インドの古典を文典のみに限って考えるのは間違いであり、口伝を含む広い知識・情報データとして扱う必要があろう。現在世界には約7000の言語が話されているが、その中で文字を持っている言語の数は全体のわずか5%に過ぎず、あとの95%は文字を持たぬ言語である。そしてこれら無文字言語の約半数は、少数民族によって話されており、「21世紀中には消

滅するかもしれない危機に瀕した言語」となっているが，こうした言語の中に含まれる知識や情報は，文字言語に含まれるものとは異なった，人類が現在抱えている諸問題を解決するのに役立つものが多い．

インドでは，精神的指導者をその弟子や信者達が生き神としてあがめるという習慣が今なお続いている．大部分の人々はそうした師の古典解釈や説明を神の言葉として受け取る傾向があり，自らインド古典を原文で読み，その中に書かれている教えを直接読み取れるのは，ほんのひとにぎりの学者や知識人に過ぎない．しかし，そうした学者や知識人はもとより，聖者と呼ばれる精神的指導者といえども，自ら新しい信仰書や宗教書を書くということはなく，専ら古典，特にウパニシャッド（ヴェーダーンタ文典）やバガヴァッド・ギーター（宗教叙事詩の一部）の章句を引用し，それの注釈や解説をするだけである．したがってインドには，限られた数の古典とそれらに関する膨大な量の注釈書や解説書が存在する．このことは，インドの求道者達がいかに古代人の知恵に対して深い敬意を払い，かついかに謙虚であるかを示していると言えよう．と同時に，時代や地域やカースト毎に異なる人々の多様な習慣や価値観に合わせ，それぞれにとって適切な古典の解釈や適用が精神的指導者達によっていかに真摯かつ精力的に試みられてきているかがわかる．

インド人は，とかく瞑想や形而上学的議論の好きな人種のように見られがちであるが，実際には非常に現実的でしかも妥協・調整能力の高い人間集団である，と言えよう．その証拠に，もしインド人に人生の目的は何かと問うたなら，圧倒的多数の人は，ダルマ（正法），アルタ（富財），カーマ（快楽），モクシャ（解脱）であると答えるに違いない．つまり大部分のインド人は，人間として正しいことを行い，豊かで，健康で楽しい日々を送り，かつすべての苦しみや悩みから解放された人生を過ごしたいという願いを持っているわけである．

しかし，アルタやカーマを求めつつ，同時にダルマをも守り続けていくということは，平均的な世俗人にとってはかなり難しいことであり，ましてやモクシャを達成するとなるとほとんど至難の技に近い．そこでインド人，特にヒンドゥー教徒の行動・生活規範を記した法典「マヌダルマ」（マヌ法典．西暦紀元前200年から紀元後100年までの間に成立）は，人生の理想的な過ごし方として次のような生き方を示唆している．

まず人間の一生を四つの生活期（アーシュラマ）に区切り，第一期は，精神的指導者の弟子となって厳密な戒律を守り，ヴェーダをはじめ真理探求に必要な知識を得るための勉強をする学生期（ブラフマチャーリン），第二期は，師のもとから帰って結婚をし，社会生活を送りつつ大家族（ジョイント・ファミリー）を養う家住期（グリハスタ），第三期は，子供達がいずれも一人前に成長して結婚したのち，妻とともにないしは独りで家を離れ森の中で静かに信仰生活を送る林住期（ヴァーナプラスタ），第四期は，いっさいの世俗的欲望を捨てて1カ所に定住せず，乞食の生活を送りつつ死に至るまで巡礼の旅を続ける遊行期（サンニャーシン）としている．

　真理を悟り解脱の境地に入るにはバラモンの指導による難行・苦行が必要であると説くバラモン教も，それを批判して登場してきたはずの仏教やジャイナ教も，世俗の生活を離れ独身主義を貫いて修行せぬ限り解脱や涅槃の境地は得られぬと説く点では，軌を一にしており，普通の家庭生活を営む大衆にとっては，人生の理想，特にモクシャを実現することは不可能であったのである．しかし，その不可能を可能にしたものこそ，実にマヌ法典の中に盛られた四生活期のアイデアであり，インド人の実用的・現実的生活の知恵の現れと言っていいであろう．

　古代インドの社会では，バラモン・クシャトリア・ヴァイッシャ・スードラというヴァルナ（肌の色による社会的身分差）の制度が確立したため，現実にはクシャトリア階級の王族が軍事・政治的実権を，またヴァイッシャ階級が生産・流通の経済的実権を握っていたにもかかわらず，依然としてバラモン階級が社会の指導的立場にいることを認めざるを得ない矛盾（それは特に，誕生・命名・成人・結婚・葬儀など，いかなる人も避けることのできぬ人生の通過儀礼の執行をバラモンに頼らざるを得ない時に，強く感じられたに違いない）が存在していた．したがって，そうした時代背景のもとにゴータマ・ブッダが出現し，ヴァルナに関する新しい見解を人々に示した時，クシャトリアやヴァイッシャの人々がいかに大きな喜びをもって受け入れたであろうことかは，想像に難くない．

　そのゴータマ・ブッダの新しい教えとは，当時既に硬直化していた身分制度を否定し，ヴァルナの差は人の出生によってではなく人の行為や能力の差によ

るものであること，どんなヴァルナの人間であろうと本人の精進努力次第で解脱が可能であること，しかも神とか師とか苦行とかに頼るのではなく，いかなる人にも生来備わっている自己の理性を頼りに正しい生き方を実践することによってそれが可能になることを説いたものであった．つまり，社会の現実に合いしかも人々にとって実行可能な方法を示した教えだったのである．

そうした点で，ブッダの教えはまさにインド的文化特徴である現実性を備えた教え，と言っていいであろう．

しかしながら仏教は，一時期アショカ王やカニシカ王の庇護のもとほぼインド全土にわたって信者を増やしたものの，絶対者たる神への帰依や信仰を願う一般家住者の欲求には応えられなかったため，ゴータマ・ブッダの説いた原始仏教の教えを厳密に守ろうとする上座仏教（南方仏教）とは別に，出家者のみならず家住者を含むすべての人々の解脱や救済が可能であると説く大乗仏教（北方仏教）を生みだし，さらに歴史上の実在人物であったゴータマ・ブッダや阿弥陀仏を絶対者としてあがめたり，弥勒・観世音・文殊・普賢などの菩薩をも礼拝の対象として認める，という現実的対応をせざるを得なくなっていった．

ところがやがて，ヒンドゥー教の信者自体の間に，ヴァルナの差別を否定し，いかなる人であっても最高絶対神に自らを全託して愛と信仰を捧げれば，神は必ずやそれを受け入れ恩恵を授けて下さる，という新しい信仰理論と実践運動が現れてくる．そして，バラモン階級の優越性を否定し四姓平等を唱道するこのバクティ（信愛）運動は，仏教の存在価値と歴史的役割そのものを根底から揺り動かしていったのである．かくして，西暦7世紀以降仏教信者は急速に姿を消し，再びヒンドゥー教徒に戻るか，その頃からインドに入ってきたイスラーム教の信者に改宗していったものと思われる．

さらに，世界中で最も長い宗教叙事詩といわれる「マハーバーラタ」の後半部分に18章にわたって出てくる「バガヴァッド・ギーター」（神聖歌）は，今やすべてのヒンドゥー教徒にとっての最高教典となっているが，その中にもカルマ・ヨーガ（自己に与えられた使命を果たすべくひたすら精進努力を続けるが，決してその成果や結果に心を向けることのない生き方）とともにバクティの思想が力強く説かれている．つまりこの教典により，ヒンドゥー教徒はクシ

ャトリアであろうとヴァイッシャであろうとスードラであろうと，クリシュナ神に心から帰依することで，神の恩寵にあずかり，すべての罪汚れから解放されることが保証されるようになったわけである．

3. 家族尊重主義に基づく公共性

　インドの知識人は"charity begins at home（仁愛は家庭より始まる）"という英語の諺を好んで引用するが，多少皮肉な言い方をすれば，確かに彼等はその仁愛を姻戚や友人の範囲にまで広げて実践はしているものの，それ以上に広げることはほとんどない，と言っていい．人間がある意志をもって行動を起こす場合，いつ，何を，何のために，どうするかを決める判断規準は，個人によって多少の違いはあるであろうが，結局は「自分自身にとって益があるかないか」ではなかろうか．しかし，例外的な人間を除き，平均的なインド人にとっての大切な判断規準は，「浄か不浄か」と「自分の家族にとって益があるかないか」の二つである．

　第一の規準「浄か不浄か」は，精神的・宗教的な意味を持ち，ヒンドゥー教徒がどんな行動をとった時に不浄となり，それを再び浄にするにはどうしたらいいのかが，「マヌ法典」に細かく規定されている．したがって，いったん不浄となった人は，規定通りの宗教儀礼を行って浄の状態に戻らぬ限り，自分の家族には受け入れてもらえぬということになる．

　第二の規準である「自分の家族にとって益があるかないか」は，「浄・不浄」以外のあらゆる行動に関わってくる．ただここで断っておかなければいけないことは，インド人にとっての「家族」とは，いわゆる「核家族」のことではなく，「パリヴァール」（祖父母・父母・自分・子孫を含む直系の家族＋兄弟の家族）や「アーティヤ」（伯父伯母・叔父叔母の家族）や「クトゥンバ」（姻戚の家族）をすべて含む大家族・親族を意味するということである．この大家族というのは，ちょうど戦士にとっての城塞のようなもので，インド人一人一人にとっては，自分の生命や財産をしっかり保護してくれるまことに頼もしい共同体に他ならない．しかしながら，大家族の成員一人一人はまた，自分の一生を保証してくれるその大家族の存続のため，時には最大の犠牲を払ったり貢献も

したりしなければならず，もしそれを怠ったり，それに反する行為をした場合は，その共同体からの追放をも覚悟しなければならない．

具体的には，家族・親族の中の誰かが意欲と才能をもっており，勉学をさらに続けたい，あるいは商売を始めたいと望んだ場合，一族みんなが金を出し合ってその人を応援するし，女の子が他家に嫁にいく場合，やはりみんなで金を出し合ってその子の持参金を作ってもやる．また，卒業しても就職が出来ないでいる人や，病気や高齢のため働けなくなった人がいる場合でも，一族がそうした人の面倒を当然のこととしてみてやっている．先進国に見られるような福祉厚生制度が整備されていなくとも，インド人の間に社会不安や政府批判が起こらないのは，インドの個々の家族がまさにその機能を果たしているからである．したがって，もしある人が何らかの理由で自分の家族・親族から追放されることとなったとしたら，それはその人にとってはまさに社会的死を意味することとなる．

このように，インド人の家族・親族の結束は，われわれ日本人あるいは西洋人にとっては想像できぬ程強いものがあるが，逆にその結束の外にある個人や組織に対しては，ある種の不信感を抱き，無関心の態度をとったり，攻撃的態度をとったりする．インド人にとり，自分の家族・親族の枠外にある世界は，企業社会であろうと，地域社会であろうと，国家であろうと，地球社会であろうと，すべてよそ者の世界であり，その世界のために自己犠牲を払う必要性を感じることなどは，全くない．

こういう表現をすると，インド人家族は非常に自己中心的で，わがままで，常に他の家族・親族とトラブルを起こしているかのような印象を与えてしまうかもしれないが，前にも述べたように，不干渉主義を行動規範にもつインド人は，自分の家族を大切にするのと同様に，意味もなく他の家族の安寧や存在を脅かすような行為をとることはない．しかしながら，どの家族にも帰属せぬ，いわゆる公的（非家族的）存在に対しては，自制や遠慮すべき理由は何もない，ということになる．

筆者がインド滞在中実際に見聞したことであるが，インド人は自分の家の中を比較的きれいに飾ったり清潔に保ったりはするが，掃除したあとのゴミはそのまま家の前の道路に捨てたり，汽車や飛行機や旅館の部屋の中から備品をこ

っそり持ちだして自分の家のものにしてしまったり，役所や会社の電話をしょっちゅう私用のために使ったりして，平気でいる．また，家族の誰かが病気の場合はもちろんのこと，誰かが遠くへ旅立つ時あるいは旅から帰ってきた時でもすぐに会社や役所から臨時休暇をとるが，本人がそれを当然の権利と考えているだけでなく，同僚達もそれを容認し，公務の都合を優先的に考える人はほとんどいない．もし会社や役所への忠誠を家族への奉仕より大事だと考える人がいたとしたら，おそらく変人か愛情の無い冷酷な人間と見なされるのがおちであろう．

　世界全体の安全と人類の幸福を第一に考えなければいけない国際連合のメンバー国が，実際にはそれぞれ自国の安全や利益を優先的に考えて行動しているように，インドの公務員も建て前上は自分の家族よりも地域や国家の利益や都合を優先させなければいけないことはわかっていながら，実際には自分の家族の利益を第一に考えるという本音を貫き通している．公務員の収賄汚職も日常茶飯事で，縁故就職・許認可優先・便宜供与・金銭授受などが慣習化し，社会通念にすらなってしまっている．ひょっとすると，インドの公務員は，自分の汚職行為を恥じるというよりは，むしろ自分の家族や一族に対する貢献であり，己の果たすべき当然の義務なのだと考え，心の中で正当化しているのかもしれない．

　しかし，公私のけじめをはっきりさせ，両者の利益を損なわぬよう，うまくバランスをとって行動するインド人も全くいないわけではない．また，家族よりも一般大衆，特に社会的に恵まれない弱者達のために何かしたいと考える人も，いないわけではない．そしてそういう人は，たいていの場合，家族から離れ，いわゆる出家して慈善事業団体や宗教団体に入っていく．一生を独身で通し，出家以前の自分の家族も一般の家族と区別せずに同等に取扱い，奉仕活動を通じて解脱（モクシャ）を実現しようとする人を，インドの人々は「サドゥ」（聖者・賢者・隠者）と呼んで尊敬し，出来れば自分も人生の晩年（林住期・遊行期）を，そうした人と同じような生き方をして過ごしたいという願望をもっていることも，事実である．

　ついでながら，インドでは家族の中で最も尊敬されるのは誰かと言えば，一家の主婦（長男の妻）である．最高年齢者である祖父も世帯主である主夫もそ

れぞれ家族全体から大事にはされるが，しかしなんといっても最も頼りにされ尊敬されるのは，一家の主婦である．主婦の指揮の下，義弟の妻達が食事の用意をするが，食べる順序は，まず幼い子供達から始まり，ついで男性が年齢の高い順に食べ，その次に女性が年齢順に食べ，最後に主婦の番となる．主婦は，家族のみんなが十分に食べたのを確認してから自分が食べるわけだが，時によっては食べ残しが無くなり，食べずに終わることもある．また宗教的理由から，夫や家族の健康・幸福を願い，毎週一日かあるいは家族の守護神の祝祭日には必ず断食をする主婦も数多くおり，自己犠牲の精神の最も大きい人物として，家族中の信頼と尊敬を集めるのである．

　家族・親族のためには自己犠牲をも厭わないという点では，インド人は決して利己的で自己中心的な人間ではない，と言うことができる．インド人にとり，家族同士，親族同士の相互扶助は疑うべくもない人間の義務であり倫理であって，こうした家族主義こそが，イスラーム勢力や大英帝国の長年にわたる支配にも関わらず，ヒンドゥー社会の伝統やその価値観を今日まで維持し得た最大の原動力となっているのである．

　また全人口の 85% が住むインドの農村では，地主・自作農・小作農・鍛冶屋・きこり・僧侶・床屋・靴屋・洗濯屋・石工・大工などの職能集団（ジャーティ）が共同体をなして住んでおり，自己の技能をもって互いに他のジャーティに奉仕し合うジャジマニ（共同扶助）制度が確立している．この制度は，貨幣経済の浸透と流通機構の発達によって次第に崩れつつはあるが，不完全ながらも今なお存続し機能していて，インド人の公共心を維持する最後の砦となっている．

　インド人は，自己を存続させている究極のものとして「アートマン」（真我・霊魂）を想定し，しかもその同じ「アートマン」がすべての個々人の中にあってそれぞれの人を存在せしめている，と考える．そして，人が他人を愛したり，神を愛したり，品物を愛したりするのは，他人や，神や，品物を愛しているのではなく，それらを成り立たせている「アートマン」を愛している，つまり真の自分自身を愛しているからなのである，と説く．しかも，この「アートマン」は，全宇宙の究極存在である「ブラフマン」と同一のものであると，信じている．とすれば，他を傷つけることは己を傷つけることとなり，他を愛

することは己を愛することとなるわけである.

そうとすれば，インド人にとって「個」と「全体」を，あるいは「私」と「公」を区別することはあまり意味がなく，ひっきょうその両者は同じものであるとするならば，自分の一族，あるいは自分が住む村落共同体の維持発展のため自己犠牲をも厭わない彼らの生き方こそは，インドの古い伝統を受け継ぎながらも，実は21世紀の生き方としても通用する価値を持っている，と言えるのではなかろうか.

むすび

大多数のインド人（ヒンドゥー教徒）は，人生の目的をダルマ（正法）・アルタ（富財）・カーマ（快楽）・モクシャ（解脱）の実現，特に最後のモクシャを人間の望み得る最高の境地と考えていることを，第2節で述べた．モクシャとは，人間の心が物質的にも精神的にも何ものにもとらわれない，完全に自由な状態にあること，を言う．つまり，死後肉体を捨て霊魂の世界に入った「自我」が，因果と輪廻の法則に縛られて再び現世に戻ってくることのない状態，しかしある使命を持った場合は自分の自由意志によって現世に再生し得る状態，を意味する．こうした完全自由な至福の状態に入りたい一心で，ヒンドゥー教徒は精神的・肉体的修行に励んだり，マヌ法典に定められた「浄」の生活を送ったり，ガンジスで沐浴をしたり，神に祈ったりするのであるが，モクシャが得られぬまま霊界に入った霊魂は，子孫たちの供養の助けをかりてそれの実現を図らなければいけないこととなる.

この点，生前の行為についてメシヤの最後の審判によって天国に入ることを願うキリスト教徒や，アッラーの審判と恩寵によって至上の幸福の楽園に入ることを願うイスラーム教徒とは異なっており，むしろ死後霊界における修行を通じて魂の向上を図り，子孫達の行う先祖供養の功徳によってついには神と一体になる，と信じている古神道の信徒達の生き方に似ている，と言えないこともない.

こうした死生観や人生の最終目標をもつヒンドゥー教徒にとって，もっとも頼りになるものは，神を除けば，自分の家族であり，子孫であり，一族であって，地域社会でも，公共団体でも，国家でもない．したがって，個人的な苦行

や修行によってモクシャを実現できる例外的な人は別として，大多数のヒンドゥー教徒は，もし自分の家族や一族から見放されたなら，単に現世のみならず来世においても不自由なつらい人生をおくらなければならなくなると考えており，一族への自己帰属をしっかりしたものにしておくためには，いかなる自己犠牲をも厭わないのである．

　また現実の生活の面でも，もし家族の中で就職できず収入の道がない者，病気や老齢のため身体が弱っている者，夫に先立たれた寡婦，両親に先立たれた幼児などがいた場合，他のすべてのメンバーは当然のこととしてこれらの人達の面倒を見る．もちろん，インド社会における公的機関が福祉厚生事業を全くしていないわけではなく，さまざまな宗教団体や私的慈善団体も社会の弱者に手を全く差し伸べていないわけではない．しかし，福祉厚生の自助機能を完全に果たしている大家族の中にあるインド人は，会社とか政府とかのいわゆる公的機関の援助に頼ろうとする意識は持ち合わせていないのである．

　欧米人にとっての「私」という概念が，個人ないし核家族に関わるものであって，その枠を超える概念が「公」であるとすれば，インド人にとって欧米的な「私」という概念は存在しない．インド社会における個人は，既に述べたように，あくまでも大家族（パリヴァール＝ジョイント・ファミリー）に帰属する一員であって，家族から独立した存在体であるという意識をもつことはない．そしてそれ以外の会社や役所や学校などの公共機関，あるいは政府や国家などといったものを「公」の組織とすれば，個人が「公」の組織に帰属意識をもつことはなく，家族のために利用し得るものでありこそすれ，そのために家族を犠牲にするなどと考えることは，まずあり得ない．

　最後に，次に二つのことを述べてこの稿を終わりにしたい．第一に指摘したいことは，インド社会における大家族とは，原則として血族と姻戚関係者から成る社会生活単位ではあるが，時として友人・知人をも含む，比較的柔軟でゆるい枠組みをもった社会集団である，ということである．これはまた，カースト（厳密に言えば「ジャーティ＝世襲職業集団」と「ゴートラ＝血縁集団」）とも深い関係がある．したがってインド人の「家族」主義とは，欧米的な「私」と「公」の中間に位置するような意味範疇をもった概念である，と言うことができよう．

第二に指摘したいことは、「個」としての「自我」の確立と尊重を目指し，かつ異なる価値観をもつ他の「個」人はもとより，地球・宇宙環境との共生や調和をも実践していかねばならぬ21世紀の人類にとって，いかなる人生目標を掲げ，いかなる生活形態をとり，いかなる社会組織を築き上げるべきなのかが，われわれ一人一人に問われている，ということである．その際，「私」と「公」の両面に関わるような家族中心のインド人的生き方が，また「アートマン（＝個霊・自我）」と「パラ・アートマン＝ブラフマン（＝超霊・純粋自我）」を同一視するインドの古代思想が，そのような問いに対する答えとなり得るか否か，われわれは今一度真剣に検討すべきであろう．

おわりに

金　泰　昌

　三日間（1998年4月25-27日）の共同研究会を終えて改めて考えさせられたことがあります．思考と認識の調整の必要性を感じたのです．それは今後の研究会における検討課題を考えてのことです．
　まず第一点は，今回，公私問題を比較思想史的脈絡から概観して見るということだったわけですが，「私」の側面は十分には論議されなかったということが気になります．現在，日本では「公」や「公共性」ということが注目を浴びておりますが，「公」に関する議論は「私」との相互関係の中でこそ意味をなすのであって，「公」だけを「私」から切り離して考えることはほとんど意味をなさない．むしろ危険である．先ず，このことをしっかりと認識する必要があると思うのです．殊に近代以後の日本の公私論では「私」を否定的に見る傾向があります．（もちろん，反対の見方もあります．）
　恐らく秦漢以前の古代中国における公私観念から思想史的に影響されてきたのではないかと思われます．何故かと言いますと，大和言葉の「オオヤケ」と「ワタクシ」は専らその規模の大小によって区分されるだけで別に「ワタクシ」を否定的に見るというようなことはなかったからです．ですから「ワタクシ」と訓読された「私」か漢語としてもっていた「ワタクシ」以外の意味の中に否定されるべきものがあり，それが日本でもそのまま定着したとしか考えられない．それでは漢語としての「公」と「私」はもともとどういうふうに理解されていたのでしょうか．
　古代中国では，「私」は，①「個」「独」，②「密」，③「邪」と，「公」は，①「共」，②「顕」，③「公平」「公正」と捉えられた．「私」と「公」に対するこうした理解が韓非子の「背私謂公」や聖徳太子の「背私向公」，あるいは現代日本の戦前戦中における「滅私奉公」や共産中国を建国した毛沢東の「破私

立公」に直接間接の影響を与えていると思われます．（もちろん，朱子学的な「天理の公」「人欲の私」から「私利私欲の私」という見方が固まり，そこから「私」を悪というふうに捉えるようになったとも言えるでしょう．一部では武士道の影響だと言う人もおります．今日の日本に「公」意識が衰退したのは武士道の精神が無くなったからだと言われますから．）

また「滅私奉公」が依って立つ思想的基盤は夏目漱石の「則天去私」とされましたが，これは（いろんな解釈の余地があるとしても）「私」を消極的もしくは否定的な意味に捉えている代表例です．このように「私」が一貫して否定的な評価を受けてきたという根強い思想傾向があることがわかります．

では「私」とは，全て背き，破り，滅し，去るべきものなのでしょうか？

時流や大衆心理が一部の政治権力の目的的操作によって「私」を否定するようになったとき，どういう結果をもたらしたのか？ 比較思想史的脈絡から学ぶべきことはどういうことなのかを改めて考えてみるべきだと思います．

「私」が否定的に捉えられる場合は，「個」や「独」は全体の調和を崩し共同の協力に背くから危険である（邪）とする全体論的発想が根底にあります．しかし「個」を抑え，「独」を縮めた形の社会が言語に絶する惨劇をもたらしたことは，20世紀の社会・全体主義国家であったソ連やナチス，そして現在の北朝鮮を見れば明らかであります．「個」や「独」は善くないとして「私」を否定した者の動機が何であったか？ このことを考えてみることが現代の大きな課題であるような気がするのです．

そうしますと「個」としての「私」や「独」としての「私」が「共」としての「公」（公共）と必ずしも相互に矛盾する関係になるのかということが問題になります．矛盾すると思う人が多いようです．特にいわゆる「国家を思う」という人々の間においては「私」を否定しなくては「公」が成り立たないという議論が多数を占めております．

もちろん「私」の過剰拡大による無政府的混沌への十分な警戒が必要だということは分かります．しかし果たして本当にそう言い切れるでしょうか．無政府的混沌への警戒からの「公」優先思考と共に，全体主義的専制への危機意識による「私」重視思考は，公共哲学的問題意識の最重要課題です．

「共」が本当の「共」になるためには，すなわち，より力動的で現実的な

「共」になるためには，「個」が「ヒトリ」(独) 立つ（自立）ということが必要条件であると思います．「個」としての「私」が十分活かされるべきではないでしょうか．

　「個」や「独」を出来るだけ縮小するか無化（犠牲）する方向で「共」を実現するべきだという考え方が危険であることは，現代史の経験が未だに生々しく我々に言い続けていることではないか．

　しかし，自立した「個」「独」が主体的，自発的，相互補完的に「共」を実現していくことに対して何故懐疑的になるのか――．この問題は今後もっと踏み込んだ議論が必要だと思います．この問いへの答えが，二つの公私観の分岐点にはなるのではないかと思います．

　「共」は「全体」とか「統合」とは異なっております．「共」は全体の中に異質が統合されて「同」になるのではなく，異質が異質として認められながら「和」を共創するということです．「共」を「全体」と捉える発想は，結局「全体」のために「個」や「独」を否定する．私が考えている公共哲学は，全体性や統合性だけを目指すのではありません．普遍性や一般性ともちがう方向を目指すのです．あえて言えば，国家理性と人間理性との間に発展可能な中間領域の基本規範としての媒介理性を探索するものだと言えるかも知りません．別の言い方をすれば，新しい公共性を問いつづけるということです．「共」を基点として「公」と「私」を根本的に，しかも持続的に問い直すことです．そして新しい公共性とは「公私共進」「公私相補」の関係形成を目指す持続的生成過程を意味するのです．それは既に存在する構造であると同時に常に探索されつづける対話・批判・反省・再構築であります．

　「密」という意味の「私」は，日本書紀や古事記に出てくる物語の中で，「ヒソカ」「シノビ」と訓読されています．「私」がそういう意味で使われるのは主に「天孫の子（皇孫）は国神の子として'私産''私養'すべきものではない」という文脈の中でです．すなわち「密」としての「私」が皇孫の場合には否定的に捉えられているということです．最高指導者になる人間の場合はみんなが知るように産まれ（公産），みんなが知るように育てられる（公養）ことが要請された．

　他方，皇孫以外は「ヒソカ」に産んで（私産）「ヒソカ」に育てる（私養）

ことがごく当たり前であった．普通の人間の場合は，「ヒソカ」にして「カクス」ことであっても最高指導者や公職についている人間の場合は，ものごとを「ヒソカ」にしたり「カク」したり「シノビ」をしたりするべきではない．ということは私秘性が社会的地位や役割によって認められる場合と認められない場合があるということを意味します．他の一般平民よりも高度の公共性が期待される皇孫においては「私」の「密」という側面が否定的に捉えられた．そういう「私」の捉え方は現代日本における公私問題を考える場合にもかなり大きい思想史的意味があると思われる．

こういうところから「私」が「邪」として否定的に把握される局面が明確になります．「ヒソカ」にすることや「カク」して「シノビ」をするようなことは大体あまりよくないことである場合が多いと考えるのはそんなにおかしくないことです．「密」としての「私」の反対は「顕」としての「公」ですから，ものごとを「アラワ」にして誰にでも分かるように正々堂々とやる．これが「正」であり「公平」である可能性が大きい．こういう観念は，公共性の担い手としての役割を果たす場合に要請される基本的条件だと思われます．

しかし，すべてが「アラワ」（顕）になるだけが望ましいのか．いわゆる完全透明社会が我々の目指す社会や国家のあり方なのか．人間生活の全ての側面が全部公開されるのがよいのか．その必要があるのか．情報化が進めば進むほど透明化が増加・強化されるでしょうけれど，だからこそ「ヒソカ」（密）に「カクス」（隠）が必要になる場合も無いとは言えないでしょう．いわゆる「私」の守秘性（空間）の必要性も深刻な問題になると思うのです．こういうところにも「公」と「私」の相互関係における適切なバランスが何よりも大事なことになると思います．

第二点は，現在の日本の公私状況を考えてみるためには，アメリカの思想史的脈絡から見えるものが大変参考になるということです．今回の共同研究会ではいろんな理由からアメリカを入れられませんでしたが，やはり一緒に議論した方がよかったのではないかと感じました．歴史が短いので問題点の発展と転換が圧縮されたかたちで把握されるというところがあるからです．「西洋」と言いますが，ヨーロッパとアメリカはいろんな側面でちがうところがあるからです．

おわりに

　アメリカにおける公私問題は，すくなくとも思想史的脈絡から見ると，独立戦争（The Revolutionary War, 1775-83）を挟んで大転換がもたらされたと言えます．独立戦争以前のアメリカはイギリスの植民地であった．当時のイギリス本国での事情が平行移動した側面とアメリカの現場での適応とがありました．

　例えば，公的領域というのも私的なものごとの拡大延長に過ぎないという考え方がありました．それは「イギリス」というのがいわゆる君主の私有地であり，イギリスの行政というのも君主の私有財産の管理執行であるという絶対主義的思想の影響下にあったため，整然とした公私分別的な発想が未熟であったという意味で「公私未分」「公私合一」の状態にあったと考えられています．大部分は村落共同体のような生活で，相互に顔見知りの間柄であった．私的なものごとがそのまま「公的」であったり「公的」なものごとが「私的」になされたりしていたのです．

　例えば今でいう公共事業（道路や施設の建造等々）も能力と意志をもった民間の個人や団体に国が権利や方法を与えて認可し，あとは彼等自身がそれを遂行するに任せるだけだったのです．公的目的のために私的資源（財産）を過剰使用することがむしろ問題になるという状況でした．公職というのは経済的に余裕があり社会的に実力のある名望家が皆のために担当する負荷であり，余計な苦労であっても，利権とか特権という意味はほとんどなかったと考えられていた．アメリカでは今でもそのような公私観が部分的に残っています．

　独立戦争後，公私観念に大転換が起こります．「公共のものごと」（res publica）という観念が形成されるのです．それは「国家」であり，「州」であり，それぞれの「地域社会」です．要は「公私分立」の状態になる．共和主義という思想は「公」と「私」を明確に区別し，「公」が全てになります．「公」の実体は「民意」である．個々人の意思ではなく，全ての国民の総意である．それは最終的には一つにまとまる．まとまらなければ総意とは言えない．そういう意味で「公」はただ一つであり，複数の社会の多様な「私」とは厳格に区別されることを要請するのが共和国の理念です．

　「公」は必ずしも国家だけに収斂されるとは限らない．しかし，かつては民間の個人に任せてやっていたことを，政府（連邦政府であれ州政府であれ）が公権力の行使を通して遂行するようになる．

道徳や宗教に関することは「私」の領域として不干渉・不介入の原則に基づいて独立させ，公的政治的領域に対しては排他的権限を発揮するようになるのです．

貿易，通商，道路，海運，義務教育等々は公的領域として政府の管理下に置かれたのです．能力と意志をもった名望家が苦労を負担するという私人による公的業務の自発的奉公ではなく，税金から公的に支払われる給料という反対給付を受けて公的責任を遂行するという公職に変化したのです．いわば「公私分立」「公導私従」の公私観が形成されたと考えられます．

しかしこういう公私観自体が矛盾をあらわすようになります．いわゆる大衆民主主義による政治参加の機会と場所が増加するにともなって，民意が一つの総意にまとまらなくなる．民意の横暴を政府の「公」で汲み取れなくなるのです．「公私分立」「公導私従」の思想が形骸化し，選挙には強いが必ずしも公共意識に添わない人々が大勢議会に進出するようになり，政治権力の中心軸が政府から議会の方に移動するのにともなって，「公私相争」「私強公弱」の状態が広がるようになる．「公」という名目の下に，多数者の意志と利益が少数者の意志と利益を踏みにじるという暴挙が行われるようになったのです．

ここに少数者の意思と利益を多数者の暴挙から保護する必要性から，「私」の意識化とその権利化が思想問題となる．民衆のための公共性であるはずだったのが民衆を弾圧する公共性になったために，「公」に対抗する「私」の方向へ政治的道徳的重点が移動し，法制的努力も「私」の保護に傾注されるようになります．このような認識と思想に基づいた運動はマルティン・ルーサー・キング牧師による公民権運動にまで連綿と続き，いろんな差別や排除や不正や弾圧が「公共性」の名の下に修正，撤廃されることになるわけです．「私」を保護する中で「公」が成り立つような公私観（「私進公助」）が形成されるに至ります．

その根底には「教育」と「宗教」が果たした役割が決定的であったと言えます．公共的知識人の役割も大きかったと思います．

政府による公共性の矛盾が明らかになった時に，アメリカでは，私的な個人が力を合わせて築き上げた公共性が社会的諸問題の解決をはかっていくという状況が生成されたと言えるでしょう．昨今のアメリカでは女性側からの問いか

けに応答する形で新しい公私観が形成されつつあります．従来の公私観では「私」の領域とされていた家庭も「公」の領域である，という考え方です．しかし，公私の観点から人間や社会や国家や国際関係を見るという見方自体は——それを全面否定する見方もありますけれど——まだまだ有効であり意味があると思います．

　ただ，「国家」に収斂された公共性のままでよいのか．むしろ地球的・人類的公共性を考えるべき段階に来ているのではないのかというのがアメリカでの思想的・哲学的課題と言え，また日本でもそうだと思われます．

　第三点は，活私開公型の公共意識が育まれる機会と場所の問題です．

　個々人が主体的・自発的・相互補完的に参加し協力し遂行（公共）する現場は自然災難や人為的悲劇（戦争，内乱，集団殺人，暴行）の被害者（地域）への救助活動のような形であらわれます．

　しかしそういう非常時の非常事態に限らず，平常時の日常生活の中で累積的に形成される公共体験が大切なのです．それは人によって，また地域によって相違があるでしょう．例えばアメリカの場合，教会がまさに一般市民の公共体験の現場となっています．神の愛やキリストの絶対奉仕の教えに基づいて，すべての隣人を自分自身のように大事にするということを信仰の「証」として実践する．口先だけで言うのではない．日常生活の中で実行する人々が善きキリスト信者ということなのです．

　国家を超え，民族の差別を無くして遠き未知の他者へ愛と救助の温かい手を差しのべるという行為を日常生活の中で訓練する所がアメリカの教会です．アメリカにおける教会の公共的役割は，一般市民が一人一人の能力と意志を結集することによって，困っていたり苦しんでいたり悲しんでいたりする人々のためになるようなことを，国家や政府や企業に頼らずに実行するというところにある．

　国家や政府が主体になって遂行する対外（開発）援助とは根本的にちがうのです．そこに軍事大国としてのアメリカの覇権とは次元がちがう，アメリカの本当の力の源泉があるのではないかというのが若いときの滞在体験を通して実感したことです．それは誰か一人の利益になるというのではなく，皆の生きがいになる．もちろん完璧ではありませんが，そのようなキリスト教精神がいろ

んな民間団体やボランタリー・アソシエーションズによる公共的活動の原動力にもなっているわけです．

まさに「個」が主体になって「共」を実現し「ヒソカ」にではなく「アラワ」にものごとをすすめるのです．それは「公平」であり「公正」にやらざるをえない．何故かと言うと，こうした活動は，皆が一緒に話し合い同意しながら参与することを通してはじめて実行に移すことが可能になるからです．「公私連動」の中で「活私開公」する現場であります．

日本でもいろんなところで活私開公型の公共活動がすすめられています．アメリカとは事情が違う日本では，旧来の宗教信仰よりは健全な生活感覚に基づいた公共哲学の方がより相応しいのではないのかという気がします．そういう意味で今日と将来の日本には公共哲学が必要だと思うのです．国情に合いながら地球と人類に貢献する公共哲学の構築は，21世紀日本の最大の課題ではないでしょうか．

第1回公共哲学共同研究会

[発題者]
福田　歓一　　東京大学名誉教授・日本学士院会員
溝口　雄三　　大東文化大学教授・東京大学名誉教授
板垣　雄三　　東京大学名誉教授・東京経済大学名誉教授
渡辺　　浩　　東京大学教授

[討論参加者]（五十音順）
今田　高俊　　東京工業大学教授
岩崎　輝行　　日本大学教授
宇野　重規　　東京大学助教授
小林　正弥　　千葉大学助教授
小林　彌六　　筑波大学名誉教授
小森　光夫　　北海道大学教授
佐々木　毅　　東京大学総長
佐藤錬太郎　　北海道大学教授
難波　征男　　福岡女学院大学教授
花岡　永子　　大阪府立大学教授
平井　英明　　宇都宮大学助教授
間宮　陽介　　京都大学教授
藪野　祐三　　九州大学教授
吉田　敦彦　　大阪女子大学助教授

[総合司会]
林　　勝彦　　NHK エンタープライズ21 エグゼクティブ・プロデューサー

[主催者側の出席者]
矢崎　勝彦　　将来世代国際財団理事長・京都フォーラム事務局長
金　　泰昌　　将来世代総合研究所長

［編者紹介］（肩書等は初版時）

佐々木毅（ささき・たけし）　1942年生れ．東京大学総長．『マキアヴェッリの政治思想』（岩波書店，1970年），『プラトンと政治』（東京大学出版会，1984年），『政治学講義』（東京大学出版会，1999年）．政治学・政治学史専攻．

金泰昌（Kim Tae-Chang）　1934年生れ．将来世代総合研究所長．来日（1990年）以後，*Creating a New History for Future Generations* (Kyoto, Japan: Institute for the Integrated Study of Future Generations, 1994), *Self and Future Generations* (Cambridge, UK: The White Horse Press, 1999), *Co-creating Public Philosophy for Future Generations* (UK: Adamantine Press Ltd., 1999). 政治哲学・比較社会思想専攻．

［発題者紹介］

福田歓一（ふくだ・かんいち）　1923年生れ．東京大学名誉教授・日本学士院会員．『近代政治原理成立史序説』（岩波書店，1971年），『政治学史』（東京大学出版会，1985年），『福田歓一著作集』（全10巻，岩波書店，1998年）．政治学史専攻．

溝口雄三（みぞぐち・ゆうぞう）　1932年生れ．大東文化大学教授・東京大学名誉教授．『中国前近代思想の屈折と展開』（東京大学出版会，1980年），『方法としての中国』（東京大学出版会，1989年），『中国の公と私』（研文出版，1995年），『公私』（三省堂，1996年）．中国思想史専攻．

板垣雄三（いたがき・ゆうぞう）　1931年生れ．東京大学名誉教授・東京経済大学名誉教授．『石の叫びに耳を澄ます――中東和平の探索』（平凡社，1992年），『歴史の現在と地域学――現代中東への視角』（岩波書店，1992年），［監修］『講座イスラーム世界』（全5巻＋別巻，栄光，1994-95年）．中東・イスラーム研究専攻．

渡辺浩（わたなべ・ひろし）　1946年生れ．東京大学教授．『近世日本社会と宋学』（東京大学出版会，1985年），『東アジアの王権と思想』（東京大学出版会，1997年）．日本政治思想史専攻．

奈良毅（なら・つよし）　1932年生れ．清泉女子大学教授・東京外国語大学名誉教授．『アヴァハッタ語と現代インド・アーリア諸語の比較研究』（英文，ILCAA, TUFS, 1979年），『インド人・インド社会の特質――カルカッタを通して』（共編，平河出版社，1992年），『マハーバーラタ3巻』（共訳，レグルス文庫，1993年）．言語文化学専攻．

編集委員（肩書等は初版時）

今田　高俊（いまだ・たかとし）　東京工業大学教授
宇井　　純（うい・じゅん）　沖縄大学教授
黒住　　真（くろずみ・まこと）　東京大学教授
小林　正弥（こばやし・まさや）　千葉大学助教授
佐藤　文隆（さとう・ふみたか）　甲南大学教授・京都大学名誉教授
鈴村興太郎（すずむら・こうたろう）　一橋大学教授
山脇　直司（やまわき・なおし）　東京大学教授

公と私の思想史　　　　　　公共哲学1

2001年11月16日　初　版
2011年 9 月 8 日　第 6 刷

［検印廃止］

編　者　佐々木　毅・金　泰昌
　　　　（ささき　たけし）（キム　テチヤン）

発行所　財団法人　東京大学出版会
　　　　代表者　渡辺　浩
　　　　113-8654　東京都文京区本郷 7-3-1 東大構内
　　　　電話　03-3811-8814　Fax 03-3812-6958
　　　　振替　00160-6-59964

印刷所　株式会社三陽社
製本所　牧製本印刷株式会社

Ⓒ 2001 Institute for the Integrated Study of Future Generations
ISBN 978-4-13-003411-1　Printed in Japan

Ⓡ〈日本複写権センター委託出版物〉
本書の全部または一部を無断で複写複製（コピー）することは、著作権法上での例外を除き、禁じられています。本書からの複写を希望される場合は、日本複写権センター（03-3401-2382）にご連絡ください。

公共哲学 [全20巻]

1	公と私の思想史	3800 円
2	公と私の社会科学	3600 円
3	日本における公と私	3800 円
4	欧米における公と私	3600 円
5	国家と人間と公共性	3600 円
6	経済からみた公私問題	3200 円
7	中間集団が開く公共性	3800 円
8	科学技術と公共性	3800 円
9	地球環境と公共性	3800 円
10	21世紀公共哲学の地平	3800 円
11	自治から考える公共性	3800 円
12	法律から考える公共性	3800 円
13	都市から考える公共性	3800 円
14	リーダーシップから考える公共性	3800 円
15	文化と芸能から考える公共性	3800 円
16	宗教から考える公共性	4500 円
17	知識人から考える公共性	4500 円
18	組織・経営から考える公共性	4700 円
19	健康・医療から考える公共性	4500 円
20	世代間関係から考える公共性	4700 円

ここに表示された価格は本体価格です．御購入の際には消費税が加算されますので御了承下さい．